D1570265

WILLIAM OF MALMESBURY

POLYHISTOR

medieval & renaissance texts & studies

VOLUME 10

William of Malmesbury

Polyhistor

A Critical Edition

by

Helen Testroet Ouellette

medieval & renaissance texts & studies
Center for Medieval & Early Renaissance Studies
Binghamton, New York
1982

A generous grant from Union College
has assisted in defraying the publication costs
of this volume.

Center for Medieval and Early Renaissance Studies
State University of New York at Binghamton
Binghamton, New York

Library of Congress Cataloging in Publication Data

William, of Malmesbury, ca. 1090–1143.
    Polyhistor: a critical edition.

    (Medieval & Renaissance texts & studies; 10)
    Text in Latin; introd. and notes in English.
    The text given here is based on two 14th-cent.
codices, Harley ms. 3969 and ms. D.22 of St.
John's College, Cambridge.
    1. Latin literature. I. Ouellette, Helen
Testroet, 1945–   . II. Title. III. Series.
PA6116.A2W5   1981   870'.8   81–18918
ISBN 0-86698-017-2   AACR2

Printed in the United States of America

Contents

Acknowledgments

I began work on this text for my doctoral dissertation at Harvard University under the direction of Professor Janet Martin, whose help and encouragement have continued to be invaluable. The completion of the work owes much to the generous support I have received from Union College and from my colleagues there, especially Professor David Reece. I am grateful to the manuscript curators and staffs of St. John's College Library, Cambridge University Library, and the British Library for their assistance and many kindnesses. And I am grateful to my parents, whose generosity to me now includes proofreading.

*For Michael
and Nicholas*

Introduction

William of Malmesbury,
Classical Scholar

Life of William

In the prologue to the third book of his *Gesta Regum Anglorum*, William of Malmesbury says that he was born of mixed parentage, Norman and English.[1] The date of his birth is disputed, but it was probably between 1085 and 1095.[2] He seems to have retired to Malmesbury early in life, for in his life of Saint Aldhelm, which forms the fifth book of the *Gesta Pontificum Anglorum*, he relates a miracle which he witnessed as a boy at the saint's shrine at the abbey.[3] In the same book he says that there were still monks in his own day who remembered the abbot Wlsinus (*GP* 411). Even if these monks were young when they saw the abbot, who died about 1040, and very old at the time of their reminiscing, William must have been still a child when he heard them. At Malmesbury William served as librarian (*GP* 431) and, according to Leland, as precentor; in 1140 he declined the abbacy, a post which he says he could more than once have obtained with little difficulty.[4] He traveled extensively in England, visiting other monasteries and their libraries, but never went to the Continent. In 1141 he was present at the Council of Winchester, which confirmed the Empress Matilda's title, but he does not appear to have been involved closely with the important people and events of his day. Although several of his works are dedicated to the natural son of Henry I, Robert of Gloucester, as his literary patron, there is no evidence of any personal contact between the two men. Similarly, although William's work on the *Gesta Regum* was spurred by the inquiries and urgings of Queen Matilda described in a dedicatory letter prefaced to the *Gesta* in the Troyes MS 294 (bis),[5] she more likely addressed herself to the entire community of her reputed ancestor, St. Aldhelm, or at least to its abbot, than to a young and inexperienced monk. Nor is there anything in the account of those inquiries to suggest personal contact with anyone at Malmesbury. William died probably in 1143, for the third book of the *Historia Novella* ends with the events of the week before Christmas 1142, and a promised fourth book apparently was never written.

William's Historical Works

William aspired to be the literary successor of Bede, and his major works, like Bede's, are histories. In the prologue to the *Gesta Regum*, he notes that there is a gap of over two hundred years between Bede's history of the English people and Eadmer's account of contemporary events; the only sources of information about this period are chronicles written in the vernacular and arranged according to years. It is his intention to bridge this gap and to season the crude materials with "Roman salt" (*GR* 2). The *Gesta Regum Anglorum*, one of his earliest productions, is generally viewed as he himself viewed it, as the first real history written in England since the time of Bede.[6] The first three books relate the history of Britain from the arrival of the Angles and Saxons in 449 through the reign of William the Conqueror. Books IV and V, prefaced with an acknowledgment of the difficulties and dangers involved in writing contemporary history, deal with William II and Henry I and are written in biographical form. William continued to revise the work and near the end of his life brought it up to date with a supplement, the *Historia Novella*. The first edition of his other major historical work, the *Gesta Pontificum Anglorum*, was finished in 1125. Its first four books treat the early ecclesiastical history of England, arranged by bishoprics; the fifth is a life of Saint Aldhelm of Malmesbury.

Even from these historical works it is evident that William was well-read in classical Latin literature. Thomson's study of his sources reveals his familiarity with an impressive list of Roman authors.[7] Nearly half of his classical quotations are from the *Aeneid*, *Georgics*, and *Eclogues* of Vergil, but he refers to or quotes from nearly forty other pagan and patristic writers as well. Lucan was one of his favorites, and Juvenal, Horace, and Ovid are also well-represented. It is difficult however to determine which authors William knew firsthand. Fewer than a third of his quotations can be considered exact, even when allowances are made for possible textual variants, and he is not always consistent in his treatment of individual authors. Lines from Vergil and Lucan, for example, are sometimes considerably altered, but these same authors are just as often quoted verbatim. In some instances, moreover, William has deliberately altered the grammatical structure of the original, usually the verb form, in order to fit it into his own sentence.

Nonetheless, closer examination can shed light on some of William's immediate sources. In the *Gesta Pontificum* he quotes from the *Republic* the "ancient and lauded notion of Plato that the state will be happy when either philosophers rule or kings philosophize" (*GP* 160). Perhaps the most famous Platonic sentence, this was paraphrased by scores of other writers, and Thomson has identified

William's source as Jerome (*Comm. in Ionam* 3, 6).[8] William's quotation of a maxim from the *Pseudolus* of Plautus (*GP* 22) is also borrowed from Jerome (*Adu. Iou.*),[9] and his single use of Livy probably comes from Orosius.[10]

The source of William's knowledge of Suetonius is less clear. The phrase which he quotes from the *Lives of the Caesars* is also found among the Suetonius excerpts of Heiric of Auxerre.[11] But Marie Schütt argues that William's arrangement of the last two books of the *Gesta Regum* according to biographical *loci* rrather than chronology is an imitation of a Suetonian format,[12] and Joan Haahr suggests that William uses the Suetonian biographical organization even more effectively in Book III.[13] Such a view of the whole could not be acquired from Heiric's collection of anecdotes, but would assume a knowledge of at least one of the Lives entire, a not unlikely assumption given the fairly widespread availability of Suetonius. Haahr points to other, more explicit, Suetonian echoes as well,[14] and Thomson cites William's quotation of Suetonius in an interlinear note in his Frontinus-Vegetius-Eutropius collection.[15]

The case of William's quotation from Caesar's *Gallic Wars* poses another problem (*GR* 301, 312). The text of Caesar was rare in medieval England. On the other hand, though William does not quote the text exactly, he names both author and book, and Thomson has suggested the possibility of echoes of the *Gallic Wars* in *GP* and William's *Miracula B.V.M.*[16] If he was using an intermediate source, that source is not known.

Another rare classical author whom William cites briefly is Petronius. William's younger contemporary, Osbern of Gloucester, who also quoted from Petronius, probably relied on the popular author Fulgentius as his source, and Sage has pointed to the strong likelihood that the four lines of Petronius in Gerald of Wales are also from Fulgentius.[17] William's half-line of Petronian verse—*sicco concoquat ore famem* (*GP* 69)—occurs also in Gerald's quotation. Gerald, Fulgentius, and all the manuscripts of Petronius now known share the reading *concoquit*; the florilegium tradition of Petronius has *conquerit*. It is clear then that William's source was not the florilegium.[18] Although the variant readings are of no help in determining whether his source was a text of Petronius or the excerpts of Fulgentius, the latter seems more likely in view of the rarity of manuscripts of Petronius, especially in England. The only authors in the twelfth century who have been shown to be acquainted with a full text of the *Satyricon* are John of Salisbury[19] and the anonymous author of a collection of stories using Petronian language, style, and themes. These stories are included in Trinity College Dublin MS 602 (E.4.26), a codex that also contains William's *Gesta Pontificum*.[20]

Finally, mention should be made of a turn of phrase reminiscent of

Catullus in the *Gesta Regum*. B. L. Ullman has pointed out that William's *sane nec inelegantem nec illepidam* is suggestive of two lines of Catullus (6.2, 10.4).[21] But the resemblance is too vague to rule out coincidence, and the fact that the earliest surviving manuscripts of Catullus are fourteenth century and Italian makes it extremely unlikely that William had access to a text.

At any rate it is clear that William had read and remembered a considerable quantity of classical literature; from this repertoire he consciously appropriated quotations and references to heighten his own narrative. An ancient definition or an ancient authority to support a statement, a character from classical literature as a model for one of his historical personages, a particularly apt classical simile or aphorism — these are all part of the "Roman salt" with which William was determined to make his histories literary works of art like Bede's rather than mere chronicles.

The Library at Malmesbury

The root of William's interest in the Latin classics, as of his scholarly inclinations generally, is surely to be found in the nature of the monastery in which he spent nearly the whole of his life. For Malmesbury was a Latin school even before it was a monastery. Maeldubh, recognized in a bull of Pope Sergius I as founder of the Malmesbury monastery, was described by William as a Scot by nation, a philosopher by learning, and a monk by profession (*GP* 333–334). Around 635 he built a hut near Ingleborne Castle and began to take in students for a livelihood.[22] One of these students was Aldhelm, the first Englishman of letters whose work is extant. Because Aldhelm long remained Malmesbury's principal glory and his spirit continued to influence the community, and because he started the collection of Latin classics upon which William drew and to which he added, an investigation of Aldhelm's interests and activities may cast some light on William's own.[23]

A Latin scholar and an educator, Aldhelm developed the school at Malmesbury and founded other monastic schools in the area. His writings held an authoritative position among scholars for the next two centuries[24] and prompted his younger contemporary, the Venerable Bede, to describe him as a man to be admired both in liberal and in ecclesiastical studies (*Hist. Eccl.* 5.18). An investigation of the classical sources used in his extant works provides a glimpse of his library, some of which probably survived at Malmesbury down to William's day.[25] Priscian and his fellow grammarian Audax were Aldhelm's primary sources for the *Epistola ad Acircium*, a treatise on Latin metrics addressed to King Alfred of Northumbria. It is impossible to know how many poetic quotations were borrowed from them, along with the text of the treatise, and how much classical poetry the Englishman knew firsthand. But he almost surely owned a complete Vergilian corpus; he quotes nearly four hundred times from the *Aeneid, Georgics, Eclogues,* and *Culex.* The poetry of Ovid, too, is well-represented, as is that of Lucan and Juvenal, all authors well-known to William. Manitius concludes that Aldhelm also had a Persius manuscript and that he seems to have known the plays of Terence in their entirety.[26] Although William, too, quoted Persius and three of Terence's plays in his histories, this does not provide conclusive evidence for the survival of Aldhelm's actual books in William's library, since these authors were widely read in the Middle Ages. Aldhelm's works also contain a few traces of Horace and two quotations from Seneca's *Agamemnon* of unknown source; the scant bits of Ennius and Lucretius probably come from the grammarians.

Aldhelm's principal sources for quotations in prose were late and Christian; from the pagans he took little more than vocabulary.[27] His works are not however completely without classical prose quotations. He seems to have had access to a text of Cicero's *In Verrem* and a text of the orations *In Catilinam,* to which both he and William refer under the name *Inuectiua.* Although the title appears elsewhere, it may indicate that William was using Aldhelm's text or an apograph of it.[28] Aldhelm probably took his single citation from *In Pisonem* from Priscian's grammar. Solinus and at least the later books of Pliny the Elder seem to have been at his disposal; he probably knew Sallust's *Iugurtha* only through Priscian.

This tentative list is the only evidence before William's time of the classical texts available at Malmesbury. Perhaps there was not much scholarly activity in the interim. Although revived by Dunstan in the tenth century, by the eleventh century Malmesbury was at the low level of Latin culture typical of Anglo-Saxon monasteries of the period. But the Conquest brought representatives of the more lively Norman monasticism, with its keen new intellectual life and higher standard of Latin.[29] From its third Norman abbot, Godfrey of Jumièges (1081–1105), Malmesbury received "a scholarly impetus which led to a renewal and surpassing of its previous literary achievement."[30] The reign of Henry I was generally a period of well-being for Anglo-Norman monasticism, as property was accumulated and libraries were extended.[31]

William's work with the library of Malmesbury was closely bound to his activity as an author. The abbey probably had a number of books when William arrived; some of Aldhelm's manuscripts or apographs of them may have still been there, and there was ecclesiastical material: Godfrey stripped twelve Gospels of their decorations to pay a heavy tax imposed by William II (*GP* 432). But an organized library does not seem to antedate Godfrey, in whose time "some books were copied, or

rather the first-fruits of a library were contributed" (*GP* 431). Building
on Godfrey's foundation, William produced a varied and valuable
library. He states that he collected much reading material, until the
monks, who used merely to stammer out vernacular letters, were
perfectly informed (*GP* 431–432). He explains in the prologue to Book
II of the *Gesta Regum* (103) that he acquired historical books with his
own private means.[32] His searches for materials for the library, as well
as source documents for his histories, took him frequently to Christ
Church and St. Augustine's, Canterbury, as well as over twenty other
English libraries.[33]

But William's role as librarian involved more than acquisitions; he
was also active in transcription. Hamilton edited his text of the *Gesta
Pontificum* from William's autograph (Magdalen Coll., lat. 172), and
Oriel Coll., MS 42 is a critical text, entirely in William's hand, of con-
ciliar canons and writings of St. Leo. William's hand has also been
recognized in seven other manuscripts.[34] These codices include two
texts of Martianus Capella, glossed, corrected, and bound together by
William (Cambridge, Corpus Christi Coll., MS 330),[35] and a one-
volume version of the *Periphyseon* of John the Scot (Cambridge, Trinity Coll., MS 0.5.20 [1301]) copied from two separate volumes by
William and his assistants.[36] William collected the works of St.
Anselm into one manuscript (London, Lambeth Palace Lib., MS 224),
and a group of computistical texts into another (Oxford, Bodleian Lib.,
MS Auct. F.3.14). Also partially done in William's hand are a collection of historical and legal texts (Oxford, Bodleian Lib., Arch. Seld.
B.16) (below, p. 15); a collection of commentaries on wisdom books of
the Old Testament (Merton Coll., 181), and works of Vegetius, Frontinus, and Eutropius (Lincoln Coll., lat. 100). In his copying activities
William seems to have relied on the help of three fairly regular and
competent assistants and the occasional help of a large number of
other members of the community rather than on any kind of formally
organized scriptorium.[37]

William's activity in the library also included compiling,
translating, and epitomizing. Many of the manuscripts in which his
own hand has been discovered involved this kind of work: collections
of the works of Anselm, of commentaries on Old Testament sapiential
books, of historical and legal works, of military strategy, and of computistical treatises. There is also a compilation of works of Lactantius
and Tertullian, and the *Defloratio Gregorii*, containing selections from
five works of Pope Gregory. In the preface of the latter, William explains that he undertook the work for the "common instruction" of the
Malmesbury community.[38] Except for this one instance, William's
compilations do not appear to have been prompted by the usual motive
of such endeavors in the twelfth century, the compiling of moral *exempla* or, less commonly, of rhetorical *sententiae* for the use of
writers.[39]

It has been suggested that in the Seldon collection of Roman history he was concerned with showing the continuity between Rome and medieval Europe.[40] But in most of these compilations William seems simply to have gathered together similar works for the convenience of readers. An example of this is a florilegium of grammatical and orthographical treatises by Cassiodorus, Agroetius, Caper, Alcuin, and Bede. The epilogue to this collection casts further light on the method that William followed in these works.[41] He explains that he copied out the ancient authors — Cassiodorus, Caper, and Agroetius — entire, as far as he was able with his very corrupt exemplar. Those sections of Bede which were either compiled from earlier authors or quoted later by Alcuin he omits, recognizing that it is wasted labor for one dictum to be repeated twice in the same volume. He justifies this procedure by an appeal to posterity, lest they, if they have these authors complete, should misjudge William's choice of passages to include or omit.

William's epitomes show the same interest in providing for the convenience of readers, as he cast difficult works into a more readable style. The abridgment of Amalarius' *De ecclesiasticis officiis* is of special interest for its preface. While William acknowledges the work's value for moral instruction, his own efforts are prompted by stylistic concerns: "Because the obscurity of his (i.e., Amalarius') evidence and roughness of his speech troubled your eagerness, you asked me to abbreviate him. And I accepted, . . . for ignorance of this work would be disgraceful for all priests."[42] Addressed to William's friend Radbertus, it furnishes a rare glimpse of the librarian among his books: "Recently," he says to Radbertus, "when we were sitting in our library and each was perusing books in his own particular interest, you came upon Amalarius on ecclesiastical duties."[43]

The preface to another abridgment gives more evidence of William's purpose and method. When he felt inadequate in the face of a friend's request that he write a commentary on the Lamentations of Jeremiah, he chose to abbreviate the existing commentary of Paschasius Radbertus, which was "pious enough but written in a verbose and unattractive style." Again he paraphrases selections "lest anyone, offended by the roughness of his speech, lose the fruit of his thought."[44] The result, as in the case of the abbreviation of Amalarius, is closer to being an original work than a mere abbreviation, for the thought and style are William's own.[45]

Two further compilations illustrate William's interest in the pagan Latin classics. One is of course the *Polyhistor*. The other is a large collection of Cicero's orations and philosophical works (Cambridge University Library MS Dd. 13.2). Only the philosophical writings are known to have been collected by William, but there is persuasive evidence that the entire collection was his work. Although the existing manuscript was written on the continent in 1444, all of the works, including the orations, carry copies of marginal notes composed by an

Englishman, probably from Malmesbury.[46] Interspersed with the selections from Cicero are introductory notes by William, including citations from Augustine which attest to his thoroughness as a compiler. The first section, including selections from *De senectute, De natura deorum, De diuinatione*, and *De fato*, is followed by passages from Books V and VI of Augustine's *De ciuitate dei*. William explains that a careful study of this part of Augustine will make Cicero's purpose easier to understand. He prefaces another Augustinian passage with the explanation that, since some of the books which Cicero says he wrote cannot be found in England, he is including from Augustine whatever he can discover of the material and intent of two of them, the *Hortensius* and *De re publica*. William's procedure was a valid one; modern scholars still use Augustine as a source for the *Hortensius*, which was lost long before William's day, and for the parts of *De re publica* not included in the single surviving manuscript.

The same paragraph presents William's apology for his interest in and perpetuation of pagan literature. "And I take this opportunity to note," he says,

> that no one should find fault with me for reading and copying so many book of the pagans. For whoever reads those books because he scorns or despises Holy Scripture commits a grievous and punishable sin . . . but he who reads them so that he may transfer to his own writings whatever they say decoratively or eloquently for the glory of God and His Saints, . . . in no way can I believe that he does wrong in choosing the books of the pagans.

The *apologia* is conventional, and surely William intended it, as he states, merely to forestall equally conventional strictures against reading too deeply in pagan literature. Leclerq explains that the medieval monks "converted" in this way the pagan authors whom they admired: anything good said by a pagan belonged to the Christians.[47] This is surely what William was doing at the end of the preface to the *Polyhistor* when he warned Guthlac that miracles and true prophecies of demons must be taken as examples of the long-suffering of God, who permits them to have such great power.

It would be reasonable to expect that the library for which William gathered books, transcribed texts, and prepared compilations and epitomes became one of the fuller and more important collections in medieval England, but its contents are for the most part unknown. When the monastery was dissolved in 1539, the books were scattered, many of them being destroyed and the parchment used to patch windows and stoke ovens.[48] In addition to the nine codices containing William's own hand, Ker can list only thirteen extant manuscripts which were once at Malmesbury.[49] The only classical works among these thirteen are texts of Philo Judaeus and Prudentius. The list of

Malmesbury's manuscripts which Leland made for Henry VIII likewise includes only one pagan classic, "Apuleius' book *Periermenias.*"[50] No medieval catalogue remains. As a result the works of Aldhelm and William are important evidence for the contents of the library.

Thomson's list of works known to William[51] suggests some of the classical texts that may have been at Malmesbury when William completed his labors. But a quotation cannot, of course, prove that a copy of the quoted author was in the Malmesbury library. There is always the possibility that William got the quotation at second hand from an ancient or medieval author or that he is quoting from selections rather than from a full text, as is the case with the Gellius excerpts in the *Polyhistor* (below, p. 22). Nor, on the other hand, does the absence of quotations from an author prove that he was unknown at Malmesbury. But at present, given the small number of surviving books and the absence of library lists, these suggestions are all that can be said of the library with which William enriched his monastery. William devoted much of his energies to the library, collecting, copying, and compiling, and he took great pride in the result. When he speaks of himself as librarian, he claims, with an apology for the boast, that he far surpassed his predecessors, and concludes with the hope that there may be someone to cherish the result of his labors (*GP* 431).

Polyhistor

Title and Author

The *Polyhistor* was first mentioned in the mid-sixteenth century by John Leland and John Bale. Among the books in the library of St. Paul's, London, Leland listed the florilegium of a certain William *De uita et moribus philosophorum ad Gutlacum* and gave the *incipit* as *Amico suo Gutlaco.*[52] Bale included the same work in one of his manuscript catalogs as two books: a florilegium of pagan books, beginning *Amico suo Guthlaco Guilhelmus;* and a work entitled *De uita et moribus philosophorum.* But he added that both books were written to Guthlac by "one William, an Englishman." He later inserted the surname Ramsey and still later identified this writer as William of Croyland.[53] In the late nineteenth century Stubbs tentatively listed the *Polyhistor* among the works of William of Malmesbury.[54] He knew the work from only one of the two fourteenth-century manuscripts in which it exists today, BL Harley 3969 (*H*), which lacks the first fifteen leaves and therefore the name of the author. But he was struck by the fact that it stood at the head of William's orthographical collection in

that manuscript, and he postulated a connection with the book Leland
had seen in London. James later discovered on the last leaf of *H* "a
medieval list of contents, made no doubt when the volume was
perfect," which calls the florilegium *Malmesburiensis de dictis et factis memorabilibus philosophorum.*[55] This medieval attribution makes
a compelling case for William's authorship. The other manuscript,
which James found at St. John' College, Cambridge (MS D.22 [97] [*C*]),
simply names William without identifying him. It contains the complete text with the title *Poliistor deflorationum Willelmi* at its head.
Attribution of the work to the monk of Malmesbury is now generally
accepted, strengthened by the fact that whatever evidence can be
deduced about individual sources of the florilegium points to
manuscripts known to have been in the Severn Valley in the twelfth
century. The limited dissemination of the second part of Seneca's *Letters*, which William excerpted in the *Polyhistor*, further strengthens
the identification. All the evidence for knowledge of this section of the
text of Seneca in the mid-twelfth century is connected with the Severn
Valley (below, p. 24).

Composition

The *Polyhistor* consists of stories from Latin literature interspersed
with William's introductions and comments. Book I is taken from the
works of classical Latin authors; the remainder begins with selections
from patristic writers and continues with Isidore, Macrobius, Julius
Firmicus, and Seneca. There are then extensive selections from Cicero
and Jerome, followed by shorter quotations from a variety of authors.

The division into books is not clearly indicated in the manuscripts.
After the initial passages from classical authors, William says simply,
"So far we have taken excerpts from pagans; now let us look at the
Christians." Except for these words there is no indication in *C* of a major division, only the decorated capital of a new paragraph. *H* has a
decorated capital larger than those usually used to mark new
paragraphs, and the medieval corrector (*Hc*) has written in the margin
Incipit liber secundus. In the present edition this point is taken as the
beginning of Book II.

Any divisions among the remainder are even more uncertain. Near
the end of the excerpts from Augustine William remarks that up to this
point he has made selections from authors one by one; now he will
"pile up in one heap what comes to hand." He promises particularly
certain sayings of Seneca and epigrams of Godefrid of Winchester. "But
first," he says, "I shall set forth what I have taken from Augustine."
The correcting hand in *H* has labeled this in the margin as the beginning of the third book. This edition ignores the suggestion of a new
book here, because there is no real change in material — William's

remarks interrupt a series of anecdotes from Possidius' Life of Augustine, which in turn interrupts the excerpts from Augustine himself—and because the original text of the manuscripts does not warrant it. There is only a small decorated capital in *H*, identical to those used to mark mere paragraph changes. (On the other hand, larger initials occur earlier, at the beginning of the selections from Jerome and again when these give way to selections from Augustine, where they do not seem to signal a new book.) *C* has no special mark at this point, not even to indicate a new paragraph. *C* also omits the reference to Seneca and Godefrid, the latter of whom does not appear again in the *Polyhistor*.

Quotations from the letters of Seneca are, however, presented at length, and after them William again inserts an editorial statement: "We have included memorable sayings and deeds from diverse authors; now let us make further selections from them and other authors." This is introduced in *C* with a decorated capital as a new paragraph. In *H*, although there is no marginal notation by the correcting hand to indicate a new book, these words are introduced by an especially large, elaborate letter like that which began Book II. In the present edition Book III begins at this point.

It remains uncertain therefore whether William himself divided the work into books and, if he did, where the divisions came. This edition is divided at the junctures described above into three books, on the basis of manuscript evidence coupled with the import of William's comments at these points: in each case he indicates that he is changing either his method of making excerpts or the kind of authors from whom he is selecting them.

The *Polyhistor* is addressed to Guthlac, an otherwise unknown monk, who had sought William's advice about which pagan books to read. William begins his preface by mentioning authors who might be useful for "the regulation of a good life." In Augustine's *De ciuitate dei* and *Contra quinque haereses*, he says, one can read of Hermes Trismegistus, who leads men to the worship of one God. (But examination of *De ciuitate dei* (8.23) shows that Hermes, far from encouraging men to worship one God, was saddened by his own prediction of the triumph of Christianity over his assortment of gods. The tract *Contra quinque haereses* (3), attributed to Augustine, quotes Hermes: *Dominus et omnium factor deorum secundum fecit Dominum*, but it is only the unknown author's interpretation of the *secundum Dominum* as the second Person of the Trinity that makes Hermes the advocate of monotheism that William considers him.) Cicero is also recommended, who according to William deals in a useful fashion with virtues and vices in *De senectute, De amicitia*, and *De officiis*; perhaps he does so in other books as well, William says, but he mentions only those that he is especially proud to possess.[56] All of Seneca's books except *Apotheosin de nece Claudii* and *De causis* are profitable. There follows a list of Cicero's works to be avoided: *In Catilinam*, which William calls *Inuectiua*, and the *Philippicae*, because they thunder with rage; *De inuentione*, which William calls *Rhetorica*, because it merely strengthens eloquence; and *Academica*, because it airs empty questions. In fact the first story in the *Polyhistor* is taken from *De inuentione*, but it is only Cicero's introductory anecdote (below, p. 21) and contains no rhetorical precepts. Nor does a long quotation from *Academica*, also included in the first book of the *Polyhistor*, represent a contradiction of William's statement here: it is Cicero's introduction in praise of Lucullus. None of the other books of Seneca and Cicero against which William advises Guthlac in the preface appears in the *Polyhistor*. The *Apocolocyntosis*, however, is quoted in William's historical works, and in a note on the *Lucullus* in his Cicero collection, William reported that he was unable to locate more of the *Academica* than the "third and fourth books," i.e., Book Two of the *Prior Academics*, or the *Lucullus*, which he quoted in the *Polyhistor*.[57]

William then asserts that reading material should be entertaining as well as edifying: recognizing that one might be wearied by the many moral precepts found in the authors he has recommended, he presents his *Polyhistor* as a pleasant diversion for the reader, a goal of which he seldom lost sight in making his selections. The moral advice of the books he recommended in the introduction is replaced in the *Polyhistor* by items of curiosity and amusing anecdotes. Next he describes the limitations he has placed on his work: he has chosen these memorable sayings and deeds only from authors who introduce them into their work stealthily and in passing. This rules out historians, he explains, because their whole purpose is to adorn their writings with such stories. This self-imposed restriction is observed throughout the *Polyhistor*. If the *Polyhistor* is not sufficient, Guthlac is advised to turn to similar books by Valerius Maximus and Solinus, as William consciously places his work within the continuity of the classical tradition. Guthlac is urged to interpret pagan miracles described in these stories as examples of the patience of God, who allows them such great powers.

William concludes the introduction with an editorial note disclaiming any originality in the *Polyhistor* apart from his work of selection and the abridgment or simplification of some passages from Pliny. Actually William supplies introductions to his selections from individual authors, as well as occasional brief comments, and does not limit his abridgment and simplification to the Pliny selections. But his disclaimer of original material is essentially accurate. The uniqueness of the *Polyhistor* lies rather in William's choice of amusing and interesting anecdotes and in his fine sense of entertainment, a trait already familiar from the anecdotal style of his histories.

The excerpts begin with a story from *De inuentione*, relating Zeuxis' use of five models in painting a picture of the ideally beautiful woman. Cicero uses the story to illustrate his method of culling the best of many authors for his textbook on rhetoric, but William passes up the opportunity to apply the same analogy to his florilegium. The following excerpts, taken from *De natura deorum*, show the same determination to present interesting stories for their own sake, as William had promised in the introduction. He copies, for example, the story of Publius Claudius drowning the sacred chickens but stops short of the moral that Cicero draws from it concerning those who mock sacred things. In one instance, however, he takes pains to draw a moral of his own: he explains that, although the subject wearies him, he has copied part of Cicero's account of duplicates among the pagan pantheon in order to lay open to scorn the wretched situation of the pagans. He concludes his selections from Cicero with anecdotes of dreams and portents from *De diuinatione* and the praise of Lucullus contained in the *Academica*.

The elder Pliny's *Naturalis historia* receives systematic and thorough treatment in the *Polyhistor*.[58] William introduces his stories from it with an acknowledgment of similar collections of excerpts by Solinus and Isidore and points out the topics which especially interested them. In his own excerpts, he explains, the first book is omitted because it contains only the titles of the following books; he then presents selections from Book II on the nature of the elements. He refers to the next four books, mentioning their contents and indicating that he has not excerpted them. Book VII, he says, has been excerpted almost entirely by Solinus, but he himself has put down whatever Solinus passed over. For it is all worthy of memory, but "Who," asks William, "could read it all, who excerpt it, who retain it?" He explains however that he is omitting Pliny's astrology because it is useless, his account of inventors because it is unpleasant, and what he said about longevity because it is taken from others. The excerpts from Book VII are followed by numerous stories from the next ten books in order. But since the remainder of Pliny, says William, deals with the nature of plants and contains few things pleasant to recall, he will present selected excerpts not book by book but mixed together. Nevertheless the excerpts that follow continue in order, although there are far fewer from each book than there were from the earlier books.

William turns next to "Agellius", prefacing his selections with an account of Gellius and a Stoic philosopher in a storm at sea which Augustine had copied from the *Noctes Atticae*. "Thus Augustine," says William. "Now listen to Agellius." There follow two curious stories of unknown source. The first describes one of the wonders of the world, a glass bottle with an elaborate structure built inside. The other explains why Arthur's sword is called Caliburh. Perhaps both stories are interpolations; at any rate, William certainly knew of the time lag between Gellius and the Arthurian legends. Immediately following these, with no differentiation, are genuine quotations from Gellius, beginning with Philip's letter to Aristotle (NA 9.3). Halfway through, William states that he has omitted stories of Gellius that are known from other sources, copying only those that Gellius says he took from authors unknown to William—Quadrigarius, Hyginus, Cato, Herodotus—or those that William does not recall having read elsewhere.

William's quotations from Gellius are derived from a lost florilegium φ (formerly Sion College florilegium), which omitted the prefaces, the Greek quotations, and the narrative settings in which Gellius placed many of his stories.[59] Before the fifteenth century, the Noctes Atticae circulated in two independent traditions, one containing Books 1–7 and the other Books 9–20. The excerpts in φ from the first section show the most agreement in error with a twelfth-century manuscript, Paris B.N. lat. 5765, into which an excerptor's marks have been interpolated. For Books 9–20 the florilegium is related to the γ or δ group.[60]

The other witnesses to φ, all apparently independent, are extracts in John of Salisbury's Policraticus; L, an anonymous twelfth-century florilegium in Oxford, Bodleian Library MS Lat. class. d. 39 (formerly London, Sion College Arc. L.40.2/L.21), fols. 153–159; and K, extracts at the end of Oxford, Bodleian Library Rawl. G.139, fols. 152v–154. K, with selections from Books 2, 3, and 5 of Gellius, was written in the early twelfth century by scribes associated with William. Although there is no evidence that William knew any of the Attic Nights not included in the florilegium,[61] Thomson argues that William himself was the compiler of φ.[62]

William's next classical source is Vitruvius. Before quoting from him, however, William remarks that both Vitruvius and Gellius include the tomb of King Mausolus among the seven wonders of the world. He uses this coincidence to justify an account of all seven wonders, although his list, which is based on the anonymous De septem miraculis mundi ab hominibus factis, turns out not to include the Mausoleum. Found in a number of tenth- to twelfth-century manuscripts, some of which also contain works of the Venerable Bede, the De septem miraculis has been falsely attributed to that author, although the manuscripts do not so attribute it.[63] It lists the seven marvels in the same order as William does: a collection of statues at Rome with warning bells, the Alexandrian lighthouse, the Colossus of Rhodes, the image of Bellerophon at Smyrna, the theater carved of a single stone at Heraclea, the baths at Apollonia, and the temple of Diana. William's account is abbreviated but employs much of the vocabulary of the anonymous tract.

William then proceeds with "a few memorable deeds or sayings"

from Vitruvius, "for the most part abbreviated in my own language."
The excerpts which follow are, like all of William's selections, anecdotes of famous people, incidents of history, or curiosities of natural
history, rather than moral precepts. In closing he explains that he has
omitted six hundred stories from Vitruvius that are indeed pleasant to
hear but hard to understand because of their technical nature.

William's excerpts from *De architectura* are taken for the most part
from Vitruvius' prefaces and range from the second through the tenth
book, generally in order. William has made changes in word order,
vocabulary, and construction, obscuring the relationship of his selections to any of the known texts of Vitruvius. One clue that remains is
the spelling Victruvius, the version of the name common to, although
not limited to, manuscripts connected with St. Augustine's Abbey,
Canterbury,[64] where William frequently visited. The most likely
source of William's extracts appears to be BL, MS Cotton Cleop.D.1,
which appeared in the late fifteenth century catalogue of St.
Augustine's, Canterbury, or a close relative of it.[65]

Book II begins with selections from the *Apologeticus* of Tertullian, a
relatively rare book in the twelfth century. William's text belonged to
the more common branch of Tertullian manuscripts, and in fact
James[66] has connected it with a fifteenth-century representative of that
branch, MS Oxon. Balliol.79.

Selections from Cyprian and Ambrose follow. William limits the latter, he explains, because they can all be found elsewhere, but then adds
characteristically that he will include two stories from the *Hex-
aemeron*, one because Pliny tells it differently and the other simply
because it is pleasant. In the case of Jerome he says that he omits much
that is very pleasant because it has been told before by others. He
quotes extensively however from Jerome's letters, noting when he
comes to the letter to Demetrias that Pelagius' letter to that woman,
which Augustine criticized, must not be confused with Jerome's.

Next he comes to Augustine, "the fount of all knowledge." After
quoting from the *Confessiones* and a number of lesser works, he ap-
proaches *De ciuitate dei*, from which he promises to concentrate on
what Augustine has taken from "books unknown to us: Tullius' *De re
publica*, Seneca's *De superstitionibus*, Sallust's histories," so that the
reader will have extracts of what he does not have whole, making a
"memorable compilation." Both natural and divine wonders are entirely omitted, he says, because they fall outside this scheme. But, a true
connoisseur, he will include two because of their wit. He concludes
this section with anecdotes from a Life of Augustine, and then adds
selections from two more of his works. After brief selections from
Isidore, Macrobius, and Julius Firmicus, William presents excerpts
from the *Epistulae morales* of Seneca. In his usual manner of making
selections from his sources, William has avoided Seneca's moralizing

and copied out stories of antiquarian interest. Leighton D. Reynolds
has shown that the corpus of Seneca's letters was divided at an early
date into two volumes, one containing letters 1–88, the other letters
89–124,[67] and that William, whose selections range from letter 11 to
letter 120, was the first person since antiquity to show knowledge of
both sections of the text.[68] Reynolds further works out a convincing
connection between William's text and that of two twelfth-century
Seneca manuscripts from the Severn Valley.[69]

With Book III the *Polyhistor* becomes less carefully structured;
authors appear and reappear in no particular arrangement. After a
selection of stories from *De senectute,* William copies two sentences
from *De amicitia* and then begins his excerpts from *De officiis.* Cicero
is followed by more Jerome and Augustine, Cassiodorus, and the *Colla-
tiones* of Cassian. *C* then presents more selections from Jerome, but *H*
quotes from Ambrose and then returns to Cassian. The manuscripts
agree again with Cicero's *De fato,* but *C* soon breaks off in mid-
sentence and begins selections from *De beneficiis* of Seneca. *H* continues to the end of the paragraph from *De fato* and then has a
paragraph from *De diuinatione. H* ends here without an *explicit; C*
continues for seven folia before merging with another florilegium. The
passages from *De beneficiis* in *C* are short, interesting anecdotes, more
or less typical of William's style of excerpting. The text follows Seneca
fairly closely but not verbatim, again a practice typical of the
Polyhistor. This is followed by selections from Macrobius' *Saturnalia.*
These are long continuous passages, including some anecdotes but
mostly moralizing; the slavishly verbatim text is closely related to MS
Cant. 260.[70] None of these things is true of the *Saturnalia* excerpts in
Book II of the *Polyhistor,* strongly suggesting that this is not William's
work, even though MS Cant. 260 was written at Bury St. Edmonds,
where William is known to have visited.

This is followed by the "Miracula Britanniae" from Nennius, a verbatim complete text of that section of the *History of the Britons,* a
method of excerpting clearly at odds with William's. It shows the most
agreement and the least disagreement with the twelfth-century MS
Durham B II.[71] Another wonder and two short natural history notes
follow, all of unknown source.

At this point, with no indication but a change of hands and the title
of the first selection, begins a new collection, the Florilegium
Angelicum, identified by R. H. and M. A. Rouse in 1976.[72] Compiled in
the third quarter of the twelfth century, probably at Orléans, it is, like
the *Polyhistor,* collected from classical and patristic writings, but both
the kind of selection and the purpose are different from William's. It is
a book of maxims, described in the prologue as "profound meaning clad
in the most attractive language," and it is dedicated to the pope, as a
source "from which to fit your speech appropriately to person and place
and occasion."[73]

It is impossible to tell whether we have in either manuscript all the excerpts which William copied into the *Polyhistor*. The epigrams of Godefrid do not appear, but the promise of them could be an interpolation in the one manuscript in which it occurs (above, pp. 18–19). It is also impossible to tell whether all that we have is by William. The random mixture of authors in the latter part of the work as we have it in *C* is quite different from the arrangement in the earlier part, but this is exactly what William's remarks lead the reader to expect (above, p. 18). The excerpts from Macrobius and Nennius are different from what precedes them (above, p. 24), suggesting that the end of the original *Polyhistor* may have come before that point. Exactly where it occurred however remains uncertain because of the disagreement between the two manuscripts.

This Edition

Manuscripts

C This fourteenth-century codex, which formerly belonged to John of London (fl. 1364) and was included in the late fifteenth-century catalog of St. Augustine's, Canterbury, is now MS D.22(97) of St. John's College, Cambridge.[74] It contains the entire *Polyhistor*, along with eight other works. The *Polyhistor* is copied, somewhat carelessly, in a rather inelegant *littera anglicana*. The term *littera anglicana*, first applied to this kind of writing by Leonardo ser Uberto around 1478, indicates the script commonly used instead of *littera textura* in English books of the fourteenth and fifteenth centuries.[75] Unlike *textura*, a gothic script in which curves are broken up into angular elements and adjacent letters share common strokes, *anglicana* is a form of *notula*, the gothic cursive which uses rounded and separate letters and owes much to charter hands.[76] T. A. M. Bishop shows the origins of *anglicana* in English charters of the twelfth century, as chancery scribes adapted the late Caroline minuscule which they had learned in their youth.[77] After an unstable period in which there was a general tendency toward simplifying letter forms, writing letters or groups of letters without lifting the pen, and rounding off corners, the script was standardized about 1300 and elevated to the status of a bookhand.

Many of the individual letter forms in the *anglicana* of *C* resemble those in Plates 100 and 101 of S. Harrison Thomson's *Latin Bookhands*.[78] The letters are generally of irregular height. The high *a* is peculiar to the English chancery hand, as is the distinctive reverse curve and heavy shading of the final stroke of the *d*. The *h* is characterized by the long downward and leftward swing of its final stroke. The *h,b,* and *l* are looped at the top and like the *f* have heavily shaded ascenders. The forked *r* is a development of the long *r* of the eleventh-century chancery hand. The *s* is sometimes 6–shaped, sometimes long. Capital *I* ends in a distinctive upward-swung loop.

Abbreviations are numerous, especially the curved chancery abbreviational stroke for *er*. Another ubiquitous abbreviation is the final upward and leftward curve, ending in a triangular-shaped wedge, which can stand for nearly any word ending. Other abbreviational signs, too, are used inconsistently. A compendium over *-et*, for example, usually represents *-ent* but sometimes stands for *-eret*. Nor is any given element always abbreviated in the same way. On the first page of the *Polyhistor* three different signs— q̄ / q̧ / qᵉ —are used indiscriminately for the seven occurrences of *que*, with no distinction among the feminine pronoun, the neuter pronoun, the enclitic conjuction, and *que* as a syllable in another word, such as *questiones*. The scribe frequently confuses *et* and *in*. His own abbreviation for *et* is the Tironian sign, crossed, and *in* is usually *i* with a compendium above. The confusion apparently arose somewhere in the course of transmission to this system of abbreviations from William's own use of a 7–like mark for *et*,[79] which might appear as an *i* with compendium to a scribe who used a different sign for *et*. The scribe, however, apparently was aware that his exemplar was using an *et* sign unfamiliar to him and overcompensated by writing *et* for *in* as frequently as *in* for *et*.

H Also of the fourteenth century, this manuscript, Harley 3969, [80] came to the British Library from Emmanuel College, Cambridge, and was once part of the library of Thomas Baker (1656–1740). It begins with the *Polyhistor*, of which the first fifteen leaves are missing; this breaks off in Book III, omitting the last part of the text contained in *C*. It is followed by William's orthographical florilegium and a number of other, unrelated works. The manuscript was executed with far greater care than *C*. It is written in a neat and compact literary hand that retains much of the angularity and clubbed minims of gothic and admits fewer chancery elements than *C*. The *d* retains the uncial form; the ascenders of the *b*, *h*, and *l* end in a gothic hook rather than the chancery loop. Final *s* is round. Abbreviational signs are generally consistent. Initial letters of paragraphs are elaborately decorated.

Neither manuscript is descended from the other, because each has lengthy omissions not shared by the other (above, p. 24). Their few agreements in error occur in portions of the text quoted from other works rather than in William's comments, so that these errors could have been present in William's exemplar or could have been his own errors in copying. The presence of the same interpolations (above, pp. 21–22) in the two manuscripts, however, suggests a cómmon ancestor of *C* and *H* after William's autograph.

Text

This edition consists of the full text of the *Polyhistor*, based on a colla-
tion of the two manuscripts. The text of pages 37 through 59 rests sole-
ly on the evidence of *C*, the less carefully copied manuscript. Where
the reading of *C* is impossible, I have emended on the basis of the generally accepted modern reading of the text of Cicero and Pliny when
William is quoting these authors closely enough to warrant such a procedure; if such is not the case, and the scribe's intent is sufficiently
clear, I have emended on my own authority. In each case I have cited
the reading of *C* in the critical apparatus. Except where the result is
grammatically impossible, I have retained in the text the forms of proper nouns found in *C*, which are seldom the classical forms, citing the
correct name in the critical apparatus whenever it is not obvious. The
same procedure is followed for that part of Book III for which *C* is the
only witness.

For the remainder of Book I, as well as Book II and the first part of III,
the errors of either manuscript can usually be corrected from the other.
Where the reading of one is accepted into the text, that of the other is
usually supplied in the apparatus only if it is a Latin word. Where the
reading of neither *C* nor *H* is possible, I have emended, as in the first
section, from William's source if possible and otherwise on my own
authority. When the manuscripts disagree on the spelling of a proper
noun, I have accepted into the text the form closest to classical usage
and included the other in the apparatus, citing the classical form as
well, as in the first section, if it is not obvious. In the excerpts from
Gellius, since the other witnesses of the φ florilegium are descended
not from William's version but from the same sources as William's,
they cannot be used as direct evidence of what William wrote. They
are, however, cited in the apparatus as corroborating evidence for a
doubtful reading in *C* or *H*. The tract *De septem miraculis mundi* is of
only minor aid for the text of the *Polyhistor* since William abbreviated
and paraphrased quite freely in making his selections. Nennius'
"Miracula Britanniae" is included in this text for the sake of com-
pleteness, but since it almost surely is not William's work, what appears is little more than a transcription of *C*. Because of its close rela-
tion to MS *D* (above, p. 24), I have let stand those errors that it shares
with *D* (as determined from Lot's critical apparatus), although they are
often egregious, including grammatical mistakes of voice and gender.
Only those errors have been emended that appear to have been introduced by the somewhat careless scribe of *C*.

I have taken special care to avoid emending over William's head, as
it were, to arrive at a "perfect" text of the classical or patristic authors
he quotes. For some authors, his divergences from the established
texts fall into a pattern coinciding with the readings of a particular
branch of the text tradition of that author. (The instances where I have

been able to discern such a relationship are noted above, pp. 22–24.)
When C and H agree, therefore, on a usage which strays from the best
classical tradition, but which coincides with the reading of the
manuscript tradition that William appears to have used, and the
resulting Latin can be construed without undue contortion of the
meaning, I have accepted that medieval usage into the text.

For example, in Book II (79.39–40) both C and H read *Noui et
Phirnen . . . ardorem subantem*. The modern text of Tertullian has *ardore*, an editorial emendation; one main branch of Tertullian
manuscripts has *ardori*, the other, which includes MS Oxon. Balliol.
79 which James linked with a manuscript seen at Malmesbury (above,
p. 23), and which elsewhere shares errors with CH, has *ardorem*. On
these grounds, although there is no evidence in "good" Latin of *subo*
used transitively, I have accepted *ardorem* as William's reading, con-
struing it as an inner object.

The same reasoning has allowed a certain amount of imprecision in
the sequence of tenses, an occasional indicative where a subjunctive
should be, and further examples of a rather free use of accusative ob-
jects. For example, in II (80.9–10), in a passage that reads *fugitans
publici uisus* in the text of Ambrose, both manuscripts of the
Polyhistor have *fugitans publici usus aspectum*. William or his
predecessor, not taking the genitive with *fugitans*, has supplied *aspectum* as the object of *fugitans* to make sense of the genitive. I have retained this and other non-classical constructions where I think there is
sufficient evidence that they represent what William found in his exemplar and accepted into his own text.

Orthography and Punctuation

In matters of orthography and punctuation I have followed in general
the guidelines set down by Giles Constable in his edition of the letters
of Peter the Venerable.[81] In the section of the text for which C is the
only evidence, I have generally retained the spelling of that
manuscript, except in the matter of *u* and *v*. Since C is inconsistent in
its usage, I have normalized the use of lower case *u* and upper case *V*.[82]
Because it is often impossible to distinguish between *ci* and *ti* in either
manuscript, this edition regularizes the classical spelling *ti*. The
Harleian manuscript usually has double *i* in the genitive singular of
-ius words and in words such as *hii* and *hiis*, but the usage in C is inconsistent. The first and last parts of the text therefore follow C, making no attempt at an artificial regularity, but the remainder adopts the
ii of H. When the manuscripts agree on the insertion of an extra letter
or the omission of a letter, the non-classical aspiration or lack of
aspiration of a consonant, or an e/i variation, such usages are retained

in the text; where the manuscripts disagree, the classical form appears. Medieval spellings which might cause confusion, such as *his* for *is*, have been eliminated. *Ae* and *oe* are printed in the text as *e*, as they consistently appear in both manuscripts. Abbreviations are expanded in conformity with the general orthographical practice of the rest of the text.

The punctuation of *C* is basically systematic, although it is not always consistent within that system. The treatment of compound sentences for example varies, and punctuation sometimes occurs after but not before a parenthetical clause. There is considerably more punctuation than modern standards demand. The punctuation of *H* is more careful than that of *C* but is still copious and not free of inconsistencies. The text of this edition substitutes modern signs of punctuation and sets off direct quotations, but otherwise remains as close as possible to the punctuation of *C* where it is the only witness, of *H* elsewhere, with supplementation and modification *ad sensum* wherever necessary. The result is perhaps a degree of overpunctuation, which is intended to preserve the flavor of the manuscripts without confusing the reader.[83] New paragraphs also generally begin where they are indicated by the manuscripts.

The manuscripts are inconsistent in their use of capital letters. This text capitalizes the first word of sentences, the first word of direct discourse, the first word of titles, proper names, and adjectives formed from proper names. It does not capitalize full titles or forms of *deus*.

Numbers both cardinal and ordinal are generally represented in the manuscripts by lower case Roman numerals set off by dots; this edition retains that practice unless the number can be written out in one word.

Notes to the Introduction

1. Willelmus Malmesbiriensis Monachus, *De Gestis Regum Anglorum Libri Quinque; Historiae Nouellae Libri Tres*, ed. William Stubbs, Rolls Series 90 (London 1887, 1889) I:283. References to the *Gesta Regum* (*GR*) are cited by page number in Stubbs' edition. For a general account of William's life and works, see A. Gransden, *Historical Writing in England c. 550–c. 1307* (London, 1974).

2. See Stubbs, *GR* I:xiii–xviii, and William of Malmesbury, *The Historia*

Nouella, trans. K. R. Potter, text. ed. R. A. B. Mynors (London, 1955), pp. xi-xii.

3. Willelmus Malmesbiriensis Monachus, *De Gestis Pontificum Anglorum Libri Quinque*, ed. N. E. S. A. Hamilton, Rolls Series 52 (London, 1870):438. References to the *Gesta Pontificum* (*GP*) are cited by page number in Hamilton's edition.

4. John Leland, *Collectanea* II:235, quoted in Stubbs, *GR* I:xxxviii-xxxix, n.3.

5. E. Könsgen, "Zwei unbekannte Briefe zu den Gesta Regum Anglorum," *Deutsches Archiv für Erforschung des Mittelalters* 31 (1975):204-14.

6. Hugh Farmer, "William of Malmesbury's Life and Works," *The Journal of Ecclesiastical History* 13 (1962):42; V. H. Galbraith, *Historical Research in Medieval England*, London, 1951.

7. Rodney M. Thomson, "The Reading of William of Malmesbury," *Revue Bénédictine* 85 (1975):362-402, with additions and corrections in *Revue Bénédictine* 86 (1976):327-35 and 89 (1979):313-24.

8. Thomson, *Rev. Bénéd.* (1976):332.

9. Thomson, *Rev. Bénéd.* (1976):333.

10. Montague Rhodes James, *Two Ancient English Scholars: St. Aldhelm and William of Malmesbury* (Glasgow 1931), p. 26.

11. . . . *qui, teste Suetonio, si sit ueneno tinctus, putredine sed nec igne confici nequeat* (*GP* 188). Heiric quotes verbatim from Suetonius 4.1–*ut tinctum ueneno igne confici nequeat*: Riccardo Quadri, *I Collectanea di Eirico di Auxerre* (Spicilegium Friburgense 11) (Fribourg 1966), 108:1.20.

12. Marie Schütt, "The Literary Form of William of Malmesbury's 'Gesta Regum'," *EHR* 46 (1931):255-60.

13. Joan Haahr, "William of Malmesbury: a Twelfth-Century Scholar," (Diss., Harvard, 1970), pp. 43-44.

14. Haahr, p. 48.

15. Thomson, *Rev. Bénéd.* (1975):379.

16. Thomson, *Rev. Bénéd.* (1975):379; (1976):330.

17. Evan T. Sage, "Giraldus Cambrensis and Petronius," *Speculum* 2 (1927):203-205.

18. William's use of the phrase as a causal clause in virtual indirect discourse requires the use of the subjunctive. This kind of change in the verb forms of his quotations is common in William and it does not obscure the evidence.

19. Janet Martin, "Uses of Tradition: Gellius, Petronius, and John of Salisbury," *Viator* 10 (1979):57-76.

20. *Analecta Dublinensia: Three Medieval Latin Texts in the Library of Trinity College Dublin*, ed. Marvin L. Colker (Cambridge, Mass., 1975):181-88.

21. B. L. Ullman, "The Transmission of the Text of Catullus," *Studi in onore di Luigi Castiglioni* (Florence, 1960):1033-34.

22. Sources nearly contemporary with Maeldubh presented him simply as the eponymous saint and probable founder of Malmesbury; details are added only much later, in biographies of Aldhelm. See *A History of Wiltshire*, ed. R. B. Pugh and Elizabeth Crittal (London, 1956) III:210.

23. Farmer, *JEH* 13:40; Hugh Farmer, "Two Biographies by William of Malmesbury," *Latin Biography*, ed. T. A. Dorey (London, 1967), p. 158.

24. Max Manitius, *Geschichte der lateinischen Literatur des Mittelalters*, Handbuch der klassischen Altertumswissenschaft 9/2.1-3 (München, 1911-1931), I:135.

25. Max Manitius, "Zu Aldhelm und Baeda," *SB Wien Phil. Hist. Klasse* 112 (1886):535–634; Aldhelmus, *Opera*, ed. Rudolf Ehwald, MGH: Auctores Antiquissimi 15 (Berlin, 1919).

26. Manitius, "Zu Aldhelm," pp. 563, 565.

27. Maurice Roger, *L'Enseignement des lettres classiques d'Ausone à Alcuin* (Paris, 1905), pp. 294–96.

28. James, *Two Ancient English Scholars*, pp. 14–15.

29. Farmer, *JEH* 13:40–41; David Knowles, *The Monastic Order in England*, 2nd ed. (Cambridge, 1963), p. 94.

30. Farmer, *JEH* 13:41.

31. Knowles, p. 172.

32. For the contents of William's historical library, see Stubbs, *GR* I:xx–xxi, and Thomson, *Rev. Bénéd.*, 1975, 1976, and 1979.

33. Thomson, *Rev. Bénéd.* (1975):392–93.

34. Neil R. Ker, *Medieval Libraries of Great Britain*, 2nd ed. (London, 1964), p. 128. See also the accounts of the discoveries in Neil R. Ker, "William of Malmesbury's Handwriting," *EHR* 59 (September, 1944):371–76; Hugh Farmer, "William of Malmesbury's Commentary on Lamentations," *Studia Monastica* 4 (1962):287 n. 14; and Farmer, *JEH* 13:54, postscript.

35. R. M. Thomson, "The 'scriptorium' of William of Malmesbury," *Medieval Scribes, Manuscripts & Libraries: Essays presented to N. R. Ker*, ed. M. B. Parkes and Andrew G. Watson (London, 1978):125.

36. Thomson, "The 'scriptorium' of William of Malmesbury," pp. 135–36.

37. Thomson, "The 'scriptorium' of William of Malmesbury," pp. 117–42.

38. Farmer, *Studia Monastica*, 4:309.

39. R. H. Rouse, "Florilegia and Latin Classical Authors in Twelfth- and Thirteenth-Century Orléans," *Viator* 10 (1979):131–60.

40. Rodney M. Thomson, "William of Malmesbury as Historian and Man of Letters," *The Journal of Ecclesiastical History* 29 (1978):401–402.

41. Stubbs, *GR* I:cxli.

42. Stubbs, *GR* I:cxxix.

43. Stubbs, *GR* I:cxxviii.

44. Stubbs, *GR* I:cxxii–cxxiii.

45. Farmer, *Studia Monastica*, 4:283.

46. Thomson, *Rev. Bénéd.* (1975):372–76.

47. Jean Leclercq, *The Love of Learning and the Desire for God: A Study of Monastic Culture*, trans. Catharine Misrahi (New York, 1961), p. 212.

48. James, *Two Ancient English Scholars*, p. 32.

49. Ker, *Medieval Libraries of Great Britain*, pp. 128–29.

50. John Leland, *Collectanea de Rebus Britannicis*, ed. Thomas Hearne, 2nd ed. (London, 1770) IV:157.

51. Thomson, *Rev. Bénéd.* (1975):396–402; (1976):328–34; (1979):313–21.

52. Leland, IV:48.

53. John Bale, *Index Britanniae Scriptorum*, ed. Reginald Lane Poole, Anecdota Oxoniensia, Mediaeval and Modern Series, Part 9 (Oxford, 1902), pp. 144–45, 122.

54. Stubbs, *GR* I:cxli–cxlii.

55. James, *Two Ancient English Scholars*, p. 18.

56. James points out that William does not mean that he had no other ethical works of Cicero, but that he took special delight in these: *Two Ancient English Scholars*, p. 26. In the *Polyhistor* he quotes from *De natura deorum*, *De diuina-*

tione, Academica, and *De fato* as well.

57. Richard H. Rouse and Mary A. Rouse, "The medieval circulation of Cicero's 'Posterior Academics' and the *De finibus bonorum et malorum,*" *Medieval Scribes, Manuscripts & Libraries: Essays presented to N. R. Ker,* ed. M. B. Parkes and Andrew G. Watson (London, 1978), p. 351.

58. Pliny's fanciful approach to science had strong appeal for an audience nurtured on bestiaries and the supernatural phenomena of the early saints' lives: see R. R. Bolgar, *The Classical Heritage and its Beneficiaries: From the Carolingian Age to the End of the Renaissance* (1954; rpt. New York, 1964), pp. 169–70.

59. Janet Martin, "John of Salisbury and the Classics," (Diss., Harvard, 1968), p. 152. This account of the witnesses for Φ depends on P. K. Marshall, J. Martin, and R. H. Rouse, "Clare College MS 26 and the Circulation of Aulus Gellius 1–7 in Medieval England and France," *Mediaeval Studies* 42 (1980):370–73.

60. Janet Martin, "John of Salisbury's Manuscripts of Frontinus and of Gellius," *Journal of the Warburg and Courtauld Institutes* 40 (1977):6–10.

61. Marshall, Martin, and Rouse, pp. 372–73.

62. R. M. Thomson, "William of Malmesbury, John of Salisbury and the *Noctes Atticarum,*" *Hommages à André Boutemy,* Collection Latomus 145 (Brussels, 1976):367–89, and Thomson, *Rev. Bénéd.* (1979):323–24, n. 9.

63. Charles W. Jones, *Bedae Pseudepigraphia: Scientific Writings Falsely Attributed to Bede* (Ithaca, N. Y., 1939), p. 89. The text is edited by H. Omont, "Les sept merveilles du monde au moyen âge," *Bibliothèque de l'École des chartes* 43 (1882):40–59.

64. Frank Granger, ed. and trans., *Vitruvius on Architecture* (London, 1931), I:xviii–xx; (1934), II:xli.

65. I am grateful to Robert H. Rodgers for his comparison of William's Vitruvius extracts with the Cottonian manuscript and two of the other "Victruvius" manuscripts, BL Addl. 38818 and BL Harl. 3859. For description and discussion of the manuscripts, see Carol Herselle Krinsky, "Seventy-eight Vitruvius Manuscripts," *Journal of the Warburg and Courtauld Institutes* 30 (1967):36–70; and Pierre Ruffel and Jean Soubiran, "Recherches sur la tradition manuscrite de Vitruve," *Pallas* 9/2 (1960):3–154.

66. James, *Two Ancient English Scholars,* pp. 20, 28.

67. Leighton D. Reynolds, *The Medieval Tradition of Seneca's Letters* (Oxford, 1965), p. 17.

68. Reynolds, pp. 122–23.

69. Reynolds, pp. 122–24.

70. *A* in the critical apparatus of *Macrobii Saturnalia,* ed. Willis (Tuebner: 1963). For example, *C*'s *suo* (144.31) and *cesare* (144.35 *app. crit.*) are readings shared only by *A*. Occasionally however *C* preserves a correct reading against *A*, as for example *habebit* (145.3), where *A* has *habebis*.

71. MS *D* in the critical apparatus of "Nennius et l'historia Brittonum," *Bibliothèque de l'École pratique des hautes études: Sciences historiques et philologiques* 263, ed. Ferdinand Lot (Paris, 1934). At 153.27–28 for example *C* shares the reading *scissa* only with *D* and *presentem* (rather than *hodiernum*) with *D* and several other MSS. But at 153.34 and *app. crit. C* preserves the word order *exercitum trahit unda,* though not the ending, of other MSS against *D*.

72. R. H. Rouse and M. A. Rouse, "Florilegium Angelicum," *Medieval Learn-*

ing and Literature. Essays presented to Richard William Hunt, ed. J. J. G. Alexander and M. T. Gibson (Oxford, 1976), pp. 66–114, Addenda, p. 455.

73. Rouse and Rouse, "Florilegum Angelicum," p. 88.

74. Montague Rhodes James, *A Descriptive Catalogue of the Manuscripts in the Library of St. John's College* (Cambridge, 1913), pp. 126–29.

75. Neil R. Ker, *Medieval Manuscripts in British Libraries* (Oxford, 1969), I:xi.

76. See Bernhard Bischoff, "Paläographie," *Deutsche Philologie im Aufriss*, ed. W. Stammler, 2nd ed. (Berlin, 1957), I, cols. 422–33.

77. T. A. M. Bishop, *Scriptores Regis* (Oxford, 1961), pp. 6–7.

78. S. Harrison Thomson, *Latin Bookhands of the Later Middle Ages: 1100–1500* (Cambridge, 1969).

79. Cf. William's hand in the plates prefixed to Hamilton, *GP*, and in Thomson, "The 'scriptorium' of William of Malmesbury."

80. *A Catalogue of the Harleian Manuscripts in the British Museum* (London, 1808), III:100, and Cyril Ernest Wright, *Fontes Harleiani: A Study of the Sources of the Harleian Collection of Manuscripts Preserved in the Department of Manuscripts in the British Museum* (London, 1972), p. 438.

81. Giles Constable, *The Letters of Peter the Venerable* (Cambridge, Mass., 1967), II:84–92.

82. H. Maxwell Lyte, " 'U' and 'V': A Note on Palaeography," *Bull. Inst. Hist. Research* 2 (1925):63–65.

83. Constable, p. 85.

POLIISTOR

DEFLORATIONUM

WILLELMI

Liber Primus

Amico suo Guthlaco Wi*l*lelmus. Quia me consulendum putasti quinam
libri gentilium qui apud nos sunt tibi ad bone uite institutum legendi essent,
breuiter respondeo. Hermes Trimegistus, quem beatus Augustinus in libris
De ciuitate dei et in sermone Contra quinque hereses predicat, ad per-
5 suadendum hominibus unius dei cultum omni nititur instantia, que est
prima sapientia, nisi quod more gentilium quosdam deos uocat, quos tamen
a summo deo factos non negat. Tullius, in libris De senectute et amicitia et
officiis, de uirtutibus et uitiis utiliter disputat et fortasse in aliquibus aliis,
sed ego de illis solis loquor quorum possessione glorior. Libri Senece omnes
10 preter Apotheosin de nece Claudii, et De causis, quot pene uerbis tot com-
modis referti sunt. Hos ergo bone uite proposito congruos lege. Reliqui
minus professioni conueniunt tue. Nam aut furores intonant, ut Tullius *in*
Inuectiuis et Philippicis, aut armant eloquium, ut idem in Rethoricis, aut
questiones inanes uentilant, ut idem in omnibus Achademicis. Veruntamen
15 ne quibusdam relationibus quas gentiles suis inserunt scriptis fraudareris
non solum de illis sed et de Christianis quedam collegi, et in uno uolumine
compegi, que essent et lectioni iocunda et memorie fructuosa. Hoc ideo ut
cum ex illis quos nominaui sententiarum copia lassatus fueris in istis
reclineris. Illud te intelligere par est, neminem me de historicis uellicasse,
20 quorum omnis ad hoc laborat intentio ut sua insign*i*ant scripta memoriali
aliquo dicto uel facto. Illos modo deflorare libuit, qui furtim et transeunter
hec suis indiderunt libris. Si hec non sufficiunt, lege Valerium et Solinum,
quorum alter de memoralibus dictorum et factorum, alter de memoralibus
locorum scripsit. Habes ergo librum multiplicis ma*t*erie qui et instruat pro-
25 positum, et oblectet animum, in quo preter collectionis industriam nichil
reperies meum, nisi quod quedam Plinii uel breuiaui propter compendium,
uel mutaui propter faciliorem intellectum. Sane monitum te uolo, ut
miracula et denuntiationes ueras demonum dei attribuas patientie, qui
tolerat eos esse tante potentie.
30   Ex libris Ciceronis. Ex libro secundo Rethoricorum Tullii. Crotoniate

quondam, cum florerent omnibus copiis, et in Italia in primis numerarentur
beati, templum Iunonis quod relegiosissime colebant, egregiis picturis
locupletare uoluerunt. Itaque Eracleontem Zuexin, qui tum ceteris longe
pictoribus excellere existimabatur, magno pretio conductum adhibuerunt.
Is et ceteras quam plures tabulas pinxit, quarum nonnulla pars usque ad 5
nostram memoriam propter fani religionem remansit, et ut excellentem
muliebris forme pulcritudinem muta in sese imago contineret Helene se
similachrum pingere uelle dixit; quod Crotoniate, qui eum in muliebri corpore pingendo plurimum aliis prestare sepe accepissent, libenter ac-
ceperunt. Putauerunt enim si quo in genere plurimum posset in eo 10
magnopere elaborasset, egregium sibi opus illo in fano relicturum. Neque
eos opinio illa fefellit; nam Zeuxis ilico quesiuit ab his, quasnam uirgines
formosas haberent. Illi autem hominem statim deduxerunt in palestram, atque ei pueros ostenderunt multos magna preditos dignitate; quorum dum
formas et corpora magno hic opere miraretur, 'Horum,' inquiunt illi, 'sorores 15
sunt apud nos uirgines. Quare qua sint ille dignitate potes ex hiis suspicari.'
'Prebete igitur mihi queso,' inquit, 'ex istis uirginibus formosissimas dum
pingo id quod uobis policitus sum, ut ex animali exemplo in simulacrum
mutum ueritas transferatur.' Tunc Crotoni[t]ate publice de consilio in
unum locum uirgines conduxerunt, et pictori quas uellet eligendi 20
potestatem dederunt. Ille autem quinque delegit. Neque enim putauit omnia que quereret ad uenustatem uno se in corpore reperire posse, ideo quod
nichil in simplici genere omnibus partibus perfectum natura expoliuit.

Ex libris De natura deorum. Ibes maximam serpentium uim conficiunt,
cum sint aues excelse cruribus rigidis corneo proceroque rostro; auertunt 25
pestem ab Egipto, cum uolucres angues ex uastitate Libie uento Affrico in-
uectas interficiunt et consumunt, ex quo fit, ut ille nec uiue morsu noceant
nec odore mortue.

Apud Regillum bello Latinorum cum Aulus Postumus dictator cum Octauio Mamillo Tusculano prelio dimicaret, in nostra acie Castor et Pollux ex 30
equis dimicare uisi sunt, et recentiori memoria idem Tindaride Persen uictum nuntiauerunt. Publius enim Vatienus, cum e prefectura Reatina
Romam ei uenienti noctu duo iuuenes cum equis albis dixissent regem
Persen illo die captum, senatui nuntiauit, et primo quasi temere de re
publica locutus in carcerem coniectus est; post a Paulo litteris allatis cum 35
idem dies constitisset, et agro a senatu et uocatione donatus est. Atque
etiam cum ad fluuium Sigram Crotonitas Locri maximo prelio deuicissent,
eo die ipso auditam esse eam pugnam ludis Olimpie memorie proditum est.

P. Clodius bello Punico primo deos irridens cum cauea liberati pulli non
pascerentur, mergi in aquam eos iussit, ut biberent quoniam esse nollent; 40
qui risus, classe deuicta, multas ipsi lacrimas magnamque rei publice
calamitatem attulit. Eodem bello collega eius Iunnus classem tempestate
amisit, cum auspiciis non paruisset. Itaque Clodius a populo condempnatus
est; Iunius necem sibi ipse consciuit.

Anetum oua gallinis sepe supponimus; ex quibus pulli orti, primo aluntur 45
ab his, ut a matribus, a quibus exclusi fotique sunt, deinde cum primum
aquam quasi naturalem domum uidere potuerunt, eas relinquunt et
effugiunt.

Legi etiam scriptum esse auem quandam, que platalea nominaretur; eam sibi cibum querere aduolantem ad eas aues que se in mari mergerent, que cum emersissent, piscemque cepissent, usque eo premere earum capita mordicus, dum ille captum amitterent, idque ipsa inuaderet. Eadem auis
5 dicitur conchis se solere inplere, easque cum stomachi calore concoxerit euomere, atque ita eligere ex hiis que sunt esculenta.

Rane autem marine dicuntur obruere sese arena solere et moueri prope aquam, ad quas quasi ad escam pisces cum accesserint confici arenis atque consumi.
10 Miluo est quoddam bellum quasi naturale cum coruo; ergo alter alterius ubicumque nacturus est oua frangit.

Illud uero ab Aristotile animaduersum est: grues, cum calidiora loca petentes maria transmittunt, trianguli efficere formam. Eius autem summo angulo aer hiis aduersus pellitur, deinde sensim ab utroque latere, tanquam
15 remis, ita pennis cursus auium leuatur; basis autem trianguli quam efficiunt grues, ea tanquam puppis a uentis adiuuatur. Eeque in tergo preuolantium colla reponunt; quod quia ipsa dux facere non potest, quia non habet ubi nitatur, reuolat ut ipsa quoque quiescat, et in eius locum succedit que assequitur, eaque uicissitudo in omni cursu conseruatur.
20 Capre in Creta confixe uenenatis sagittis herbam querunt que dictanus uocatur; quam cum gustauerint, sagitte excidere dicuntur.

Cerue paulo ante partum purgant se quadam herba que seselis dicitur.

Testudines et crocodrillos dicunt cum in terra partum ediderint obruere oua, deinde procedere, ita et nascuntur et educantur ipsa per sese.
25 Egyptum Nilius, Mesopotamiam Eufrates irrigat. Indus, qui est omnium fluminum maximus, non aqua solum agros letificat et mitigat, sed etiam conserit.

Plures Hercules tradunt nobis hi qui interiores scrutantur litteras, antiquissimum Ioue natum, sed item Ioue antiquissimo, nam Ioues quoque
30 plures etiam in priscis Grecorum litteris inuenimus; ex eo igitur is est Hercules, quem certauisse cum Appolline de tripode accepimus. Alter traditur Nilo natus Egyptius, quem aiunt Frigias litteras conscripsisse.

Tertius est ex Ideis Digitis cui inferias afferunt. Quartus est Iouis et Asterie Lotone sororis filius qui Tiri maxime colitur, cuius filiam fecisse
35 Cartaginem ferunt. Quintus in India, qui Belus dicitur, sextus ex Alchimena quem Iupiter genuit, sed tertius Iupiter.

Principio Ioues tres numerant hi qui theologi nominantur, ex quibus primum et secundum natos in Archadia, alterum patre Ethere, ex quo etiam Proserpinam natam ferunt et Liberum, alterum patre Celo, qui genuisse
40 Mineruam dicitur, quam principem et inuentricem belli ferunt, tertium Cretensem, Saturni filium, cuius in illa sepulcrum insula ostenditur.

Dioscoride etiam apud Graios multis modis nominantur; primi tres, qui appellantur Anactes Athenis, ex rege antiquissimo Ioue et Proserpina nati, Tritopatreus, Eubuleus, Dionisius; secundi, Ioue tertio nati, Leda et Castor
45 et Pollux; tertii dicuntur a non nullis Aloco et Melampus et Euiolus, Atrei filii qui Pelope natus fuit.

Iam Muse prime quattuor Ioue altero nate Etheithe, Noeone, Edeardhe, Melete; secunde, Ioue tertio et Nemosine procreate nouem; tertie, Piero nate et Antiopa, quas Pieridas solent poete appellare.

Sunt quinque Soles, Wulcani quattuor, Mercurii quinque, Esculapii tres, Apollines quattuor, Diane tres, Dionisii quinque, Veneres quattuor, Minerue quinque, Culpidines tres. Horum origines et mortes in tertio libro De natura deorum Cicero prosequitur. Sed tedet me hec scripbere. Perstrinxi 5 tamen, ut irrideatur miseria gentilium.

Duos de quadraginta annos Dionisius tirann[i]us fuit opulentissime et beatissime ciuitatis. Quam multos ante annos Anaxarcum Democriteum a Ciprio tiranno excarnificatum accepimus, Zenonem Elee in tormentis necatum. Dionisius cum fanum Diane Locris expilauisset, nauigabat 10 Siracusas; isque cum secundissimo uento cursum teneret, ridens, 'Videtisne,' inquit, 'amici, quam bona a diis immortalibus nauigatio sacrilegis detur?' Qui cum ad Peloponensium portum classem appulisset *et* in fanum uenisset Iouis Olimpii, aureum ei detraxit amiculum graui pondere quo Iouem ornarat e manubiis Cartaginensium tirannus Gelo, at- 15 que in eo etiam cauillatus est estate graue esse aureum amiculum, hieme frigidum, eique laneum palleum iniecit, cum id esse aptum ad omne tempus anni diceret. Idem Esculapii Epidauri barbam auream demi iussit; neque enim conuenire barbatum esse filium, cum in omnibus fanis pater imberbis esset. Idem mensas argenteas de omnibus templis iussit auferri, in quibus 20 quod more ueteris Grecie inscriptum esset 'Bonorum deorum' uti se uelle bonitate dicebat. Idem coronas et Victoriolas et pateras aureas, que simulacrorum porectis manibus sustinebantur, sine dubitatione tollebat, eaque se accipere non aufere dicebat; esse enim stultitiam a quibus bona precaremur, ab hiis porrigentibus et dantibus nolle accipere. Eundemque 25 ferunt hec que dixi sublata de fanis in forum protulisse, et per preconem uendidisse, exactaque peccunia edixisse ut quod quisque a sacris haberet id ante diem certam in suum quodque fanum referret. Hic tamen eam potestatem, quam ipse *per* scelus nactus erat, quasi iustam et legitimam filio tradidit.   30

Diagoras cum Samoturciam uenisset, et ei quidam amicus diceret, 'Tu qui deos putas humana negligere nonne animaduertis ex tot tabulis pictis quam multi uotis uim tempestatis effugarent?' 'Ita fit,' inquit, 'illi enim nusquam picti sunt, qui naufragia fecerunt et in mari perierunt.' Idemque cum ei nauiganti aduersa tempestate uectores timidi et perteriti dicerent non in- 35 iuria id sibi accidere qui illum in eandem nauim recepissent, ostendit eis multos in eodem cursu laborantes quesiuitque num etiam in hiis manibus Diagoram uiderent.

Ex libris Tullii De diuinatione. Priscus Tarquinius rex Romanorum arcessiuit ad se Attium Nauium augurem. Cuius cum temptaret scientiam, 40 dixit se cogitare quiddam; id possetne fieri consuluit. Ille, augurio acto, posse fieri respondit. Tarquinius autem dixit se cogitasse posse cotem nouacula precidi. Tum Attium iussisse experiri; ita cotem in comitium allatam, inspectante et rege et populo, nouacula discissam accepimus.

Ptholomeus familiaris Alexandri Magni cum telo uenenato ictus esset eo- 45 que uulnere summo cum dolore moreretur, Alexander assiduus somno est consopitus. Tum secundum quietem uisus ei dicitur draco is quem mater

Olimpias alebat radiculam ore ferre et simul dicere quo loci illa nasceretur, neque is longe erat ab eo loco; eius autem esse uim tantam, ut Ptholomeum facile sanaret. Cum Alexander experrectus narrasset amicis somnium emisit qui illam radiculam quereret; qua inuenta et Ptholomeus sanatus dicitur et
5 multi eodem genere teli uulnerati.

Eraclides Ponticus doctus uir et auditor Platonis scribit matrem Falaridis uisam esse uidere in somnis simulachra deorum que ipse Falaris consecrauisset; ex his Mercurium e patera quam dextera manu teneret, uisum esse sanguinem fundere qui cum terram attingeret, referuescere uideretur,
10 sic ut tota domus sanguine redundaret. Quod matris somnium immanis crudelitas filii comprobauit.

Dionisius phisicus scribit quod cum dormienti Ciro ad pedes sol uisus esset, ter eum frustra appetiuisse manibus, cum se conuoluens sol elaberetur et abiret; eique magos dixisse, quod genus sapientium et doc-
15 torum habebatur in Persis, ex triplici appetitione solis triginta annos Cirum regnaturum esse portendi. Quod ita contigit, nam ad septuagesimum peruenit, cum quadraginta annos natus regnare cepisset.

Calanus Indus cum inscenderet rogum ardentem ad mortem proficiscens, 'O preclarum,' inquit, 'discessum e uita, cum ut Herculi contigit et mortali
20 corpore cremato, in lucem animus excesserit'; cumque Alexander eum rogaret si quid uellet ut diceret, 'Optime,' inquit, 'prope diem te uidebo.' Quod ita contingit, nam Babilone paucis post diebus mortuus est. Qua nocte templum Ephesie Diane deflagrauit, eadem constat ex Olimpiade natum Alexandrum, et ubi cepisset lucere denuntiasse magos pestem et perniciem
25 Asie proxima nocte natam.

Hannibalem Celius scribit cum columnam auream que in fano esset Herculis auferre uoluisset, dubitaretque utrum ea solida esset an extrinsecus inaurata, perterebrauisse, cumque perterebrauisset statuissetque tollere, ei secundum quietem uisam esse Iunonem et predicere ne id faceret, minari-
30 que si id fecisset se curaturam ut eum quoque oculum quo bene uideret amitteret, idque ab homine acuto non esse neglectum, itaque ex eo auro quod exterebratum esset coronullam curasse faciendam, et eam in summa columna collocasse. Idem Silenus Grecus affirmat, qui diligentissime res Annibalis persecutus est.
35 Hanibali cum cepisset Saguntum uisum est in sompnis a Ioue se in concilium uocari; quo cum uenisset, Iouem imperauisse ut idem Italie bellum inferret, ducemque ei unum e consilio datum, quo illum utentem, cum exercitu progredi cepisse; tum ei ducem illum precepisse, ne respiceret; illum autem id diutius facere non potuisse, elatumque cupiditate respexisse; tum
40 uisam beluam uastam et immanem circumplicatam serpentibus, quacumque incederet omnia arbusta uirgultaque peruertere; et eum ammiratum quesisse de deo, quidnam esset illud tale monstrum, et deum respondisse uastitatem esse Italie precepisseque ut pergeret protinus, nec curaret quid retro et a tergo fieret.
45 Apud Agathoclem in historia scriptum est Hamilcarem Cartaginensem, cum oppugnaret Siracusas, uisum esse audire [se] uocem se postridie cenaturum esse Siracusis; cum autem is dies illuxisset, magnam seditionem

in castris eius inter Penos et Siculos milites esse factam; quod cum sensis-
sent Siracusani, improuiso eos in castra irrumpisse, Hamilcaremque ab his
uiuum esse sublatum.

P. Decius, qui primus e Deciis consul fuit, cum esset tribunus militum, et
a Samnitibus noster premeretur exercitus, somniauit quod cum in mediis   5
hostibus uersaretur occideret cum magna gloria. Et tum quidem incolumis
exercitum obsidione liberauit; post triennium autem cum consul esset
deuouit se, et aciem Latinorum irrumpit armatus; quo eius facto superati
sunt et deleti Latini; cuius mors ita gloriosa fuit ut eam concupisceret filius.
Socrates cum esset in cusstodia publica, dixit Critoni familiari suo sibi post 10
tertium diem moriendum; id sibi a quadam per somnum uisa pulcherima
femina dictum, quod ita contigit.

Aristotiles, uir singulari et pene diuino ingenio, scribit Eudemum
familiarem suum uenisse Feras, que erat in Thessalia urbs tum admodum
nobilis; ibi Eudomum ita egrum fuisse, ut medici diffiderent; ei uisum in 15
quiete egregia facie iuuenem dicere fore ut breui conualesseret, paucisque
diebus interiturum Alexandrum, qui tunc in eadem urbe tirannus erat, ipsum autem Eudemum quinquennio post domum redditurum. Eudemus conualuit; ab uxoris fratribus interfectus est tirannus; quinto anno exeunte,
cum esset spes ex ipso somnio, in Ciprum ubi ille natus fuerat eum 20
rediturum, prelians ad Siracusas occidit; quo intellectum est, ut cum corpore animus excesserit, tunc domum reuertisse uideatur.

Sophocles poeta cum ex ede Herculis patera aurea grauis esset surrepta, in
somnis uidit ipsum deum dicentem sibi quis fecisset. Quod tertio uisum in
Ariopagum detulit; Ariopagite iubent comprehendi a Sophocle nominatum; 25
is questione adhibita confessus, pateram retulit.

Cum bello Latino ludi uotiui maximi fierent, ciuitas repente ad arma est
excitata. Quibus instauratis, seruus per circum cum uirgis cederetur furcam
ferens ductus est. Exin cuidam rustico dormienti uisus est uenire qui diceret
se presulem ludorum; sibi non placuisse ludos; id senatui nuntiaret. Illo non 30
auso, iterum idem monitum, ne uim suam experiretur. Cum negligeret,
filium eius mortuum; adhuc dubitantem, debilem factum amicorum consilio lecticula in curiam delatum; iudicio facto, pedibus sui saluum reuertisse.

G. Graceus uidit in somnis Tiberium fratrem sibi dicere, quam uellet 35
cunctaretur, tamen sibi eodem leto quo ipse interisset pereundum. Quo
somnio quid certius?

Simonides poeta cum mortuum quendam ignotum uidisset, eumque
humasset haberetque in animo nauim conscendere, ab eo moneri uisus est
ne id faceret; si enim nauigasset, eum naufragio periturum; is remansit, 40
ceteri qui nauigauerunt perierunt.

Cum duo Archades familiares iter una facerent et Megartam uenissent,
alter ad cauponem diuertit, alter ad hospitem. Qui cum cenati quiescerent,
concubia nocte uisum est in somnis ei, qui erat in hospitio, illum alterum
orare ut subueniret, quod a caupone sibi interitus pararetur; is primo 45
perteritus surrexit; deinde cum se collegisset et redormisset, idem illi uisus
rogabat ut, quoniam uiuo sibi non succurrisset, mortem suam non inultam

pateretur; se interfectum a caupone in plaustrum coniectum et supra stercus
iniectum; petere ut mane ad portam adesset priusquam plaustrum ex opido
exiret. Hoc somnio ille commotus, mane bubulco ad portam presto quesiuit
ex eo quid esset in plaustro; is perteritus fugit, mortuus erutus est, caupo
5 penas dedit.

Cum Lacedemonii Leutrica pugna obsiderentur, in Herculis phano arma
sonuerunt et simulacrum eius sudauit et arma, que fixa fuerant in
parietibus, sponte ceciderunt. Et stelle auree, que in honorem Pollucis et
Casstoris in templo Delfis posite fuerant a Lacedemoniis quia cum eis Ar-
10 thenienses ubi fuerant pugnarent, nunquam reperte sunt.

Mide illi Frigi cum puer esset dormienti, formice in os tritici *grana* congesserunt. Diuitissimum fore predictum est; quod et contigit.

Platoni cum in cunis paruulo dormienti apes in labellis consedissent,
responsum est illum singulari suauitate orationis fore. Ita futura eloquentia
15 preuisa *in* infante est.

Veiente bello cum lacus Albanus preter modum creuisset, Veientem
quendam nobilem profugisse, eumque dixisse e fatis que Veientes scripta
haberent, Veios capi non posse, dum lacus his redundaret et si lacus emissus
et cursu suo lapsus ad mare defluxerit, perniciosum rei publice; sin autem
20 ita esset deductus ut ad mare non perueniret, tum salutare nostris fore. Ex
quo ammirabilis illa facta est a maioribus nostris Albano aque deductio.
Cum autem Veientes bello fessi legatos ad senatum misissent, tum ex his
quendam dixisse non omnia illum transfugam ausum senatui dicere; in
iisdem enim fatis Veientes scriptum habere fore ut breui Roma a Gallis
25 caperetur, quod quidem sexennio post Veios captos factum est.

Non multo ante urbem captam audita est uox a luco Veste ut muri et porte
efficerentur; futurum esse, nisi prouisum esset, ut Roma caperetur. Quod
neglectum cum caueri poterat, post acceptam cladem explicatum est.

Thales Milesius ut obiurgatores suos conuinceret posse philosophum si
30 uellet peccuniam facere, omnem oleam antequam florere cepisset in agro
Milesio coemit. Animaduerterat enim olearum ubertatem fore.

Idem defectionem solis Astiage regnante predixit.

Ab Anaximandro phisico Lacedemonii moniti sunt ut urbes et tecta relin-
querent, armatique in agro excubarent, quod terre motus instaret. Tum et
35 tota urbs coruit et e monte Taigeto extremum montis euulsum est.

Ferecides, Pitagore magister, cum uidisset aquam haustam de puteo, dixit
terre motum instare. Cum Cesar ante interitum suum immolaret, quo
primum die in sella sedit aurea et cum purpurea ueste processit, in extis
bouis occisi cor non fuit. Et postero die caput in iecore non fuit. Itaque ille
40 occisus est in eo senatu quem maiori ex parte ipse fecerat, in curia Pompeia,
ante ipsius Pompei simulacrum, centurionibus suis inspectantibus, a
nobilissimis ciuibus partim etiam a se ornatis, ita ut ad eius corpus non
modo amicorum sed ne seruorum quidem quisquam accederet.

Socrates dicebat esse quiddam diuinum quod dinonion appellat cui
45 semper ipse paruerit, numquam impellenti, sepe reuocanti.

Idem Xenofonti consulenti sequereturne Epicurum posteaquam exposuit
que ipsi uiderentur, 'Et nostrum,' inquit, 'consilium humanum est, sed de

rebus dubiis ad Apollinem censeo referendum.'

Item cum Critonis sui familiaris oculum alligatum uideret quesiuit quid
esset; cum autem ille respondisset in agro ambulanti ramulum adductum,
ut reductus esset, in oculum incidisse, tum Socrates: 'Non enim paruisti
mihi reuocanti, cum uterer qua soleo presagatione diuina.'   5

Idem cum apud Duellium male pugnatum esset, fugeretque cum Lachete
pretore, ut uentum est in triuium eadem uia qua ceteri fugere noluit. Quibus
querentibus causam deterreri se a deo dixit. Tum hi, qui alia uia fugerant, in
hostium se equitatum iniecerunt.

Illud magnificum et pene diuinum eiusdem philosphi, quod cum impiis   10
sententiis damnatus esset, equisimo animo dixit mori; neque enim domo
egredienti, neque illud suggestum in quo causam dixerit ascendenti, sibi
ullum signum a deo quod consuesset quasi mali alicuius imprudentia
datum.

Rex Pruas cum Hannibali apud se pugnare placeret, negabat se audere 15
quod exta prohiberent. 'An tu,' inquit, 'caruncule uituline mauis quam imperatori ueteri credere?' Ipse Cesar, cum a summo auruspice moneretur ne in
Affricam ante brumam transiret, nonne transmisit? Quod ni fecisset, uno in
loco omnes aduersariorum copie conuenissent.

Ciuili bello, quam multa auruspices luserunt, que a Roma in Greciam 20
responsa missa Pompeio! Etenim ille admodum extis et ostentis mouebatur.
Que et Cesari et Pompeio ab aruspicibus dicta sunt, neminem illorum non
in lecto et non in domo sua moriturum! Vides tamen omnia aliter ac dicta
sibi euenisse.

Demosthenem scribit Fallareus, cum 'R' dicere nequiret, exercitatione 25
fecisse ut planissime diceret.

Possem plura de libris Ciceronis [quos Herenius] excerpere, nisi quod et
quedam iudico inania, et quedam scio a Valerio et Plinio excerpta, quamuis
et aliqua eorum que illi excerpserunt eo hic scienter apposuerim. Sane
laudem Lucii Luculli qua eum in libro de Achademicis extulit propter 30
claritatem dictorum non preteribo.

Magnum, inquit, ingenium L. Luculli magnumque optimarum artium
studium, tum omnis liberalis et digna homine nobili ab eo percepta doctrina
quibus temporibus maxime in foro florere potuit caruit omnino rebus
humanis. Vt enim admodum adolescens, cum fratre pari pietate et industria 35
predito paternas inimicitias magna cum gloria est persecutus, in Asiam
questor profectus ibi permultos annos ammirabili quadam laude prouincie
prefuit; deinde absens factus edilis, continuo pretor (licebat enim celerius
legis premio), post in Africam inde ad consulatum que ita gessit ut diligentiam ammirarentur omnes, ingenium agnoscerent. Post ad Mitridicum 40
bellum missus a senatu, non modo opinionem uicit omnium que de uirtute
eius erat, sed etiam gloriam superiorum; idque fuit mirabilius, quod ab eo
laus imperatoria non admodum spectabatur, qui adolescentiam in forensi
opera, questure diuturnum tempus, Murena bellum in Ponto gerente, in
Asie pace consumpserat. Sed incredibilis quedam ingenii magnitudo non 45
desiderauit usus disciplinam. Itaque cum totum iter et nauigationem con-
sumpsisset, partim in percunctando a peritis, partim in rebus gestis legen-

dis, in Asiam doctus imperator uenit cum esset Roma profectus rei militaris
rudis. Habuit enim diuinam quandam memoriam rerum, uerborum
maiorem quam Hortensius, sed quo plus in negotiis gerendis res quam uerba
prosunt, hic erat memoria illi prestantior; quam fuisse in Themestocle,
5 quem facile principem Grecie ponimus, singularem ferunt, qui quidem
etiam pollicenti cuidam se artem memorie, que tum primum proferebatur,
ei traditurum, obliuisci se malle discere respondit — credo quod herebant in
memoria quecumque audierat et uiderat. Tali ingenio preditus Lucullus
adiunxerat etiam illam quam Themistocles spreuerat, disciplinam, itaque
10 ut litteris consignamus que monimentis mandare uolumus, sic ille in animo
res insculptas habebat. Tantus ergo imperator in omni genere belli fuit, ut ille post Alexandrum maximus hunc a se maiorem ducem cognitum quam
quemquam eorum quos legisset fateretur. In eodem tanta prudentia fuit in
constituendis temperandisque ciuitatibus, tanta equitas, ut hodie stet Asia
15 institutis Luculli. Sed etsi magna cum utilitate rei publice, tamen diutius
quam uellem tanta uis uirtutis et ingenii peregrinata abfuit ab oculis fori et
curie. Quin etiam cum uictor a Mitridatico bello reuertisset, inimicorum
calumnia trienio tardius quam debuerat triumphauit; nos enim consules in-
troduximus in urbem clarissimi uiri currum. Sed que populari gloria
20 decorari in Lucullo debuerunt, ea fere sunt et litteris celebrata Grecis et
Latinis. Nos autem illa extrema cum multis, hec interiora cum paucis
cognouimus; maiori enim studio Lucullus cum omni litterarum generi, tum
philosophie deditus fuit, quam putabatur, nec uero ineunte etate solum, sed
et pro questore aliquot annos, et in ipso bello in quo ita magna esse solet oc-
25 cupatio rei militaris, ut non multum imperatori sub ipsis pellibus relin-
quatur otii.
   De Plinio Naturalis historie aliquanta deflorabo, de quo sumpserunt
Solinus et Isidorus quicquit de situ et uarietate locorum et gentium quicquid
de naturis animantium quicquid de miraculis aquarum et terrarum
30 scripserunt. Primus ergo liber continet titulos sequentium librorum; secundus est de natura elementorum, de quo hec excerpsi.
   Ex libro Plinii Naturalis historie. Diuus Augustus leuum sibi calceum
prodidit prepostere inductum, quo die seditione militum proditione prope
afflictus est.
35   Obliquitatem celi intellexisse primus Anaximander Milesius traditur,
Olimpiade •lviii• , signa deinde in eo Cleostratus et arietis et sagittarii,
feras Athlas.
   Luciferi naturas primus Pitagoras Samius deprehendit, Olimpiade •xxx-
ii• , qui fuit annus urbis Rome •cxlii• .
40   Rationem solis primus apud Romanos inuenit Sulpicius Gallus, qui consul cum M. Marcello fuit, sed tum tribunus militum ab imperatore Paulo in
contentionem productus ad predicendam eclipsin, ne timeret exercitus
pridie antequam uinceretur Perses, et mox composito uolumine. Apud
Grecos autem primus inuestigauit Thales Milesius Olimpiadis •xlviii• an-
45 no quarto predicto solis defectu qui contigit sub Aliatto rege, anno urbis
Rome •clxx• . Post eos utriusque sideris cursum in sexcentos annos
prececinit Hiparcus, haud alio modo quam consiliorum nature particeps. Vir

numquam satis laudatus, qui celum in hereditatem cunctis reliquit, si esset quisquam inuentus, qui rationem eam caperet.

Celum uisum est sanguinea specie Olimpiade •cvii•, cum rex Philippus Greciam quateret.

Vise sunt cum sole totis diebus et circa solem stelle, Augusto Cesare 5 urbem intrante in prima iuuenta post obitum Cesaris.

Cometes nunquam in occidente est terrificum sidus, ut ciuili motu Octauio consule, iterumque Pompeii et Cesaris bello, et cum Claudius imperium relinquit Neroni. Cometes colitur in templo Rome admodum faustus iudicatus diuo Augusto propter ipsum, qui apparuit ludis quos 10 faciebat Veneri Genitrici. Nam hiis diebus sidus crinitum conspectum est septem diebus circa undecimam horam diei omnibus terris conspicuum. Ideo putauit uulgus animam Cesaris in celum raptam. Hec ille tulit in publicum; interiore gaudio sibi illum natum, seque in eo nasci interpretatus; et ut uerum fateamur, salutare id terris fuit. 15

Prodigiosus fuit solis defectus, occiso Cesare et Antoniano bello, totius pene anni pallore continuo.

In occasu trinos soles et antiqui uidere, et nostra etas diuo Claudio consule. Plures quam tres nusquam uisi.

Lune tres apparruere, Anneo Domitio consule. 20

Discursus stellarum in ea parte uentos denuntiat.

Fulgurum modo apparent lumina nauigantibus, gemina salutaria quasi Castor et Pollux, singulare perniciosum ut Helena.

In Italia crebriora fulmina, quia mobilior aer.

Genus est fulminis quod clarum uocant, quo dolia exhauriuntur intactis 25 operimentis, nullo alio uestigio; aurum et es liquatur intacto sacculo et cere signo. Hoc Marcia princeps femina icta grauida partu exanimato uixit.

Euocatum fulminem contra monstra a Numa et Tullio Hostilio et Porsenna L. Piso grauis auctor tradidit.

Laurum non urit fulmen, nec pellem uituli marini. 30

Lacte et sanguine pluit M. Acilio et C. Porcio consulibus, carne L. Volumnio Seruio Sulpicio consulibus. Antequam M. Crassus in Parthis periret ferro, aruspices premonuerunt superna uulnera. Circa castellum Carifanum pluit lana, iuxta quo post annum Titus Manlius occisus est; eodem causam dicente, lateribus coctis. 35

Armorum crepitus et tube sonitus Cimbricis bellis auditi. Tertio consulatu Marii spectata arma celestia ab ortu et occasu concurentia, et pulsa illa que ab occasu.

Anaxagoras predixit saxum casurum e celo, Olimpiadis •lxxii• anno secundo, diemque dixit. Idque factum est, interdiu in Tracia, ad Egos 40 flumen, qui lapis etiamnunc ostenditur magnitudine uehibilis, calore adusto.

Rhodi et Siracusis nunquam tanta sunt nubila, ut non aliqua hora sol cernatur.

Dicearcus uir in primis eruditis magna est cura permensus montes, ex 45 quibus altissimum prodidit Prelium milibus •ccl• passuum. Alpium tractus quinquaginta milibus passuum assurgunt. A Gadibus Hispanie et

Galliarum circuitus totus hodie nauigatur. Septentrionalis occianus nauigatus est sub diuo Augusto, classe circumuecta Germaniam usque ad Scithicam glaciem. Indicum mare usque ad Caspium nauigatum est a Macedonibus Seleuco et Anthioco. Partem orientis usque in Arabicum
5 sinum uictorie Alexandri lustrauere. Ibi sub Gaio Augusti filio, signa nauium ex Hispaniensibus naufragiis sunt agnita.

Cornelius Nepos auctor est quendam Eudoxium fugientem Arabico sinu egressum, et Gades usque peruectum, Celiumque ex Hispania in Ethiopiam commercii gratia nauigasse. Idem dicit Q. Metello Indos a rege Sueuorum
10 datos, qui ex India commercii causa nauigantes in Germaniam abrepti tempestatibus essent.

Anaximanes Thalethis discipulus primus horologium Lacedemonii ostendit.

Nobili apud Arabiam Magni Alexandri uictoria luna secunda hora noctis
15 defecit, eademque in Sicilia exoriens.

Solis defectum Vibiano et Fonteio consulibus factum in Campania horam inter septimam et octauam uidimus, eundemque dux Corbulo in Armenia inter horam decimam et undecimam uidit.

Exploratum est Alpes Appenninas*que* sepe tremuisse.
20 Autumpno et uere crebrius mouentur, sicut fulmina. Ideo Egyptus et Gallie non quatiuntur, quoniam hic estatis causa obstat, hic hiemis. Crebri specus sunt remedio, qui spiritus mouentes exalant. Tutissimi sunt edificiorum fornices, angurique parrietum alterutro innitentes.

L. Marcio Sexto Iulio Cesare consulibus in agro Mutinensi montes duo in-
25 ter se concurerunt crepitu maximo assultantes et recedentes, interea flamma et fumo exeunte spectante magna multitudine, anno ante sociale bellum.

Anno Neronis supremo prata oleeque intercedente publica uia in contrarias sedes transierunt in agro Marrucino.
30 Octogenis cubitis supra Brittanniam estus intumescere Pithias Manssiliensis auctor est.

Altissimum mare quindecim stadiorum Fabianus tradit. *Vniuersum circuitum terre Erathostenes omnium litterarum sollers prodidit trecenties quindecies centenorum milium passuum. Hiparcus in omni diligentia
35 mirus adicit stadiorum paulo minus ·xxxv· . Reliqua libri sunt de coaceruatis miraculis terrarum que Solinus et Isidorus suis locis non omiserunt.

Tertium et quartum et quintum et sextum libros, quia de diuisione totius orbis loquuntur, pretereo; septimum Solinus in primo libri sui, ubi loquitur
40 de generatione hominis, totum pene transscripsit; que tamen preterit, apponam quamuis istorum excerptio, aliorum exprobratio uideatur, cum omnia memoria sint digna, sed quis omnia eius poterit legere, quis excerpere, quis tenere? Pirro regi pollex in dextro pede fuit, cuius tactu lienosis medebatur; hunc cum cetero cremari nequiuisse ferunt, conditumque in
45 loculo templo.

Hermafroditi olim androgini dicti tunc in prodigiis nunc in deliciis.
Initio belli Marsici, mulier serpentem peperit.

Claudius Cesar scribit hippocentaurum in Thessalia natum eodem die interisse, et nos principatu eius allatum illi ex Egypto in melle uidimus.

Est inter exempla in uterum protinus reuersus infans Saguntti, quo anno
deletum est ab Hannibale. Inuenitur in annalibus Licinio Crasso, Cassio
Longino consulibus, puerum factum ex uirgine Casini et iussu arusspicum 5
deportatum in desertum. Lucinius Mucianus uisum a se Argis prodidit
quandam Ariscontem nupsisse, moxque ei barbam et uirilitatem pro-
uenisse, uxoremque duxisse; eiusdem sortis et puerum a se Simirne uisum.
Ego in Affrica uidi mutatum in marem nuptiarum die L. Carnificium ciuem
Thisdritanum.   10

Hec, Dicii et Pomponii et Orfiti clarissimorum uirorum coniunx, quatuor
partus ex his enixa septimo semper mense est, Suillium undecimo consulem, Cesoniam Gaii principis uxorem octauo. Neronem, toto principatu
suo hostem humani generis, genitum pedibus scripsit mater eius Agrippina.

Mater Grachorum duodecies alternauit in partu marem et feminam, 15
Agrippina Germanici nouies. Diuus Augustus, eo quo excessit anno, uidit
neptis sue nepotem M. Silanum, qui cum Asiam obtineret post consulatum,
a Nerone ueneno peremptus est. Q. Metellus Macedonicus cum sex liberos
relinqueret undecim nepotes reliquit, nurus uero generosque et qui se
patrem appellarent ·xxvii· . In actis diui Augusti refertur Crispinum 20
Hilarum ex ingenua plebe Fesulana cum liberis octo nepotibus ·xxvii· pro-
nepotibus ·xxix· neptibus octo in Capitolio cum omnibus immolasse.

Etiam formicis inesse sensum menstrui mulieres ferunt, abicique gestatas
fruges, nec postea repeti. Cum dentibus natus est M. Dentatus ob id
nominatus, et Papirius Carbo, preclari uiri. Femina cum eo modo regum 25
temporibus nata fuisset Valeria, exitium ciuitati in quam delata foret
aruspicibus uaticinantibus, Sessapam urbem tunc clarissimam delata est,
exitio statim consecuto.

Hominem priusquam genito dente cremari fas gentium non est.

In trimatu dimidiam esse mensuram stature certum est. *Sub Augusto 30
neptis fuit eius. Manium Maximum et M. Tullium equites Romanos
duorum cubitorum fuisse M. Varro auctor est, et nos uidimus in loculis
asseruatos. Vidimus etiam filium Cornelii Taciti equitis Romani tres
cubitos triennio creuisse.

Iulius eques Romanus in pupillaribus annis pro morbo aque intercutis pro- 35
hibitus a medicis bibere, consuetudine fecit naturam et in senecta caruit
potu.

Animi rigor transit in turbulentiam nimiam et cunctis inuisam et quod
mirum est in auctoribus etiam sapientie, ut Diogene Cinico, Heraclito,
Timone, qui etiam in totius humani generis odium euectus est.   40

Valens centurio meruit in pretorio diui Augusti, solitus uehicula onusta
cum culleis donec exinanirentur sustinere, carpenta una manu retinere, ob-
nixus contra nitentibus iumentis. Saluius duo centenaria pondera pedibus et
totidem manibus et ducenaria duo humeris contra scalas ferebat. Vidimus
Athanatum nomine quinquagenario torace plumbeo indutum coturnisque 45
quingentorum pondo calciatum per scenam ingredi.

Carneades quidam in Grecia que quis exigerit uolumina legentis modo representauit; de memoria scripserunt Simonides et Metrodorus ut nichil non iisdem uerbis redderetur auditum.

Magnanimitatis Cesaris ingens fuit exemplum, cum captis apud Pharsaliam Pompeii scriniis epistularum itemque apud Tapsum Scipionis, con-
5 cremasse ea optima fide et non legisse.

Pompei in Capitolio hic fuit notum: Pompeius Magnus imperator, bello triginta annorum confecto, fusis fugatis occisis in deditionem acceptis hominum centies uicies semel ·lxxxiii·, deprensis aut captis manibus ·dccxlvi·, oppidis mille in fidem receptis, terris a Meotide ad Rubrum mare
10 subactis, uotum Minerue. Triumphi uero quem duxit hec fuit prefatio: cum oram maritimam predonibus liberasset, ex Asia Ponto Armenia Perflagonia Capadocia Cicilia Siria Scithis Iudeis Albanis Hiberia super hec de Tigrane et Mitridate triumphauit. Summa in illo gloria fuit, ut ipse in contione dixit, Asiam ultimam prouinciarum excepisse mediamque patrie redidisse. Hic
15 licet Magni Alexandri et Herculis et Liberi patris gloriam equauerit. Maior tamen illo Cesar apparuit, cuius laudes Solinus ut pleraque alia ex Plinio presumpsit.

Alexander Magnus, uicto Dario captoque scrinio margaritis pretioso uarios usus eius amicis demonstrantibus, 'Immo,' inquit, 'librorum custodie
20 detur,' ut pretiosissimum humani genii opus quam pretiosissime seruetur. Idem cum ad Achillis tumulum peruenisset, 'Felicem te,' ait, 'iuuenis, qui tanto frueris precone meritorum', Homerum significans. Idem Pindari uatis familie penatibusque iussit parci, cum Thebas raperet, Aristotilisque philosophi patriam suam credidit, tanteque rerum claritati tam benignum
25 testimonium miscuit. Idem minus quinque mensibus Indum non pernauigauit, cum cotidie sexcenta stadia nauigaret, et tamen Ganges maior est.

Eschines orator Atheniensis cum orationem aduersus se habitam Demosthenis legi audiret mirantibus cunctis dixit, 'Quid si ipsam bestiam
30 audissetis sua uerba resonantem?', testimonium ingens inimici.

Cilonis Lacedemonii tria precepta litteris aureis Delphis consecrata sunt, que sunt hec: Nosse se quemque, nichil nimium cupere, comitem eris alieni et litis esse miseriam. Idem cum Olimpie uictore filio exspirasset gaudio, tota Grecia funus eius prosecuta est.
35   Tiberius Nero festinans ad fratrem Drusum egrum in Germania ducenta milia passuum tribus uehiculis confecit.

Athenienses dederunt in gumasio statuam inauratam Beroso, ob diuinas predictiones in astrologia.

Ipocrates uenientem pestilentiam predixit et discipulos circa urbes in aux-
40 ilium misit; ob id meritum honores illi quos Herculi decreuit Grecia.

Asclepiades laudatissimus, e funere homine relato et seruato, sponsione etiam facta ne medicus crederetur, si unquam inualidus ullo modo fuisset, nec falsus, quia in suprema senecta lapsu scalarum exanimatus.

Aristidis Thebani pictoris unam tabulam centum talentis rex Attalus
45 emit, Cesar dictator duas octoginta.

Lucius Metellus putatus est felix, quia fuerit primarius bellator, optimus orator, fortissimus imperator, felicium auspiciorum maximis honoribus

functus, summe sapiens, summus senator, pecuniosus, in ciuitate
clarissimus, pontifex, bis consul, dictator, magister equitum. Huius nepos
L. Metellus Macedonicus a quattuor filiis illatus est rogo, uno pretore, uno
censorio, tribus consularibus, duobus triumphalibus. Sed prior in senecta
luminibus caruit, curru semper in curiam quod nemo alius. Nec minus se-   5
quens putatus felix a quodam Catino quem censor e senatu eiecerat, medio
die in foro raptus ad Tarpeium ut precipitaretur. Et contortis faucibus ut
sanguis ex ore et naribus flueret, uix liberatus est nec unquam a Catino uin-
dicatur. Idem Emiliani Scipionis emulus, cum defunctum audisset, dixit,
'Ite, filii, celebrate exequias; nunquam maioris ciuis funus uidebitis.'   10
     P. Cornelius Rufus dormiens oculos amisit cum sibi accidere somniasset.
     Phalareus fomice morbo desperatus et in bello mortem querens uulnere
pectoris sanatus est.
     Q. Fabius Maximus consul prelio aduersus Allobroges et Auernos febri
quartana liberatus est.   15
     Pro miraculo solitarium reperitur exemplum, Xenophilum ·ccv· annis
uixisse, sine ullo corporis incommodo.
     Tanta enim morborum copia ut Ferecides serpentibus e corpore eius
erumpentibus expirauerit; Mecenas perpetua febri uixerit; triennioque
supremo nunquam dormierit.   20
     Auiola consularis in rogo reuixit, et quia subueniri nequiuit uiuus
crematus est preualente flamma. Item L. Lamia uir pretorius; Celius Tubero
pretorius a rogo relatus est sanus, ut Messala tradit.
     Epimenides ·lvii· annis dormiuit in specu, et experrectus una se nocte
dormisse putauit, superuixitque centum annis.   25
     Varro auctor est unum Capue, alterum Aquini, domo elatos, pedibus suis
domum redisse.
     Idem dicit Corfidium matertere sue maritum funere locato reuixisse, et
locatorem funeris ab eo elatum. Item a duobus fratribus equestris ordinis
maiorem mortuum minorem egressum domo institisse funeri; tum subito   30
mortuum respirasse, et uocatis ministris dixisse a fratre reuersum, filiam
sibi mandatam, demonstratum sibi ubi defodisset aurum nemine conscio.
Ministri egressi inuenerunt fratrem mortuum, et aurum ubi alter dixerat
defossum.
     Siculo bello Gabienus homo Cesaris a Sexto Pompeio filio Magni Pompei 35
captus ceruice incisa et uix herente iacuit tota die. Cum aduesperauisset
reuiuens, rogat Pompeium ad se ueniret. Ille amicos misit; ei ille dixit in-
feris placere Pompeii causas; proinde euenturum quod optaret; id se nun-
tiare missum, statimque ut nuntiasset expiraturum. Idque contigit, sed
falsum uaticinium fuit.   40
     De subita morte multa sed hec notabilia. Obiere gaudio Dionisius tiran-
nus et Sophocles, uterque tragice uictorie nuntio, *P. Rutilius dolore audita
repulsa fratris in consulatu, *Anacreon poeta acino uue passe, Fabius pretor
uno pilo in lactis haustu strangulatus, G. Seruilius Pansa cum staret in foro
ad tabernam, innixus super fratrem Pansam, Rodiorum legatus qui causam   45
in senatu ingenti ammiratione actitauerat in limine curie egredi uolens,
*Cornelius Gallus pretorius et Vetritus eques Romanus in uenere. Co-

mediarum histrio cum populo admodum placuisset edita domi cena calidam
potionem poposcit; ita coronatus diriguit nullo sentiente donec accubantium proximus amonuisset potionem tepescere.

Cremandi corpora diu apud Romanos usus non fuit, nisi postquam defodi
5 corpora cognouere. Primus de gente Cornelia Faustus Silla se cremari uoluit,
ueritus talionem defosso G. Marii cadauere.

Que Plinius hoc libro dixit de siderali coniectura pretereo quia uana, que
quis inuenerit quia iniocunda sunt, que de longeuitate quoniam ab aliis
sumpta; hoc tamen scias, me ab aliis dicta hic plerumque ponere uel quia
10 labat memoria cum non habeam auctores ad manum, uel quia inuitat ipsa
dulcedo rerum.

Ex libro octauo, qui de natura bestiarum. Elephanti dociles regem adorant,
genua flectunt, coronas porigunt; Indis arant. Africo triumpho Pompeii
Magni currum subeuntes, egredi porta non potuerunt. Gladiatorio munere
15 Germanici etiam saltitauerunt; funambuli fuerunt non solum rectis
funibus, sed pronis. Inuentus est aliquis tardior quod die didicerat nocte
meditari. Mucianus ter consul dicit aliquem literarum Grecarum ductum
didicisse, solitumque scribere: 'Ipse ego scripsi et spolia Celtica dicaui'. Habent et cognoscunt propria nomina. Sutrum Cato uocat suo tempore for-
20 tissimum in acie Punica. Anthioco uadum fluminis experienti renuit Aiaxlio dux agminis; tum pronuntiato ausurum fore principem, Patroclus transiit, et faleris argenteis quibus maxime gaudit donatus est. Aiaxalio
pudibundus inedia defecit. Amant mulieres — deinde unus in exercitu
Ptolomei amauit amicam Aristophanis grammatici, alter iuuenem
25 Siracusanam Menandrum — amores suos inedia testati quotiens amatos non
uident. Iuba dicit agnitum in senecta qui iuuenis rector fuisset. In suum
genus amicos se probauerunt, cum triginto electi qui in totidem stipitibus
alligatos seuirent nullis stimulis lacessentium adigi potuerunt. ·cxlii· tran-
suexit L. Metellus a Punica uictoria Romam nauibus quas doliis consertis
30 imposuerat. Hi pugnauere in Circo, uel quia nec dari nec ali placuerat, uel ut
conceptus eorum incresceret. Hannibal captiuum ex Romanis abiecit
elephanto, pactus dimittere post uictoriam. Victorem et abeuntem occidit,
ne hoc nuntio Romam bestias spernerent. Pugnaret primo Rome anno urbis
·ccclii·, post etiam sub Lucullis contra tauros, sub Pompeio uiginti Getulis
35 contra dimicantibus, mirabili unius dimicatione, qui pedibus confossis rep-
sit genibus, in altum scuta iaciens in orbem circumacta, non furore belue
sed arte. Unus uno in aure ictu exanimatus est. Omnes fugam temptantes,
sed ferreis claustris exclusi, miserabili quadam lamentatione sese com-
plorantes, ad clementiam populum flexerunt, adeo ut dira Pompeio in-
40 precarentur. Cesar uiginti quingentis pedibus obiecit cum sexagenis pro-
pugnatoribus contra erumptionem euripo excogitato. Alexander Magnus,
bestiarum naturas cognoscere auidus, Aristotili magistro suo mandauit
curam a quo ne quid ignoraretur. Iussit ex omni imperio congregari quos
uenatus, piscatus, aucupia, uiuaria, armenta, aluearia, piscine, auiaria ale-
45 bant. Eos rogando Aristotiles uolumina quinquaginta de animalibus edidit,
*que Plinius, et post eum Solinus, breuiauit. Nos proponimus facta
memorabilia perstringere, non naturas animalium disserere.

Leonum pugnam primus Sceuola dedit Rome, centum iubatos L. Silla, Pompeius ·cccxv·, Cesar quadringenti. Ingenti capiebantur labore, sed cum forte pastor Getulus sagum contra ingruentis impetum obiecisset, exemplum secuti sunt qui pugnabant in arena. Statim enim ut oculi contecti sunt, feritas illa torpescit, quia omnis uis est in oculis. Polibius scribit 5 leones obsidere urbes in Africa, eaque de causa uidisse se crucifixos cum Scipione, quia eo metu absterrerentur ceteri. Captiuam Getulie audiui reducem, multorumque impetum suo mitigatum alloquio, se captiuam et profugam mulierem esse; nullam gloriam fortissimo animali de sua preda esse. Iugo et ad currum subdidit eos primus M. Antonius cum mima 10 Citheride sedens in curru, ostento quodam quam tunc generosi prostitutis subderentur. Primus hominum leonem mansuefactum manu tractauit Hanno Penorum imperator, dampnatus eo argumento, quia nichil non persuasurus uir tam artifex uidebatur, et male illi credi libertas, cui tanta cessisset feritas. Seracusanus Mentor cum obuio expauisset leone et fugeret, 15 et bestia se fugienti gemens opponeret, uidit in eius pede uulnus ex impacto surculo; quo extracto sanata est fera. Helpis Samius delatus in Africam uiso leone cum hiatu minaci, arborem conscendit. Cumque fera hians sed suppliciter expectans iuxta procumberet, animaduertit ille quod os inhesisset dentibus cruciaretque inedia. Descendit igitur, et extracto osse munus a 20 leone meruit, cotidiana eius uenatione quantum ibi mansit pastus.

Demetrius philosophus dicit quendam ex sectatoribus suis pantheram in media uia iacentem inuenisse. Eum fugientem feram cum quodam blandimento secutam. Tum illum restitisse, et panthere adhesisse ad foueam qua catuli delapsi erant. Quibus eductis ab homine bestiam gestientem ex- 25 tra solitudines eum eduxisse.

Democritus puerum a dracone seruatum narrat. Eum puer nutrierat, sed parens in solitudinem tulerat. In qua circumuento a latronibus agnitaque uoce, subuenit.

Panteras in Italiam quamuis senatus uetuisset, primus G.N. Naufidus pro- 30 duxit, primo etiam M. Scaurus ·cl· uarias, Pompeius Magnus ·ccccx·, diuus Augustus ·ccccxx·. Idem in dedicatione theatri primus omnium ostendit tigrim in cauea mansuefactam, diuus Claudius quattuor, *dictator Cesar camelopardalum magis asperitate quam aspectu conspicuum, Pompeius Magnus chaum effigie lupi pardorum maculis, idem cephos 35 quorum pedes posteriores pedibus humanis et cruribus, priores manibus fuere similes; hoc semel uisum est animal. Isdem rinocerontem, unius in nare cornus. Hippotamum et quattuor crocodrillos M. Scaurus primus ostendit Rome.

M. Varro auctor est a cuniculis suffossum in Hispania oppidum, a talpis in 40 Thessalia, a ranis ciuitatem in Gallia desertam, a locustis in Africa, ex Giara Cicladum insula Amicleos a muribus fugatos, et ut Theofrastus asserit post fugam incolarum ferrum a muribus rosum; in Italia Minclas a serpentibus, Cinamulcas in Ethiopia a scorpionibus auctor est Theofrastus.

Ceruam candidi coloris habuit Q. Sertorius, quam esse fatidicam Hispanis 45 persuasit.

Pugnasse canem pro domino contra latrones accepimus, confectumque

plagis iuxta corpus accubuisse, uolucres et feras abigentem. Canes defendere
Cimbros plaustris impositos, cesis dominis suis. Carcellium qui ius ciuile
docuit a suburbano redeuntem cum aduesperauisset canis a grassatore
defendit. Celium senatorem egrum Placentie ab armatis oppressum canis
5 defendit, nec ille prius uulneratus est quam canis interfectus.

Equus nobilis detracto oculorum operimento et cognito *cum* matre coitu
petiit prerupta et saltu exanimatus est. Equus Dionisii rilictus ab eo herens
in ceno, ut se euellit, secutus est uestigia domini examine apium iube in-
sidente, quo is ostento ad tirannidem animatus est.
10 Asinum quadringentis nummum emptum a Q. Axio senatore auctor est
Varro. Mulum octoginto annis uixisse Atheniensium monimentis accepimus. Est frequens in prodigiis bouem locutum, quo nuntiato, senatum
sub diuo haberi solitum.

Solidum aprum Romanorum primus epulis apposuit P. Seruilius pater
15 eius qui in Ciceronis consulatu legem agrariam promulgauit, quod ideo tunc
annotatum annalibus, quia mirum, nunc cotidianum.

Ex libro nono, qui est de aquatilium natura. Tiberio principi Olesiponen-
sium legatio nuntiauit uisum auditumque in quodam specu canentem
Tritonem qua nascitur forma. Nereidis quoque forma humana effigie, et
20 morientis tantus auditus est ibidem. Diuo Augusto legatus Gallie complures
Nereides exanimes uisas scripsit. Dictum est ibi nocturno tempore
marinum hominem nauigium ascendere et mergere uisum. Tiberio principe
trecentas beluas mire uarietatis et magnitudinis eiectas in littore Lugdunen-
si accepi, similiter in Sanctonum littore, similes etiam elephantis et
25 arietibus, cornibus candidis. Turanus prodit expulsam beluam in
Gaditanum litus cubitorum sedecim inter pennas et caudam, dentibus
•cxx• maximis dodrantis minimis semipedis mensura. Claudio principe
uenit in Ostiensem portum ballena, prouocata e Gallia naufragiis tergorum,
dumque sagenam persequitur, hesit in littore eminente dorso, nauis inuerse
30 modo. Contendit eo nauigiis Cesar populi Romani spectaculo, congerente
milite lanceas; nauigium unum mersum, reflante belua unda oppletum.

In prouincia Narbonensi est stagnum, Laterna uocatum, ubi tempore captionis mugilum, piscatores magnis clamoribus uocant simones; sic enim
delphini proprie appellantur. Illi flatu aquilonis citius austri tardius uoce
35 audita aduolant, cogentes in retia predam mugilum. Leuata retia a
piscatoribus mugiles transiliunt; excipiunt eos delphini, occidisse contenti.
Feruet pugna, inclaudique retibus gaudent dum hostes inducant, sed sensim
elabuntur, tumque acta uictoria deripiunt necatos.

Duo lacus Italie in radicibus Alpium Rarius et Verbannus dicuntur, in
40 quibus pisces uergiliarum ortu parent squamis preacutis clauorum effigie
nec plus anno toto.

Pollio eques Romanus amicus diui Augusti inuenit nouam seuitiam: in
uiuariis murenarum immergere coram se laniandos.

Clodius filius Esopi tragedi magnarum opum heres relictus singulos
45 uniones conuiuiis absorbendos in aceto dedit. Uniones primum Iugurtino
bello uiles et parui uisi sunt. Maiores Alexandrino triumpho Augustus
Romam tulit.

Constat Tullium Hostilium regem Romanum uictis Etruscis purpura in thoga primum usum, nam Romulus sola utebatur trabea. Cornelius Nepos, qui principatu Augusti obiit, dixit se iuuene purpuram uiolaceam uiguisse; cuius libra centum denariis uenibat.

Campanie uilla est, aud procul Neapoli, in qua e uiuariis Cesaris post an- 5 nos sexaginta piscem expirasse et etiam tunc duos ex eodem; genere manere L. Seneca auctor est.

Ostrearum uiuaria primus L. Sergius adinuenit, non gule causa sed auaritie ut ea subinde uendicaret. Is primus optimum saporem ostreis Lucrinis adiudicauit, lupo Tiberis inter duos pontes, rombo Rauenne, 10 murene Sicule. Eadem etate Licinius Murena et Philippus et Hortensius reliquorum piscium inuenerunt uiuaria, exciso monte iuxta Neapolim et immisso mari.

Murenarum uiuaria excogitauit Chirrius, qui cenis triumphalibus Cesaris sex milia murenarum mutua appendit, nam commutare pretio aliaue merce 15 noluit. In huius uilla sub modica quadraginta piscine fuere. Apud Baulos, uillam Campanie, Contentius orator murenam in piscina sua mortuam fleuit. Ibi postea Antonia Drusi murene a se dilecte inaures addidit, qua fama multi Baulos cupierunt uidere.

Concharum uiuaria Fuluius Lupinus instituit, ut seperatim essent albe 20 Reatine, seperatim Illirice que magne, separatim Solitane que nobiles. Signam etiam earum inuenit, ut singuli calices octoginta denariis uenirent, ut M. Varro refert.

Ex libro decimo de auium natura.

Aquilam negant exanimari fulmine, ideo Iouis ministram. Romanis eam 25 solam legionibus G. Marius in secundo consulatu suo decauit, abdicatis lupis, minotauris, equis, apris, qui ante cum ea ordines anteibant. Aquilam apud Sestos puelle dilectam, eidemque primo aues, mox uenatus aggerentem, in rogum deinde defuncte se iniecisse accepimus. Tracie accipitres cum hominibus aues uenantur: isti e siluis et arundinetis excitant, 30 illi superuolantes excipiunt; capta diuidunt aucupes. Simile quid lupi circa Meotin faciunt, retia uenatorum lacerantes, nisi partes acceperint.

Corui uidentur auspicari, nam cum Medi occisi sunt, omnes e Peloponenso uoluerunt et Attica. Pessima eorum significatio, cum glutiunt uelut strangulati.   35

Capitolii cellam intrauit S. Palpellio L. Histro consulibus bubo propter quod nonis Martiis urbs eo anno lustrata est.

In capite L. Tuberonis pretoris ius dicentis picus consedit. Respondere aruspices exitum imperio portendi si dimitteretur, pretori si exanimaretur. Is statim discerpit, nec multo post impleuit prodigium.   40

Pauonem Rome primus comedit orator Ortensius. Saginare docuit M. Aufidius, exque eo sexagena milia sestertium in questum habuit.

Habent ostenta galli, namque totis noctibus canendo, Boetiis insignem uictoriam precinuere, ita coniecta interpretatione quoniam ales illa uicta canere non soleat. Pergami omnibus annis spectaculum gallorum editur 45 publice ceu gladiatorum. Inuenitur in annalibus M. Lepido P. Catulo consulibus locutum gallinacium, quod equidem sciam semel.

Cornelius Nepos scribit ciconias sub Augusto magis placuisse quam
grues, cum grues modo expetantur maxime, ille ne attingantur quidem.
In ore Stesicori infantis cecinit luscinia, *qui postea nobilis uates fuit.
Hirundines negantur Thebarum tecta subire quod ea urbs sepe capta sit.
5 Eas Cecina eques Romanus in urbibus comprehensas nuntias uictorie amicis
remittebat, in eundem locum remeantes ilico. Fabius tradit in annalibus,
cum presidium Romanum oppugnaretur a Liguribus, hirundinum pedibus
epistulis illigatis mandatum obsessis quoniam eruptio fieret.
    Perdicum uita ad sedecim annos esse traditur, *palumbum ad triginta,
10 columbarum ad quadraginta ut Aristotiles auctor est, uno tantum incommodo unguium. Earum pedibus epistule annexe penetrauerunt in castra
consulum absidione Mutinensi D. Bruto mittente; quid ergo uigilum
custodia profuit Antonio per celum eunte nuntio?
    Cum hec proderem, habebant Cesaris iuuenes sturnos et luscinias Greco
15 et Latino sermone dociles. Erat et cornix equitis Romani primo alba mox
nigra, loquens et subinde queque addiscens. Erat enim homo Asiaticus
Crater nomine domitorum uocalitate coruorum feros a silua attrahens *eosque quicquid libuisset loqui docens et ex eo questu uictitans. Tiberio principe Rome corui pullus sutrinam inuolauit, ubi a sutore altus cotidie mane
20 in rostra in forum euolans totum populum salutabat. Pluribus id annis,
postremo proximum sutorem mouit inuidia et sub occasione quod calceos
suos commaculasset. Percussum fuste peremit tanto populi Romani dolore
ut percussorem primo fugauerint, post etiam occiderit, funusque in uia Ap-
pia fecerunt aliti duobus Ethiopibus lectum portantibus preeunte tibicine et
25 coronis omnium generum.
    Quis primus iecora anserum mensis intulerit questio est, sed constat quod
Messalinus Messale oratoris filius plantas pedum ex his torrere et cum
gallinaceorum cristis condire repperit. Dabitur enim a me culinis cuiusque
palma cum fide.
30   Deliaci gallinas primi saginauerunt, sed antiqua lege Rome prohibitum
erat ne quid auium proponeretur, preter unam gallinam que non esset altilis.
    Messalina Claudii Cesaris coniunx elegit in certamen ueneris
nobilissimam e prostitutis, eamque nocte ac die superauit quinto et uicen-
simo concubitu.
35   Plautarcus philosophus dicit aspidem ex Egypto emptam ad mensam
cuiusdam ali solitam catulos enixam; ab uno ex catulis filium hospitis occisum; matrem intellecto peccato necem intulisse catulo, nec ultra in id tec-
tum reuersam.
    Ex libro undecimo de minutis animalibus. Aristomachus Solensis amore
40 apum captus duodesexaginta annis apes coluit et de eis scripsit.
    Prima bombicinam lanam inuenit texere in Choo mulier Pamphile Platee
filia.
    Locuste infestant Italiam ex Affrica rodentes et fena tectorum, sepe coacto
populo ad libros Sibillinos inopie metu. Cirenis ter in anno contra eos
45 pugnatur. Lemni certus numerus cuique statuitur quem enecaturum ad
magistratum referat.
    Tinee tricenum pedum et aliquando plurium nascuntur in capillis uiuen-

tis hominis, qua feditate et Silla dictator et Alcimanus clarissimus Grecie
poeta obiit.

Oculi Tiberio principi fuere huius nature, ut expergefactus nocte, omnia
clare intureretur, paulatim tenebris se obducentibus. Diuo Augusto
equorum modo glauci et magni, quamobrem spectari eos diligentius 5
iracunde ferebat; Claudio Cesari ab angulis candore carnoso, sanguineis
uenis. Zodeno Samotraceno dentes post ·civ· annos renatos Mucianus prodidit. Timarcus filius Papii duos ordines maxillarum habuit.

·cxxvii· Olimpiade cum rex Pirrus ex Italia decessit, cor in extis
aruspices inspicere ceperunt. Cor negatur posse cremari in his qui cardiaco 10
morbo uel ueneno obierunt. Extat oratio Vitellii contra L. Pisonem arguen-
tis ab eo Germanicum infectum ueneno, quod cor eius cremare nequiuerit.
M. Marcello circa diem quo periit ab Hannibale cor in extis defuit, sed sequenti die repertum est. Defuit et G. Mario, cum immolaret Utice, et principi Gaio circa Kal. Ianuarias, eo anno quo interfectus est, et Claudio quo 15
mense interemptus est ueneno. Pirro die quo periit regi precisa hostiarum
capita repserunt, sanguinem suum lambentia. Diuo Augusto Spoleti
sacrificanti primo potestatis sue die, duplicata introrsus capita fibrarum ap-
paruerunt. Responsum est intra annum duplicatum imperium.

Pompeio uxor Domitii quingentas asinas habebat, quarum lacte balnea 20
sua implebat, extendi cutem credens.

Traditur Zoroastren uiginti annis solo uixisse caseo in deserto ita
temperato ut uetustatem non sentiret.

Hermafroditi reperiuntur in pictoribus; ostentabat certe Nero her-
mafroditos subiugari carpento suo, quasi uisenda res esset, principem 25
portentis insidere.

Aristotiles tradit uite breuis signa raros dentes, prelongos digitos,
plumbeum colorem, pluresque in manu incisuras nec perpetuas; longe incuruos humeros, in manu una duas incisuras longas, [in] aures amplas,
dentes plus quam ·xxxii·.   30

Ex libro duodecimo de arboribus. Platano quodam magnus honos, adeo ut
uino irrigaretur et Maroni de ea tributum Romanis pensitarent. Prior
Dionisius tirannus a Grecia in Siciliam transtulit; de ea gumasium fecit.
Athenis est platanus cubitorum ·xxxi· ramis patula, edicule modo cauata
specu ·lxxxi· pedum in quo se Mucianus cum duodeuiginti uiris large pro- 35
didit epulatum. Est alia in Veliterno, in cuius cauitate Gaius princeps cum
quindecim uiris discubuit. Est et in Gortina Crete urbe nunquam folia
dimittens, sub qua fertur cum Europa Iupiter cubuisse.

Hebenus a Pompeio Magno Mitridatico triumpho exhibita est. Primum
accendi Fabianus negat, sed utitur odore iocunde.   40

Arbor thuris que sit mirum quod nescimus, cum et duces et Gaius Augusti
filius de illa triumphauit, nisi quantum rex Iuba in his libris scripsit, quos ad
eum Gaium edidit. Fuit tamen eius modi arbor Sardibus, nam et Asie reges
serendam curauerunt.

Alexandro Magno in pueritia sine parsimonia thura ingerenti aris 45
Leonidas pedagogus dixerat, ut sic diis supplicaret, cum thuriferas gentes
deuicisset. Ille postea Arabia deuicta nauim plenam thure pedagogo direxit,

exhortatus ut large deo adoraret. Arabes regi suo quartam partem mirre pen-
dunt *et singula milia talentorum annuatim thuris, Herodoto teste.

Inuenimus in auctoribus coronas ex cinnamo interrasili auro inclusas;
primus omnium in templo Capitolii et Pacis dicauit eos imperator Vespa-
5 sianus. Radicem eius magni ponderis uidimus in templo quod fecerat
Augusto coniunx Liuia auree patere impositam; annis omnibus in grana
durabatur, donec delubrum id consumptum est incendio.

Balsamum Iudee pretiosius aliis est. *Iudeis contra Romanos dimicantibus, illi pro inuidia fruticem succidere uoluerunt; hi defenderunt. Alexan-
10 dro Magno ibi res agente de lacrimis sponte fluentibus impleri unam con-
cham estiuo die mos erat.

Ex libro ·xiii· de peregrinis arboribus. Primus Alexander Magnus uicto
Dario scrinium unguentorum inuenit et publicauit. Rome diu uisa non sunt.
Certum est anno urbis ·dlxv· uicto rege Antiocho censores edixisse ne quis
15 uenderet unguenta exotica. L. Plancus cum proscriptus a triumuiris in Saler-
nitana latebra iaceret, odore unguenti proditus est.

Cassius Hemina uetustissimus auctor quarto annalium dicit Tirentium
scribam agrum suum repastinantem archam Nume regis inuenisse, anno
post obitum eius ·dxxxv·. Hemine sunt uerba: 'Mirabantur alii quomodo
20 libri illi durare potuissent; ille ita rationem reddebat: lapidem fuisse
quadratum in medio arce uinctum candelis quaquauersum; in eo lapide insuper impositos libros et sic libros ceratos nequiuisse ledi a tineis.' In hiis
libris scripte erant philosophie.

Mucianus dicit cum Licie presideret se in templo quodam Sarpedonis
25 epistulam legisse quam Troianis miserit.

Ex libro ·xiiii· de generibus uini. Iouis simulacrum in urbe Popolania
conspicimus de uite, tot seculis incorruptum, Massilie pateram; Metaponti
templum Iunonis uitigineis columnis stetit. Etiam nunc scalis templum
Diane Ephesie scanditur una uite Cipria. Romulus lacte non uino libabat ob
30 inopiam. Varro auctor est Mezentium Etrurie regem auxilium Rutilis contra
Latinos tulisse uini causa, quod tum in agro eorum erat. Anno urbis ·dclxv·
censores edixerunt ne quis uinum Grecum uenderet. Verba Varronis sunt:
'L. Lucullus nunquam puer apud patrem lautum conuiuium dedit, in quo
uinum Grecum plus quam semel daretur. Ipse cum rediit ex Asia, milia
35 cadorum diuisit. C. Sentius pretor Chium uinum domum suum illatum
dicebat, cum medicus sibi pro cardiaco morbo primum dedit.'

Cesar dictator triumphi sui cena uini Falerni amphoras et Chii cados
distribuit. Idem Hispaniensi triumpho Chium et Falernum et epulo in tertio
consulatu suo Falernum, Lesbium, Chium, Mamertinum.
40   Claudio principe institutum ut ieiuni biberent. Hac uirtute gloriam Parthi
querunt, famam apud Grecos Alcibiades meruit, apud nos cognomen etiam
Nouellius Torquatus tribus congiis uno impetu spectante Tiberio principe
miraculi gratia epotis. L. Piso prefectus urbis Rome hac arte commen-
datissimus Tiberio principi fuit, quod apud eum biduum duasque noctes
45 continuasset. Torquato mirum non pro uino labasse sermone uel pede, non
leuatum uomita uel urina uel in sputo; statim post potum matutinas subire
uigilias. Tergilla Ciceronem binos congios simul haurire solitum obicit,

marcidoque et temulento sciphum impactum. Nimirum hanc gloriam
Cicero interfectori suo aufere uoluit Antonio, qui paulo ante Actiacum
bellum uolumen de ebrietate sua euomuit, quo facile intelligeretur iam
ebrius ciuium sanguine adhuc eum sitire.

Ex libro ·xv· de olia et frugiferis arboribus. Oliam Theofrastus urbis anno 5
·cccclx· negauit nisi intra quadraginta passuum a mari nasci, Fenestella
uero non fuisse omnino in Italia et Hispania et Africa, Tarquinio Prisco
regnante, anno ·clxxx· urbis Rome trans Alpes in Galliis. Anno ·dv· urbis
duodenis olei libre assibus ueniere, mox anno ·dclxxx· M. Scaurus denas
libras singulis assibus Romano populo prestitit, Pompeio tertio consule 10
oleum prouinciis misit Italia.

Cato Censorius cum senatum nequiret suadere ut Cartaginem deleret,
quadam die in senatum recentem ficum attulit. 'Interrogo uos,' inquit,
'quando hoc pomum ex arbore demptum putetis?' Cum omnes 'Recens!'
clamarent, 'Atque,' inquit, 'tertium ante diem scitote demptum Car- 15
tagini—tam prope nos hostes habemus.' Hoc dictum attulit Cartagini exitium.

Caprificum et nucem iuglandem attulit e Siria Romam L. Vitellius
nouissimis Titi Cesaris temporibus. Cerasum idem aduexit e Ponto anno urbis ·dclxxx· quod post annos ·cxx· trans occeanum Britannicum uenit.   20

Fuit mirtus Rome medio foro ante urbem ipsam, ut ferunt, sub qua post
raptum Sabinarum fedus iniere Romani et Sabini. Hec quandiu ualuit
flauescens et leta, dignitas patricia floruit, sed postquam arbor euanuit,
maiestas etiam clarorum uirorum emarcuit. Ea coronatus fuit Positius, qui
primus ouans urbem ingressus est quia sine sanguine de Sabinis uictoriam 25
habuit. Hec fuit ouantium corona, excepto Crasso qui de fugitiuorum bello
laurea coronatus est. Eademque corona triumphantes utebantur, sed L. Piso
tradit Papirium qui primus in Albano triumphauit mirto coronatum ludos
Circenses spectare solitum; auus hic maternus Affircani sequentis fuit. M.
Valerius utebatur coronis lauria et mirtea.   30

Ex libro ·xvi· de siluestribus arboribus. Primus Liber pater coronatus est
hedera. Romulus frondea coronauit Hostium Hostilium, quod Fidenam
primus irrupisset. P. Decium tribunum Romanum militum frondea donauit
ab eo seruatus exercitus Samnitico bello, Pompeius rostrata M. Varronem
bello piratico, Augustus Egrippam eadem bello Siculo; ipse ciuicam humano 35
generi sumpsit.* Accepta licet uti perpetuo. Assurgitur ei ludis et ab senatu
uacat omni munere ipse paterque et auus paternus. Africanus noluit accipere apud Trebiam.

Cremetius auctor est nunquam iuuere arborem ex qua Phillis se suspendit.   40

M. Varro dicit triferam uitem fuisse Smirne, et malum in agro Consen-
tino.

Cimbrico bello ulmus in luco Iunonis cacumine amputato sponte surrexit
et sponte floruit. Idem in Philippis factum est salice, et Stagiris alba populo,
ex quo maiestas populi Romani que bellis attrita fuerat surrexit. Antrandi 45
platanus circumdolatis lateribus iterum reuiruit et creuit longitudine
quindecim cubitorum et crassitudine quattuor.

In Italia uiuit piperis arbor, in septentrione casie, in Lidia thuris; in Ponto licet laborante Mitridate laurus et mirtus non ualuere.

Punico bello classis Duellii sexagesimo die a securi nauigauit, secundo Scipionis quadragesimo; contra Hieronem regem ·ccxx· ·xlv· diebus facte.

5 Arbor fuit Megaris in qua uiri fortes arma suspenderant, que per uetustatem obducta cortice diu latuerunt. Responsum est urbem perituram, cum arbore succisa ocree et galee apparuere.

Arbor maxima fuit que Tiberio principi cum ceteris aduecta pro miraculo reseruata est, longa pedes ·cxx·, bipedali crassitudine; durauit ad Neronis
10 amphitheatrum. Altera Gaio principi ex Egipto delata longa pedes centum, crassitudine quattuor hominum ulnas complectentium. Tertia in naui Demetrii regis longa pedes ·cxxx·, crassitudine complexu trium hominum.

Mucianus auctor est uitigineam columnam durasse, septies templo restituto; ualuas e cupresso quadringentis annis durasse; eas in glutine
15 quadrienio fuisse; e cupresso simulacrum Iouis in arce Rome sescentis annis durasse; trabes in templo Utice e cupresso ut posite fuerant annis ·mlxxx-viii·. Diane templum in Hispania durasse annis ducentis, ante subuersione Troie factum, trabibus ex iunipero, nec minus in Elide, Bochus auctor est.

In Veliterno sunt oliue Africani prioris manu sate, ubi specus in quo draco
20 eius manes seruare dicitur. Durat arbor equeua urbi quam Romulus *con-stituit*, cuius radices in forum usque per palatium penetrant. Cupressus eiusdem etatis tempore Neronis periit. Tibur est multo antiquius Roma. Ibi tres ilices Tiburto conditore uetustiores, apud quas inauguratus creditur. Is fuit filius Amphiarai, qui ante Troianum bellum Thebis periit. Est Delphis
25 platanus quam Agamemnon posuit, iuxta Heraclea quercus due ab Hercule sate, in Frigia platanus ex qua pependit Marsia uictus ab Apoline, Argis olea ad quam Io in uaccam mutatam Argus aligauit, Olimpie oleaster ex quo Her-cules primus coronatus est. Ex aduerso Iliensium urbis sunt arbores, que cum ita accreuerint ut Ilium aspiciant, arescunt rursusque adolescunt. Iuxta
30 urbem quercus in Ili tumulo tunc sate dicuntur, cum Ilium cepit uocari. Ibi est portus Amici, Bebrice rege interfecto clarus. Eius tumulus lauro tegitur quam insaniam uocant, quia si quid eius decerptum nauibus infertur, iurgia fiant donec abiciatur.

Ex libro ·xvii· de satiuis arboribus. Durant arbores a Frondicio milite
35 sate, qui, Vulturnum transnatans, aduersus Hannibalem preclara facinora fecit.

Platanus in oleam mutata est Xersis aduentu, qualibus ostentis apud Grecos Aristandri uolumen scatet; apud Latinos Cepii. Subsedit ante ciuilia bella Pompeii Magni arbor in Cumano, paucis ramis eminentibus.
40 Reliqui libri Plinii, quia loquuntur de natura herbarum, pauca memoratu iocunda continent, ideoque non sicut ante speciatim de singulis libris, sed generatim de omnibus occurentia carpam, et in unum aceruum conuoluam.

M. Curii post immensum triumphum contio extat, perniciosum intelligi ciuem cui septem iugera non essent satis.
45 L. Tarius, infima natalium humilitate consulatum industria militari meritus, exhausit agros in Piceno coemendo colendoque, in liberalitate diui

Augusti.

Ex Africe agro Bizantino misit diuo Augusto procurator eius ex uno grano frumenti quadraginta germina. Misit et Neroni ex uno grano ·ccclx· stipulas.

Varro auctor est fabam Pirri regis etate in quodam specu Ambracie usque 5 ad Pompeii Magni bellum durasse.

Temptatum est linum tingui primum in Alexandri classe, Indum amnem nauigantis. Celebris etiam fuit classis Antonii et Cleopatre, uersicoloribus uelis illius precipue nauis qua uenit eademque effugit.

Primus Q. Catulus uela in theatris appendit, carbasina uela Lentulus 10 Spinter Apollinaribus ludis; Cesar dictator totum forum et cliuum usque in Capitolium munere gladiatorio texit. Idem Marcellus Octauia sorore Augusti genitus in edilitate forum uelis inumbrauit. Nero rubentia uela per rudentes disposuit.

Cucumerem nullo non die comedit Tiberius princeps. *Ab eodem quidam 15 equestris ordinis reus, sucum porri pondo trium argenteorum denariorum epotans, sine cruciatu defecit. Amplior modus innoxius est.

Diuus Augustus in egritudine desperatissima a Musa medico lactuca conseruatus est.

Primus Claudius Pulcher celare coronas instituit. *L. Fuluius argentarius, 20 bello Punico secundo cum rosacea corona prospectare uisus in carcerem ductus, nec nisi post bellum dimissus est. Soli Scipioni primo Africano honor coronarum a populo Romano datus est. Eratque illarum factor Suarius nomine. Admodum plebi gratus, et dignus Africanorum familia, collatisque assibus a populo funeratus.   25

Multi senectam longam mulsa tolerauere, sicut Romilus centensimum annum excedens, quem, cum diuus Augustus interrogaret quo modo uigorem illum animi corporisque seruasset, respondit: intus mulso, foris oleo.

Pomponius Hispanie princeps dum uentilandis suis presideret horreis, 30 motus dolore podagre, frumentis se ad genua immersit et, sic dolore cessante, hoc semper postea remedio usus est.

Porro dedit gratiam Nero princeps uocis causa nec panem quidem nec quicquam aliud edendo statis diebus. Inde Diascorides; Nero si unquam bene cantauit, porro debuit.   35

Nuper ab aspide percussus utrem aceti ferens, quotiens deposuisset, dolebat, alias illesus. Intellecto remedio, potu succursum.

M. Agrippa supremis suis *annis* podagra conflictatus in ipso impetu doloris calido aceto pedes immergebat, *compescens dolorem, sed accelerans mortem.   40

Pompeius Magnus captis Mitridatis scriniis inuenit manu ipsius scriptum: duas nuces siccas et rute folia simul trita ieiunus que biberit, a ueneno tutus eo die erit.

Democrates medicus Considiam egram feminam nobilem, omnem austeram medicinam recusantem, lacte caprarum curauit.   45

Mitridates, rex omnium sua etate maximus, omnium ante se medicine inuenta compilauit, que Pompeius Magnus capta in Latinum a liberto suo

Leneo gramatico uerti fecit. Is rex cotidie ante cibum bibebat uenenum, ut consuetudine innoxium esset. Ei Asclepiades Rome moratus sub Pompeio Magno precepta medicine pro se misit, ueteribusque medicinis abdicatis quinque tantum commendauit: abstinentiam cibi itemque uini, fricationem
5 corporis, ambulationem, gestationem.

Accidunt morbi et peculiariter in aliquo membro, ut lichenes quod Tiberii tempore proceres occupauit in faciebus, aduectum ex Asia a Perisio equite Romano et ab eo in alios serpens, nec non et colum quod primum in Cesarem irrepsit, magna urbis ambage, cum is edicto excusaret
10 ualitudinem, et carbunculus, peculiare prouincie Narbonensis melum, quod Paulo et Marcio censoribus in Italia primum uisum est. Elephantiam que curatur humano sanguine ante Pompeium Magnum Italia non sensit.

Cassius Hemina auctor est primum e medicis uenisse Romam Archagatum, datumque ei ius Quiritium, anno ·dxxxv· urbis. Idem dicit quod
15 Cimbri et Teutones ideo irritati sunt occupare Italiam, quia quidam ciuis eorum fabrice causa Rome commoratus, domumque reuersus uitem et fructus eis ignotos attulerit.

M. Varro anno etatis ·lxxxiii· scripsit aspidis morsu lesum efficacissime sanari, hausta ipsius urina.
20 Artem magicam primus Zoroastres inuenit, scripsitque quinque milia uersuum sex milibus annis ante Platonis mortem, ut Eudoxo placet. Post eum Arasistratus eam Grecie infudit bello Xersen comitatus, quod intulit Grecis, potissimumque Democritus eodem tempore quo Hypocrates medicinam.

Echinus piscis semipedalis tenuit pretoriam nauem Actiaco bello parantis
25 suos exhortari Antonii; idem etiam nauem Gaii quam quadringenti remiges impellebant a desilientibus gubernaculo inherens inuentus.

·cxliiii· genera piscium traduntur.

Vellem de Plinio plura, sed multa sunt et inania: plurima etiam ipse Plinius a Valerio. Valerius pene omnia que dixi sumpsit a Tullio: hic tamen
30 non incommode posita puto, ut scias quid quisque mutuatus est ex altero.

De Agellio Noctium Atticarum. Agellium Noctium defloraturus Atticarum sententiam beati Augustini, quam in nono libro De ciuitate dei honori eius dedit, non pretermittam. In libris quibus titulus est Noctium Atticarum scribit Agellius uir elegantissimi eloquii et multe ac facunde scien-
35 tie se nauigasse aliquando cum quodam philosopho nobili Stoico. Is philosophus cum illud nauigium horribili celo et mari periculosissime iactaretur, ui timoris expalluit. Id animaduersum est ab eis qui aderant, quamuis in mortis uicinia curiosissime attentis, utrum necne philosophus animo turbaretur. Deinde tempestate transacta mox ut securitas prebuit col-
40 loquendi uel etiam garriendi locum, quidam ex hiis quos nauis illa portabat, diues luxuriosus Asiaticus, philosophum compellat, illudens quod extimuisset et palluisset, cum ipse mansisset intrepidus in eo quod impendebat exitio. At ille Aristippi Socratici responsum protulit, qui cum in re simili ab homine simili eadem audisset uerba, respondit illum pro anima
45 nequissimi nebulonis merito non fuisse sollicitum, se autem pro Aristippi anima timere debuisse. Hac illo diuite responsione depulso, quesiuit Agellius a philosopho non exagitandi animo sed discendi, que esset illa ratio

pauoris sui. Qui ut doceret hominem, protulit statim de sarcinula sua Stoici
Epicteti librum in quo ea scripta essent, que congruerent decretis Zenonis et
Crisippi Stoicorum principis. In eo libro se legisse dicit Agellius, hoc Stoicis
placuisse, quod animi uisa quas appellant phantasias nec in potestate est
utrum et quando incidant animo, et cum ueniunt ex terribilibus rebus, 5
necesse es etiam sapientis animum moueant, nec tamen in mente eis consentiri, hoc enim in potestate sapientis esse. Id ergo interest inter sapientis
animum et stulti, quod stultus eisdem passionibus cedit, et accomodat
mentis affectum; sapiens autem quamuis eas necessitate patiatur, retinet
tamen de hiis que appetere uel effugere debet inconcussa mente sententiam. 10
Hec Augustinus. Nunc audi Agellium.

Inter mundi mirabilia est Neapoli olla uitrea ingens, digitalis
grossitudinis os habens, in qua domus erea continetur cuius ostiolum aper-
tum est et nidus in medio domus ouumque anserino grossius in medio nidi,
quod si tangi posset per angustias ostioli ingredi non posset. Querat ergo qui 15
potest quo modo intrauerit.

In ultima Britannia quam Arthurus obtinuit precipua ferri materia est, sed
aqua ferro uiolentior, quippe temperamento eius ferrum acrius redditur, nec
ullum apud eos ferrum probatur, quod non fluuio calibi tingatur, unde etiam
finitum gladium eiusdem Arthuri Caliburh dicunt.   20

Philippus cum in omni fere tempore negotiis belli uictoriisque affectus
exercitatus esset, a liberali tamen mensa et a studiis humanitatis nunquam
abfuit, cum lepide comiterque plura faceret et diceret. Feruntur adeo libri
epistularum eius, munditie et uenustatis et prudentie plenarum, uelut sunt
ille littere, quibus Aristotili philosopho natum esse sibi Alexandrum nun- 25
tiauit. Ea epistula quoniam cure diligentieque in librorum ornamentum est,
exscribenda uisa est ad commonendos parentum animos. Exponenda igitur
est ad hanc ferme sententiam: Philippus Aristotili salutem. Filium michi
genitum scito, quo equidem diis habeo gratiam, non proinde quia natus est
quam pro eo quod eum nasci contigit temporibus tuis. Spero enim fore ut 30
educatus eruditusque a te, dignus existat et nobis et rerum istarum suscep-
tione.

De Maximo Valerio qui Coruinus appellatus est, ob auxilium propugnationemque corui, haud quisquam est nobilium scriptorum, qui secus dixerit. Ea res prorsus ammiranda sic profecto est in libris annalibus memorata: 35
Adolescens claro editus genere, Furio, Appio Claudio consulibus tribunus
militaris. Atque eodem tempore copie Gallorum gentis agrum Promptinum
insederant, instruebanturque acies a consulibus de ui et multitudine
hostium satis agentibus. Dux interea Gallorum, uasta et ardua proceritate,
armis auro gemmisque fulgentibus, grandi auiditate gradiens, manu 40
reciprocans incedebat, et per contemptum et superbiam despiciens omnia
circumspiciensque, uenire iubet et congredi, si quis pugnare secum ex omni
Romano exercitu auderet. Tum Valerius tribunus, ceteris inter metum
pudoremque ambiguis, impetrato prius a consulibus ut in Gallum tam immaniter arrogantem pugnare sese permitterent, progreditur intrepide 45
modesteque obuiam. Et congrediuntur et consistunt et conserebantur iam
manus. Atque inibi uis quedam diuina fuit: coruus repente aduolat, et super

galeam tribuni insistit et inde aduersarii oculos impugnare incipit. Insilibat,
obturbabat, et unguibus manum laniabat, et ubi satis seuierat, reuolabat in
galeam tribuni. Sic tribunus, spectante utroque exercitu et sua uirtute nixus
et opera alitis propugnatus, ducem hostium ferocissimum uicit et interfecit,
5 et ob hanc causam cognomen habuit Coruinus. Id factum est annis • ccccv •
post Romam conditam. Statuam isti Coruino diuus Augustus in foro suo
statuendam curauit. In eius statue capite corui simulacrum est, rei et pugne
quam diximus monimentum.
    Quidam Gallus, nudus preter scutum et gladios duos, torque et armillis
10 decoratus processit contra Romanos, qui et uiribus et magnitudine et
adolescentia simulque uirtute ceteris antestabat. Is maxime prelio commoto
et utrisque summo studio pugnantibus manu significare cepit, ut utrique adquiescerent. Pugne facta pausa est. Extemplo silentio facto, maxima uoce
conclamat, si quis secum depugnare uellet, uti prodiret. Nemo audebat,
15 propter magnitudinem et inhumanitatem faciei. Deinde Gallus irridere
cepit, et lingua execrari. Id subito delatum est cuidam T. Manlio, summo
genere nato, tantum flagitium ciuitati accedere, et de tanto exercitu
neminem procedere. Hoc dicto processit, neque passus est Romanam uirtutem a Gallo turpiter spoliari. Scuto pedestri et gladio cinctus contra
20 Gallum consistit. Metu magno ea congressio utroque spectante facta est exercitu. Ita ut ante dixi constiterunt: Gallus sua disciplina scuto proiecto
cadibundus; Manlius magis animo quam arte confisus scuto scutum percussit, et statum Galli perturbauit. Dum se Gallus iterum eodem pacto constituere studeret, Manlius iterum scutum scuto percutit et de loco iterum
25 hominem deicit. Eo pacto ei sub Gallico gladio successit et Hispanico pectus hausit. Deinde humerum dextrum eodem concessu incidit, neque
recessit donec subuertit, ne Gallus impetum iterum haberet. Vbi eum euer-
tit, caput precidit, torquem detraxit, eamque sanguinolentam sibi in collum
imposuit. Quo ex facto ipse posterique eius Torquati sunt cognominati. Ab
30 hoc T. Manlio, cuius pugnam uerbis Quadrigarii scripsit Agellius, imperia
aspera et inimica Manliana dicta sunt, quoniam postea bello Latino consul
filium suum iniussu suo in hostem progressum et uictorem securi percussit.
    Pulcrum dii boni facinus, Grecarumque facundiarum magniloquentia
condignum, M. Cato libris Originum de Q. Cecilio tribuno militum scrip-
35 tum reliquit. Id profecto est ad hanc ferme sententiam: imperator Penus intra Siciliam bello Carthaginensi primo obuiam Romano exercitui progreditur, colles locosque idoneos prior occupat. Milites Romani intrant
fraudi locum et perniciei obnoxium. Tribunus ad consulem uenit, ostendit
exitium de loci importunitate et hostium circumstantia maturum. 'Censeo,'
40 inquit, 'si rem seruare uis, faciundum ut quadringentos aliquos milites ad
uerrucam'—sic enim Cato locum editum asperumque appellat—'ire iubeas
eamque uti occupent imperes horterisque. Hostes profecto ubi uiderint fortissimus quisque et promptissimus ad occursandum pugnandumque in eos
uno atque illo negotio sese alligabunt, et illi omnes quadringenti procul
45 dubio obtruncabuntur. Tunc interea occupatis in ea cede hostibus tempus
educendi exercitus ex eo loco habebis. Alia nisi hec salutis uia nulla est.'
Consul tribuno respondit consilium istud eque prouidens sibi uiderier, 'sed

istos,' inquit, 'milites ad eum locum in hostium cuneos quis erit qui ducat?'
'Si alium,' inquit tribunus, 'neminem inueneris, me licet ad hoc utare; ego
tibi et rei publice hanc animam do.' Consul tribuno gratias laudesque agit.
Tribunus et quadringenti uiri ad moriendum proficiscuntur. Hostes eorum
audaciam ammirantur, quorsum ire pergant expectantes, sed ubi apparuit ad 5
eandem uerrucam occupandam iter intendere, mittit aduersus illos imperator Carthaginensis peditum equitumque quos in exercitu habuit
strenuissimos. Romani milites circumueniuntur, circumuenti repugnant;
fit prelium diu anceps. Tandem superat multitudo. Quadringenti omnes per-
fossi gladiis aut missilibus operti cadunt. Consul interim, dum ibi pugnatur, 10
se in locos apertos et editos inducit. Sed quid illi tribuno diuinitus euenit,
non iam nostris sed ipsius Catonis uerbis subiecimus: 'Dii immortales
tribuno fortunam ex uirtute eius dedere. Nam ita euenit: quod cum saucius
multifariam esset, tamen capiti uulnus nullum obuenit, eumque inter mor-
tuos defatigatum uulneribus et quod sanguis defluxerat cognouere atque 15
sustulere. Isque conualuit, sepeque post illa operam rei publice fortem et
strenuam exhibuit.'

Iulius Higinus in libro De uita illustrium uirorum sexto legatos dicit a
Samnitibus ad C. Fabricium uenisse et memoratis multis magnisque rebus
que bene ac beniuole post redditam pacem Samnitibus fecisset, obtulisse 20
dono grandem pecuniam orasseque ut acciperet, utereturque, atque id facere
Samnites se dicebant, quod uiderent multa ad splendorem domus et uictus
defieri, neque pro amplitudine dignitateque lautum paratumque esse. Tum
Fabricium planas manus ab auribus ad oculos et infra deinceps ad nares et ad
os et gulam, et deinde porro ad imum uentrem deduxisse, et legatis respon- 25
disse, dum membris illis que attigisset imperare posset, nunquam quicquam defuturum; propterea se pecuniam qua nichil esset usus ab hiis quibus
eam usui sciret non accipere.

Quadrigarius in tertio Annalium dicit medicum Pirri regis uenisse ad
eundem Fabricium promittens pro pretio se Pirrum necaturum. Tum ille 30
suo et college sui Emilii nomine epistulam regi misit hoc modo: 'Consules
Romani salutem Pirro regi dicunt. Nos pro tuis inimicitiis animo commoti
inimiciter tecum bellare studemus. Sed communis exempli et fidei ergo
uisum, ut te saluum uelimus, ut esset, quem armis uincere possimus. Ad
nos uenit Niceas familiaris tuus qui sibi premium a nobis peteret, si te clam 35
interficeret. Id nos negamus uelle, neue ob eam rem quicquam commodi expectaret, et simul uisum est, ut te certiorem faceremus, ne quid eiusmodi si
accidisset nostro consilio ciuitates putarent factu, et quod nobis non placet
premio aut pretio aut dolis pugnare. Tu nisi caues iacebis.'

Herodotus in quinto Annalium refert Psillos fuisse in Africa conterminos 40
Nasamonibus, Austrumque in finibus eorum diuturnum flauisse; eoque
flatu omnem aquam regionis exaruisse; Psillos, re aquaria defectos, ad
Austrum sicut in hostem processisse; Austrique uiolentia omnes cum corporibus et armis harenarum cumulis obrutos, finesque illorum a
Nasamonibus occupatos. Ingens hominum stultitia qui putabant armis 45
posse resisti uento.

Ista que posui Agellius se sumpsisse affirmat ex ignotis nobis auctoribus,

Quadrigario, Higino, Catone, Herodoto; hiis autem supersedeo, que de
recentioribus mutuatus est: de Valerio reconciliationem P. Scipionis cum T.
Graccho, Cresi filio muto uocem datam,* iudicium a Dolabella dilatum de
muliere que confiteretur occisos a se uirum et filium, Sicinium Romanum
5 Achillem uocatum, de Plinio esse homines effascinantes et esse alios qui
uidendo interimant, Marsorum scientiam. *Nam de taciturnitate Papirii
pueri, Macrobium Saturnaliorum narrasse quis nesciat? Proinde illa ponam,
que alibi me legisse non recolo.

Euatlus adolescens diues eloquentie discende causasque orandi cupiens
10 fuit. Is in disciplina Pitagore se dedit, daturumque promisit grandem
pecuniam quantam Pitagoras petierat, dimidiumque eius iam tunc statim
dedit priusquam disceret, pepigitque ut reliquum dimidium daret, quo
primo die apud iudices orasset et uicisset. Postea cum diutile auditor
assessorque Pitagore fuisset, in studioque habende facundie promouisset,
15 causas tamen non reciperet, tempusque longum transcurrisset, et facere id
uideretur ne reliquum mercedis daret, capit consilium Pitagoras. Et cum ad
iudices coniciende cause gratia uenisset, Pitagoras sic exorsus est: 'Disce,'
inquit, 'stultissime adolescens utroque id modo fore, uti reddas quod peto,
siue contra te pronuntiatum erit, siue pro te. Nam si contra te lis data erit,
20 merces michi ex sententia debebitur, quia ego uicero; si uero iudicatum pro
te erit, merces michi ex pacto debebitur, quia tu uiceris.' Ad ea placide
Euatlus: 'Opto,' inquit, 'huic tue tam ancipiti captioni isse obuiam, si uerba
ipse non facerem, et alio patrono uterer. Sed maius in ista uictoria pro-
ludium est, cum te non in causa tantum, sed in argumento quoque isto uin-
25 co. Disce igitur tu quoque, magister sapientissime, utroque modo fore, uti
non reddam quod petis, siue contra me pronuntiatum fuerit, siue pro me.
Nam si iudices pro causa mea senserint, nichil tibi ex sententia debebitur,
quia ego uicero: si contra me pronuntiatum fuerit, nichil tibi ex pacto debeo,
quia non uicero.' Sic ab adolescente discipulo magister eloquentie inclitus
30 suo argumento confutatus est, et captionis uersute et excogitate frustratus
fuit. Tum iudices dubium hoc inexplicabileque esse, quod utrimque
dicebatur, rati, ne sententia sua utram in partem dicta ipsa sese rescinderet,
rem iniudicatam reliquerunt, causamque in diem longissimum distulerunt.

Plinius dixit: 'Vir fortis premio quod optauerit donetur. Qui fortiter
35 fecerat petiit alterius uxorem in matrimonium et accepit. Is deinde cuius
uxor fuerat fortiter fecit. Repetit eandem; contradicitur.' 'Eleganter,' inquit,
'et probabiliter ex parte posterioris uiri fortis, uxorem sibi reddi postulantis,
hoc dictum est: "Si placet lex, redde. Si non placet, redde".' Fugit autem
Plinium sententiam istam quam putauit esse argutissimam uitio non
40 carere. Nichil enim minus conuerti ex contrario id ipsum aduersus eundem
potuit, et ita a priore illo uiro forte dici: 'Si placet lex, non reddo. Si non
placet non reddo.'

Xantippe Socratis philosophi uxor morosa admodum fuisse fertur et
iurgiosa, rerumque et molestiarum muliebrium per diem et noctem
45 scatebat. Has eius intemperies in maritum Alcibiades demiratus, interrogauit Socratem, quenam ratio esset, cur mulierem acerbam domo non exigeret. 'Quoniam,' inquit Socrates, 'cum illam talem perpetior insuesco et

exerceor ut ceterorum quoque foris petulantiam et iniuriam facilius feram.'
Secundum hanc sententiam Varro in Satura Menippea quam De officio
mariti scripsit: 'Vitium,' inquit, 'uxoris aut tollendum est aut ferendum.
Qui tollit uitium, uxorem commodiorem prestat; qui fert, meliorem sese
facit.'   5

Per Herculem rem mirandam Aristotiles in septimo Problematorum et
Plutarcus in octauo Simphosiacorum dicunt. 'Si super palme,' inquiunt, 'arboris lignum magna imponas pondera, non in terram flectitur, sed sursum
nititur et recuruatur. Propterea in certaminibus palma est signum uictorie,
quoniam lignum eiusmodi est ut urgentibus opprimentibusque non cedat.' 10

Mirum et quod Plinius asserit Appionem grammaticum dixisse, se per
herbam cinocefalam manes Homeri euocasse, ut sciret qua ille patria et quo
tempore fuisset. Idem dicit Neronem Cesarem magiam excoluisse, cup-
ientem diis imperare, sed quia nullam efficaciam uideret deseruisse.

Licet Macrobius Saturnalis de Laide et Demostene narret, tamen Agellii 15
uerba que iucunda sunt ponam. Lais Corinthia ob elegantiam uenustatem-
que forme grandem pecuniam demerebat, conuentusque ad eam hominum
ex omni Grecia celebres erant, nec admittebatur nisi qui dabat que
poposcerat; poscebat autem illa nimium. Hinc natum frequens prouerbium
apud Grecos, quod frustra iret Corinthum ad Laidem, qui non daret quod 20
posceretur. Hanc ille Demosthenes clanculum petit orans eius copiam. At
Lais miriadas decadas petit; hoc facit nostratis denarii decem milia. Tali
petulantia mulieris ictus pauidusque Demosthenes auertitur, et discedens
'Ego,' inquit, 'penitere tanti non emo.'

Idem Aristodemo auctori fabularum dicenti talentum se accepisse ut 25
ageret, inquit, 'At ego plus accepi ut tacerem.'

Philosophi ueteres imaginem sapientie pro foribus omnium templorum
pingi et hec uerba scribi debere censebant: 'Usus me genuit, peperit
Memoria, / Sophiam me uocant Graii, uos Sapientiam.' Item 'Ego odi
homines stultos, ignaua opera et philosophicas sententias.'   30

Plutarcus seruo suo, nequam homini et contumaci, sed liberalibus et
philosophie disputationibus aures imbutas habenti, tunicam detrahi ob
nescio quod delictum, cedique eum loro iussit. Ceperat uerberari et obloquebatur non meruisse, ut uapularet; nichil mali nichil sceleris se ad-
misisse. Postremo uociferari inter uapulandum incipit, neque iam 35
querimonias aut gemitus eiulatusque iacere sed uerba seria et obiurgatoria:
non ita esse Plutarcum, ut philosophum deceret; irasci turpe esse; sepe eum
de malo ire dissertauisse, librum quoque pulcerrimum περὶ ἀοργησίας conscripsisse; hiis omnibus que in eo libro scripta sunt nequaquam conuenire,
quod prouolutus effususque in iram, plurimis se plagis multaret. Tum 40
Plutarcus lente et leniter: 'Quid autem, uerbero, nunc tibi ego irasci uideor?
Ex uultune meo, an ex uoce, an ex colore, an etiam ex uerbis me correptum
esse ira intelligis? Michi quidem opinor neque oculi truces sunt, neque os
turbidum, neque immaniter clamo, nec in spumam et ruborem efferuesco,
nec pudenda aut penitenda dico, nec omnino trepido et gestio ira. Hec om- 45
nia quippe si ignoras, signa esse irarum solent.' Et simul ad eum qui cedebat
conuersus, 'Interim,' ait, 'dum ego et hic disputamus, tu hoc age.'

Ad philosophum Taurum Athenas uisendi cognoscendique eius gratia
uenerat V.C. preses Crete prouincie et simul cum eo eiusdem presidis pater.
Taurus, sectatoribus suis commodum dimissis, sedebat pro cubilis sui
foribus, et cum assistentibus sermocinabatur. Introiuit prouinci preses, et
5 cum eo pater. Assurrexit placide Taurus et post mutuam salutationem
resedit. Allata est mox una sella que in promptu erat et apposita dum alie
promebantur. Inuitauit Taurus presidis patrem ut sederet. At ille: 'Sedeat
hic potius qui populi Romani magistratus est.' 'Absque preiudicio,' inquit
Taurus, 'tu interea sede, dum conspicimus querimusque utrum conueniat,
10 tene potius sedere qui pater es, an filium qui preses est.' Et cum pater
assedisset, appositumque esset aliud filio quodcumque sedile, uerba super
ea re Taurus facit, cum summa dii boni honorum et officiorum perpensa-
tione. Eorum uerborum sententia hec fuit: In publicis locis atque muneribus
et dictionibus patrum iura, in filios qui in magistratu sunt et potestatibus
15 collocati, interquiescere paululum et coniuere; sed cum extra rem publicam
in domestica re et uita sedeatur, ambuletur, in conuiuio quoque familiari
discumbatur, tum inter filium magistratum et patrem priuatum publicos
honores cessare, naturales et genuinos exoriri. 'Hoc igitur,' inquit, 'quod ad
me uenistis, quod loquimur nunc, quod de officiis dissertamus, priuata actio
20 est. Itaque apud me hiis honoribus te priorem uti decet, quibus domi.'
Fuit hec antiquitus militaris animaduersio, iubere ignominie causa militi
uenam solui et sanguinem dimitti. Cuius rei ratio in literis ueteribus quas
equidem inuenire potui non extat; sed opinor factum hoc in primis
militibus causa stupentis animi, et a naturali habitu declinantis, ut non tam
25 pena quam medicina uideretur.
Veteres Grecos anulum habuisse in sinistra manu digito qui minimo proximus est accepimus, Romanosque similiter. Causam huius rei in libris Egiptiacis Appio dicit quod insectis apertisque corporibus ad hiis quos anatomos
uocant, repertum est quendam tenuissimum neruum ab eo digito ad cor
30 hominis pertingere, uisumque esse eum potissimum digitum tali honore
decorandum, qui cordi proximus esset.
In litteris ueteribus memoria extat, quod par quondam uigor et acritudo
amplitudoque populi Romani et Peni fuit. Nec immerito estimatum sit de
uniuscuiusque populi re publica, cum Penis autem de omnium terrarum im-
35 perio decertatum. Eius rei specimen in illo utriusque populi uerbo apparuit.
Fabius imperator Romanus dedit ad Carthaginenses epistulam. Ibi scriptum
fuit populum Romanum misisse eis hastam et caduceum signa duo belli aut
pacis ex quis utrum uellent eligerent. Carthaginenses responderunt
neutrum se eligere, sed pro se qui attulissent utrum uellent eligerent; quod
40 reliquissent, id pro lecto sibi futurum.
Si obiectum sit turpe aliquid quod infitiare nequeas, responsione ioculari
eludas, sicut fecisse Ciceronem constat, cum id quod infitiare non poterat,
urbano facetoque dicto deluit. Nam cum emere uellet in Palatio domum et
pecuniam in presens non haberet, a Silla, qui tunc reus erat, mutuo sester-
45 tium uicies tacite accepit. Ea res priusquam domus emeretur in uulgus ex-
iuit, obiectumque est ei quod pecuniam domus emende causa a reo accepisset. Tunc Cicero, inopina obprobratione motus, accepisse se negauit, et

domum quoque empturum se negauit, atque, 'Adeo,' inquit, 'uerum sit accepisse me pecuniam, si domum emero.' Sed cum postea emisset et hoc
mendacium ei in senatu ab inimicis obiceretur, risit satis, atque inter riden-
dum 'Fatui homines,' inquit, 'estis, cum ignoratis prudentis et cauti
patrisfamilias esse, quod empturus sit empturum sese negare, propter com-   5
petitores emptionis.'

Crassus a Sempronio et Asellione et plerisque aliis Romane historie scrip-
toribus traditur habuisse quinque rerum bonarum maxima et precipua: quod
esset ditissimus, quod nobilissimus, quod eloquentissimus, quod iur019scon-
sultissimus, quod pontifex maximus. Is cum in consulatu optineret Asiam 10
prouinciam, et circumsidere atque oppugnare Leucas pararet, opusque esset
firma ac procura trabe qua arietem faceret, quo muros eius oppidi quateret,
scripsit ad magistratum Atheniensium sociorum et amicorum populi
Romani, ut ex malis duobus, quos apud eos uidisset, uter maior esset, mit-
tendum curaret. Tunc magistratus, comperto quamobrem malum 15
desiderasset, non uti iussus erat maiorem, sed quem magis esse idoneum ap-
tioremque arieti faciendo facilioremque portatu existimabat, minorem
misit. Crassus eum uocari iussit, et cum interrogasset cur non quem
iusserat misisset, causis et rationibus quas dictabat spretis, uestimenta
detrahi iussit, uirgisque multum cecidit, corrumpi et dissolui officium im- 20
perantis ratus, si quis ad id quod facere iussus est non obsequio debito sed
consilio non desiderato responderit.

Milo Crotoniensis, athleta illustris, quem in cronicis scriptum est Olimpiade prima et centesima coronatum esse, exitum habuit uite miserandum
et mirandum. Cum iam natu grandis artem dialeticam didicisset, iterque 25
faceret, forte solus in locis Italie siluestribus, quercum uidit proximam uie,
patulis in media parte ramis hiantem. Experirique uolens an etiam tunc ulle
sibi relique uires essent, immissis in cauernis arboris digitis uel brachiis,
deducere et rescindere quercum conatus. Mediam quidem partem diuellit
disciditque; quercus autem in duas diducta partes, cum ille manus laxasset, 30
iterum in se rediens et stricta, dilacerandum feris hominem prebuit.

Rhodum insulam celebritatis antiquissime, oppidumque in ea pulcerrimum ornatissimumque, oppugnabat Demetrius, dux etatis sue inclitus,
cui a pueritia disciplina faciendi obsidii, machinarumque sollertia ad capienda oppida repertarum, cognomentum Πολιορχητής dedit. In obsidione illa 35
edes quasdam que extra muros urbis cum paruo presidio erant, aggredi et
uastare et absumere igni parabat. In hiis edibus erat memoratissima illa imago Yalissi Protogenis manu facta illustris pictoris, cuius operis
pulcritudinem prestantiamque ira percitus Rhodiis inuidebat. Rhodii ergo
mittunt ad eum legatos cum hiis uerbis: 'Que ratio est, ut tu imaginem 40
istam uelis incendio edium facto disperdere? Nam si omnes superaueris et
oppidum hoc totum ceperis, imagine quoque illa incolumi uictor potieris. Si
autem non poteris, turpe tibi sit cum Protogene mortuo bellum gessisse, qui
non potueris Rodios bello uincere.' Hec ubi ex legatis audiuit oppugnatione
desita et ciuitati et imagini pepercit.   45

In antiquis annalibus memoria super libris Sibillinis hec prodita est: anus
hospita et incognita ad Tarquinium Superbum regem uenit nouem libros

ferens, quos dicebat diuina oracula; eos dixit uelle se uenundare. Tarquinius
pretium percunctatur. Illa nimium poposcit; rex, quasi anus desiperet,
derisit. Tum illa foculo coram rege facto tres exussit, percunctata si reliquos
sex eodem emeret pretio, sed enim Tarquinius id multo magis risit. Mulier,
5 tribus nichilominus combustis, placide de tribus reliquis prius petit
pretium. Tarquinius, ore iam serio et attentiore animo fiduciam femine non
negligendam ratus, eodem pretio quod petitum erat pro omnibus tres solos
emit. Sed eam mulierem, tunc a Tarquinio digressam, postea nusquam loci
uisam constat. Libri tres in sacrarium conditi Sibillini appellati sunt; ad eos
10 quippe quasi ad oraculum quindecimuiri adeunt, sed hii tempore Sille cum
ipso Capitolio combusti sunt.

Mausolus ubi fato perfunctus inter manus et lamenta uxoris funere
magnifico sepultus est, Arthemisia, luctu et desiderio mariti flagrans uxor,
ossa cineremque eius mixta odoribus contusaque in puluerem ebibit. Est
15 quoque molita ingenti impetu operis conseruande mariti memorie
sepulcrum illud memoratissimum dignumque numerari inter septem omnium terrarum miracula. Id monumentum cum diis manibus consecraret,
certamen dicendis laudibus eius facit, ponitque premia de rebus
amplissimis. Ad eas uenisse dicuntur uiri nobiles ingenio et lingua
20 prestantes, Theopompus, Theodectes, Naucrites; sunt etiam qui Socratem
ipsum cum eis certasse memorie mandauerunt. Sed eo certamine uicisse
Theopompum iudicatum est, Socratis discipulum. Extat nunc quoque
tragedia Theotecti.

Equus Alexandri Magni et nomine et capite Bucefal fuit. Emptum Cares
25 scripsit centum talentis et regi Philippo datum. Eius summa sunt nostra
sestertia trecenta duodecim. Super hoc equo dignum memoria uisum, quod
ubi ornatus fuit armatusque ad prelium, haud unquam ascendi sese ab alio
nisi a rege passus est. Id etiam de dicto equo memoratum est, quod cum in-
sidens in eo Alexander bello Indico et facinora fortia faciens, in hostium
30 cuneum se non satis prouidens immisisset, coniectisque undique in Alexandrum telis, uulneribus altis in ceruice et in latere perfossus esset equus,
moribundus tamen et prope iam exsanguis e mediis hostibus regem
uiuacissimo cursu retulit, atque ubi extra tela retulerat, ilico concidit, et
uelut domini iam superstitis securus, quasi cum humani sensus solacio ex-
35 pirauit. Tunc rex Alexander oppido in eisdem locis condito Bucefalonio
nomen dedit.

Gaius Bassus et Iulius Modestus in commentariis suis historiam de equo
Seiano tradunt dignam memoria et ammiratione: G. Neuium Seium fuisse
quempiam scribam, equumque habuisse Argis, de quo constans fama esset,
40 tamquam de genere esset equorum, quos Hercules Diomede Trace occiso
Argos perduxisset. Eum fuisse magnitudine inusitata, ceruice ardua, colore
puniceo, florea et iubanti coma, omnibusque laudibus equorum longe
prestitisse; sed et eundem tali fuisse fato, ut quisquis eum possideret cum
omni domo et familia fortunisque omnibus suis ad internicionem deperiret.
45 Itaque primum dominum eius Seium, a M. Antonio, qui postea triumuir rei
publice constituende fuit, capite dampnatum; eodem tempore Cornelium
Dolabellam consulem, in Siriam proficiscentem, cupiditate equi Argos

diuertisse, emisseque eum centum milibus sestertiis; sed et ipsum
Dolabellam in Siria bello ciuili oppressum; mox equum abductum a C.
Cassio qui Dolabellam occiderat. Eum Cassium satis notum est uictis
postea partibus miseram oppetisse mortem. Hinc prouerbium hominibus
calamitosis ortum, dicique solitum: 'Ille homo equum Seianum habuit.'   5
   In Circo Maximo uenationis amplissime pugna populo dabatur. Eius rei
causa cum forte Rome essem spectator fui. Multe ibi seuientes fere, excellentes magnitudine omniumque inusitata forma et ferocia erat. Sed preter
omnia leonum immanitas ammirationi fuit, preterque ceteros unius. Is corporis impetu et uastitudine terrificoque fremitu et sonoro, comis fluctuan- 10
tibus, animos oculosque omnium in se conuerterat. Introductus erat inter
complures ceteros ad pugnam bestiarum datus seruus uiri consularis Andronicus nomine. Hunc ille leo ut procul uidit, repente quasi ammirans
stetit et deinde sensim et placide tamquam iocabundus accedit. Tum
caudam more adulantium canum clementer et blande mouet, hominisque 15
se corpori adiungit, cruraque et manus eius prope iam metu exanimati
lingua leni demulcet. Homo inter atrocis fere blandimenta recuperat
animum, paulatimque oculos ad contuendum leonem refert. Letos ergo
uideres leonem et hominem, mutua recognitione. Ea re prorsus tam ammirabili maximos populi clamores excitatos dicit, accersitumque An- 20
dronicum a Cesare, quesitamque causam cur ille atrocissimus leo uni peper-
cisset. Tum seruus, 'Cum prouinciam Africam,' inquit, 'dominus meus pro-
consulari obtineret imperio, ego cotidianis eius uerberibus ad fugam coactus, in solitudinem concessi consilio illo ut mortem quoquo pacto inuenirem. Ita die medio sole flagranti inuentam caueam penetro. Nec multo 25
post illuc uenit hic leo debili et cruento pede, gemitus edens et murmura.
Ego primo aspectu eius territus sum, sed cum ipse introgressus in specum ut
intelligi datur suum uideret me latentem accessit mansuete et sullatum
pedem ostendere et porrigere cepit. Ibi ego ingentem stipitem pedi eius
herentem reuelli, et saniem paulatim dempto metu conceptam expressi, et 30
cruorem siccaui. Leo in manibus meis posito pede quieuit. Ex eo die triennio pariter, ibi uiximus eodem uictu, cum leo uenationes opimiores michi
suggeret et ego meridiano sole torrerem. Postremo eius uite pertesus, leone
uenatum profecto, tridui uiam progressus et a militibus interceptus et ad
dominum ex Africa Romam deductus sum. Is me statim dandum ad bestias 35
curauit. Intelligo autem hunc quoque leonem tunc captum, nunc gratiam
beneficii et medele referre.' Hec Appion dixisse Andromachum eaque scripta
circumlataque tabula populo declarasse tradit, et ideo cunctis petentibus
dimissum, leonemque ei datum suffragiis populi. 'Postea uidebamus,' ait
Appion, 'leonem loro tenui uinctum cum Andromacho circum tabernas tota 40
urbe ire, floribusque spargi, dicentibus omnibus: "Hic est leo hospes
hominis, hic est homo medicus leonis." '
   Hec Agellius, ceterum quia et ipse et Victruuius quem iam aggressurus
sum dicunt Mausoli regis sepulcrum inter septem mundi miracula
numerandum, conuenit ea hoc loco ponere.   45
   De septem mirabilibus mundi. Primum miraculum est Rome in qua erant
omnium gentium statue, et in collo uniuscuiusque statue pendebat tintin-

nabulum, quod ut gens cuius statua erat rebellabat, statim sonabat. Quod
uidentes sacerdotes qui excubabant statim proceribus qui repellerent nun-
tiabant.

Secundum miraculum est quod turris Alexandrina, uocata Pharus, stat
5 super quattuor cancros uitreos, qui quomodo tam magni fusi sint et non
fracti cum illic ponerentur, quomodo fundamenta immobilia super eos
posita sint mirum et indicibile est.

Tertium est colosus in insula Rodo ·cxxv· pedum ereus et fusilis; mirum
est quomodo tam immensa moles potuit aut fundi aut erigi.

10 Quartum in Smirna ymago Bellorofontis decem milia pondo eris pendens
in aere, magnete lapide in arcubus ita equilibriter posito, ut nec huc nec illuc simulacrum moueatur.

Quintum in Eraclea theatrum de uno marmoreo lapide ita sculptum, ut
omnes cellule et mansiones in eo sint, et pendulum sustinetur super septem
15 cancros ex ipso lapide sculptos; nec quisquam ita secrete in aliqua cellarum
loquitur ut non totis in edificiis uox eius audiatur.

Sextum est therme in Apollonia urbe; perpetuo sine igne et sine fomento
ignis calentes, quas Apollomanus una candela accendit.

Septimum templum Diane, cuius fundamenta surgunt super quattuor col-
20 umnas et quattuor arcus. Super hec sunt octo columne et octo arcus; super
octo, sedecim; super sedecim, ·xxxii·; super ·xxxii·, ·lxiiii·; super ·lx-
iiii·, ·cxxviii·.

De istis septem miraculis meminit preter duos supradictos et Valerius in
capitulo De amore coniugali; non est ergo friuolum quod tanti auctores in-
25 culcant.

De Victruuio. Multa Victruuius in libris De architectura pene de omnibus
disciplinis liberalibus probabiliter disputauit, sed nos secundum propositum nostrum pauca facta uel dicta memorabilia, eaque plerumque sermone nostro breuiata, subiecimus.

30 Dinocrates architectus, cogitationibus et sollertia fretus, cum Alexander
rerum potiretur profectus est a Macedonia ad exercitum, regie cupidus com-
mendationis. Is e patria ab amicis tulit ad primos ordines litteras, ut haberet
aditus faciliores. Ab eis ergo susceptus humane, petit ut quamprimum ad
Alexandrum perduceretur. Cum polliciti essent tardiores fuerunt, idoneum
35 tempus expectantes. Ille cum se putaret deludi, nature donis fisus positis
uestibus caput fronde populea coronatus, pelle leonis leuum tectus
humerum, clauam dextra tenens, processit contra regis tribunal ius dicentis. Nouitas cum auertisset populum, intuitus eum Alexander iussit accedere, percunctatusque est quis esset. At ille, 'Dinocrates,' inquit, 'ar-
40 chitectus qui ad te cogitationes et formas affero dignas tue claritati.' Delectatus Alexander hominem retinuit, eius opera se usurum dicens. Ex eo
Dinocrates a rege non discessit, et in Egiptum eum secutus est. Ibi Alexander cum animaduertisset portum naturaliter tutum, emporium egregium,
campos circa frumentarios immanis fluminis Nili magnas utilitates, iussit
45 eum suo nomine condere ciuitatem Alexandriam.

Alicarnasi est domus Mausoli, latericiis parietibus uitri modo perlucidis.
Is rex, toti Carie imperitans, fecit portum secretum sub montibus, ut nemo

quid in eo geratur posset aspicere et rex ipse de domo egressus posset cum militibus et remigibus quocumque uellet nullo sciente spirare. Iuxta portum fecit Artemisia uxor eius sepulcrum merito septem spectaculis mundi coequandum. Rodii uero indignantes eam reginam toti Carie imperare armata classe profecti sunt regnum illud occupare. Eo renuntiato Artemisie in eo 5 portu remiges cum militibus obtrusit, iussitque ut ciues reliqui in muro essent, aduenientibusque Rodiis signum plausu darent, tanquam oppidum tradituri. Illis ergo ex nauibus in urbem egressis, Artemisia, ex portu minori in maiorem prouecta, classem Rodiorum in altum deduxit. Hii cum non haberent quo se reciperent, in medio foro trucidati sunt. Artemisia, suis 10 militibus nauibus Rodiorum impositis, effusos contra se Rodios, quod putarent uictores redisse, uasta strage deleuit, tropheumque uictorie sue in Rodo statuit.

Ibi est fons Salmacis qui et a poeta Ouidio et etiam Plinio dictus est uenerio morbo potantes implicare. Eius rei ueritas ita se habet: cum Greci 15 eo loci aduenientes incolas barbaros effugassent, illi crebris eruptionibus ex siluis Graios infestabant. Quidam uero ex Grecis, iuxta fontem qui est egregii saporis tabernam constituens, paulatim barbaros illuc inuitatos potu et mercimoniis emolliuit. Ea ergo aqua non impudico uitio, sed humanitatis dulcedine mollitis animis barbarorum, eam famam est adepta.   20

Cesar circa Alpes pugnans precepit municipiis ut comeatum prestarent exercitui. At uero Larigni proximi castelli homines contempserunt facere, loci munitione confisi. Imperator ergo iussit copias admoueri. Erat autem ante portam turris ex larice: id lignum non comburitur. Nam dum iussisset Cesar congeriem lignorum circa turrem inflammari, combustis reliquis 25 quamuis flamma in celum elata turris apparuit illesa. Sed cum non multo post se oppidani dedissent, interrogati unde ligna ea essent, que ab igni non lederentur, demonstrauerunt earum arborum magnam eo loci copiam.

Delphicus Apollo Socratem omnium sapientissimum iudicauit. Is dixit oportuisse hominum pectora fenestrata esse, uti non occultos haberent sen- 30 sus, sed patentes ad considerandum. Si enim ita fuisset et laudes animorum et uitia in aperto essent, et auctoritas stabilis et egregia doctis adderetur.

Aristippus Socraticus, naufragio eiectus ad litus Rodiensium cum animaduertisset geometrica scemata descripta, exclamauit: 'Bono animo estote comites; hominum uestigia uideo.' Statimque in gimnasium conten- 35 dit, ibique de philosophia disputans, munera meruit, que sibi et omnibus sociis ad uictum sufficerent et uestitum. Comitibus autem in patriam reuertentibus precepit ciuibus dici eas possessiones liberis debere parari que etiam e naufragio una possent enatare.

Theofrastus etiam dixit doctum ex omnibus solum, nec in alienis locis 40 peregrinum, nec amissis familiaribus inopem amicorum, sed in omni ciuitate ciuem esse.

Epicurus non dissimiliter ait pauca sapientibus fortunam tribuere, maxima uero et necessaria, mentis cogitationibus gubernari.

Athenienses responso Apollinis Delphici duodecim colonias in Asiam 45 deduxerunt, et principatum Ioni tribuerunt, quem Apollo suum filium professus est, isque eam partem Ioniam appellauit. Is fecit amplissimas urbes

Ephesum et Miletum, que propter arrogantiam ciuium communi edicto deleta est, in cuius locum Attalus rex Smirnam edificauit. Fecit et Mianta, que olim ab aqua deuorata est.

Virgo ciuis Corinthia nubilis decessit. Eius nutrix pocula quibus puella
5 delectabatur super monumentum posuit et ut diutius permanerent sub diuo tegula texit. Calathus poculorum forte supra radicem achanti locatus radicem pressit, que circa uer folia et flosculos profudit. Flosculi, crescentes circa latera calathi et ab angulis tegule pro pondere expressi, flexuras uolutarum in extremas partes fecerunt. Tum Callimachus artis marmoree
10 peritus preteriens uidit florum et foliorum flexuram, delectatusque ad similitudinem eorum fecit apud Corinthios columnas et simmetrias.

Reges Atthalici, magnis philologie dulcedinibus inducti, cum egregiam bibliotecam Pergami ad communem delectationem instituissent, tunc Ptolomeus, infinito zelo cupiditatisque incitatus studio non minoribus
15 studiis, ad eundem modum contendit Alexandrie comparare. Cum autem summa diligentia id perfecisset, Apollini et Musis ludos dedicauit et sicut athletis ita scriptorum uictoribus premia constituit. Iudices eorum litteratos sex ex ciuitate sua elegit, et septimum ab hiis qui preerant bibliothece si quem nossent quesiuit. Dictum est esse quendam
20 Aristophanem, qui summo studio libros omnes ex ordine legeret. Conuentu ergo ludorum cum iudicibus Aristophanes citatus loco suo sedit. Cum recitarentur scripta populus cunctus significabat, quem maxime probare uellet poetarum. Sententiis rogatis, iudex quisque illum uictorem pronuntiauit, qui maxime populo placuerat et ita sequentes. Solus Aristophanes
25 eum primum pronuntiat, qui minime placuisset. Commoto rege et populo surrexit, et silentio impetrato dixit unum ex hiis esse poetam, ceteros aliena recitasse. Et fretus armariis memorie, infinitos libros recitauit et eos cum recitatis conferendo illos fures probauit. Itaque iussit rex cum hiis agi furti, et eos cum ignominia dimisit, Aristophanem uero muneribus donatum
30 bibliothece preposuit.

Sequentibus annis Zoilus Macedo Alexandriam uenit, scriptaque sua contra Iliadem et Odissiam regi ostendit. Ptolomeus cum intellexisset poetarum omnium parentem et philologie totius ducem absentem uexari tacuit. Zoilus uero diutius ibi manens cum urgeretur inopia a rege per nun-
35 tios auxilium postulauit. Respondit rex Homerum, ante annos mille defunctum, multa hominum milia pascere, debere igitur eum qui meliorem scientiam profiteretur non solum se sed et alios alere posse.

De architectura primus Fuficius uolumen instituit, item Terentius Varro de nouem disciplinis unum de architectura, P. Septimius duo. Athenis An-
40 tistates et Calles Pisistrato Ioui Olimpio edem facienti fundamenta iecerunt. Post eius mortem propter publicas occupationes opus inceptum ducentisque annis intermissum cum rex Antiochus perficere uellet Cossutius ciuis Romanus nobiliter architectatus est. Similiter et G. Mucius edes Honoris et Virtutis legitimis institutis perfecit. Id opus si marmoreum
45 fuisset ut haberet ab inpensis auctoritatem, sicut ab arte subtilitatem, in primis operibus numeraretur.

Nobilibus athletis qui uicissent Grecorum maiores ita magnos honores constituerunt, ut non modo in conuentu stantes cum palma ferant laudes et coronam, sed etiam cum reuertantur in suas ciuitates cum uictoria triumphantes, quadrigis inuehantur menibus et perpetua uita constitutis uectigalibus fruantur.

Pixodarus apud Ephesum pascebat oues. Volebant autem ciues Ephesii 5 Diane templum ex marmore constituere, sed eius lapidis copiam non habentes e longinquis insulis petere uolebant. Pixadori ergo duo arietes concurrentes alter alterum preterierunt, impetuque facto unus currens percussit saxum ex quo crusta candidissimi lapidis disiluit. Ita is relictis ouibus crustam cursim Ephesum cum maxime de ea re ageretur detulit, quare et 10 honores ei decreti et nomen mutatum, ut pro Pixodaro Euangelus diceretur.

Diogenes fuit Rodius architectus et ei quotannis ex publico merces tribuebatur, sed cum eo ab Arado quidam architectus Callias nomine uenisset facto exemplo promisit se quantumlibet magnas machinas foris factas in murum transferre. Inde merces adempta Diogeni et Callie data. In- 15 terea Demetrius Poliorcetes, Epimacho Atheniensi architecto fretus, contra Rodum uenit fecitque machinam heliopolim dictam, altitudine pedum ·xxv· latitudine ·lx· ciliciis et coriis crudis tectam. Tunc Callias, rogatus ut eam in murum transueheret, negauit pro magnitudine posse. Aditus ergo Diogenes ut operam suam exhiberet patrie primo quidem negauit, sed 20 adeuntibus eum ingenuis ephebis et uirginibus pollicitus est eo pacto ut ei si capta esset daretur. Ita prospecto quo machina duceretur, eo murum contudit, ut ibi quicquid esset in urbe stercoris et aquarum egereretur. Factum est et machina cum cepisset moueri constitit et in uoragine consedit. Demetrius ergo discessit et Diogenes gloriam et palmam habuit.   25

Nec minus Chio cum supra naues machinas hostes comparassent, hii noctu terram, harenam, lapides congesserunt in mare. Ita illi postero die cum accedere uoluissent, naues super aggeres qui erant sub aqua sederunt, nec accedere ad murum, nec recedere potuerunt; quare et malleolis confixe et incendio conflagrate sunt.   30

Apolloniatas obsessos cum hostes specus faciendo cogitarent subita penetratione inuadere, oppidani Alexandrino Triphoni rem intimauerunt. Ille statim plures specus intra murum fecit et extra progrediebatur, et in omnibus enea uasa suspendit. Ex hiis in una fossa era sonuerunt. Ita intellecto qua regione hostes foderent, congeriem aque calide et picis et harene cocte et 35 stercoris per crebra foramina superne facta intro diffudit et omnes fossores hostium peremit.

Sufficiant hec de Victruuio, omittanturque illa que sunt quidem ad audiendum grata sed ad intelligendum grauia, quomodo Lesbius idraulica organa inuenerit, quomodo naui uel curru sedens intelligas quot milia uel 40 terre uel aque peregeris, quomodo Archimedes furtum illius deprehenderit, qui argentum auree corone immiscuit, et talium sexcenta.

Liber Secundus

Hactenus gentiles compilauimus; nunc Christianos intueamur, primo omnium Apologeticum eloquentissimi Tertulliani conuenientes.

Plinius Secundus cum prouinciam regeret, damnatis quibusdam Christianis, quibusdam gradu pulsis, ipsa tamen multitudine perturbatus, quid de 5 cetero ageret consuluit Traianum imperatorem allegans preter obstinationem non sacrificandi nichil aliud se de sacramentis eorum comperisse quam cetus antelucanos ad canendum Christo et Deo et ad confederandam disciplinam, homicidium, adulterium, fraudem et cetera scelera prohibentes. Tunc Traianus rescripsit hoc genus homines inquirendos quidem 10 non esse, oblatos uero puniri.

Si lex tua errauit, puto, ab homine concepta est; nec enim de celo ruit. Nonne et Ligurgi leges, a Lacedemoniis emendate, tantum doloris auctori ingesserunt suo, ut secessu et inedia de semetipso iudicarit? Nonne uanissimas Papias leges, que ante liberos suscipi cogunt quam Iulie con- 15 trahi, heri Seuerus constantissimus principum exclusit? Sed et condempnatos in partes secari a creditoribus mos erat; consensu tamen publico postea crudelitas erasa est.

Tiberius, cuius tempore Christianum nomen in seculum introiuit, annuntiatum sibi ex Siria Palestine detulit ad senatum cum prerogatiua 20 suffragii sui. Senatus quia ipse non probauerat respuit. Cesar in sententia mansit comminatus periculum accusatoribus Christianorum. Consulite commentarios uestros: uidebitis primum Neronem in hanc sectam ferociisse. Sed qui scit illum intelligere potest non nisi aliquod grande bonum a Nerone damnatum. Si littere M. Aurelii grauissimi imperatoris re- 25 quirantur, quibus illam Germanicam sitim Christianorum forte militum precationibus impetrato imbri discussam contestatur, sicut non palam ab huiusmodi hominibus penam dimouit, ita modo alio palam dispersit, adiecta etiam accusatoribus damnatione et quidem tetriore. Leges aduersus nos Traianus ex parte frustratus est, uetando inquiri Christianos, quas nullus 30 Adrianus quamquam omnium curiositatum explorator, nullus Vespasianus quamquam Iudeorum debellator, nullus Pius, nullus Verus impressit.

Infantes penes Africam immolabantur palam usque ad proconsulatum Tiberii, qui eosdem sacerdotes in eisdem arboribus templi sui obumbratricibus scelerum uotiuis crucibus exposuit.

Liberum patrem cum mysteriis suis consules senatus auctoritate non 5 modo urbe sed uniuersa Italia eliminauerunt. Serapidem et Isidem cum suo cinocephalo Capitolio prohibuerunt Piso et Gabinius consules non utique Christiani, euersis etiam eorum aris turpium et otiosarum superstitionum uitia cohibentes. Saturnum si quantum littere docent, neque Diodorus Grecus et Thallus, neque Cassius Seuerus aut Cornelius Nepos aliud quam 10 hominem promulgauerunt; si quantum rerum argumenta, in Italia post multas expeditiones post Attica hospitia consedit, exceptus ab Iano. Mons quem incoluerat Saturnus, ciuitas quam fecerat usque nunc Saturnia. Istos apud superos locatis; qui potiores apud inferos reliquistis! de sapientia Socratem, de iustitia Aristidem, de militia Themistoclem, de sullimitate 15 Alexandrum, de felicitate Policratem, de copia Cresum, de eloquentia Demostenem. Quis ex diis uestris grauior et sapientior Catone, iustior et militarior Scipione, quis sullimior Pompeio, felicior Silla, copiosior Crasso, eloquentior Tullio? Dedit Cybele maiestatis sue in urbem collate grande nostra etate documentum, cum M. Aurelio apud Sirmium exempto die sex- 20 to decimo Kalendarum Aprilium archigallus ille sanctissimus die nono Kalendarum earundem, quo sanguinem impurum lacertos quoque castrando libabat, pro salute imperatoris Marci iam intercepti solita eque imperia mandauit.

Vt quidam somniastis caput asininum esse deum nostrum; hanc Cor- 25 nelius Tacitus suspicionem inseruit. Is enim in quinta historiarum suarum, bellum exorsus Iudaicum, de ipsa tam origine gentis quam de nomine et religione que uoluit argumentatus, Iudeos refert Egypto expeditos, uastis Arabie in locis aquarum egentissimis cum siti macerarentur, onagris, qui forte de pastu potum petebant, indicibus fontibus usos, ob eam gratiam con- 30 similis bestie superficiem consecrasse. Atque ita presumptum opinor, nos quoque ut Iudaice religionis propinquos eidem simulacro initiari. At enim idem Cornelius sane ille mendaciorum loquacissimus in eadem historia refert Gn. Pompeium, cum Ierosolimam cepisset proptereaque templum adisset, speculandis Iudaice religionis archanis, nullum inuenisse 35 simulacrum. Sed noua iam dei nostri in ista ciuitate imago uel editio proxime publicata est, ex quo quidam picturam proposuit cum ea inscriptione: 'Deus Christianorum Onochorsitis', auribus asininis, altero pede ungulatus, librum gestans et togatus.

Ptolomeorum eruditissimus et omnis litterature sagacissimus, cum 40 studio bibliothece Pisistratum opinor emularetur, inter cetera memoriarum quibus aut uetustas aut curiositas aliqua patrocinabatur, ex suggestu Demetrii Falarei gramaticorum tunc probatissimi, cui prefecturam mandauerat, libros a Iudeis postulauit, proprias atque uernaculas litteras. Indulserunt ei Iudei septuaginta interpretes quos Menedemus iudex prouincie 45 suspexit. Vnde et Aristeus monimenta reliquit. *Si quem audistis interim Moysen Argiuo Inacho prior est annis pene quadringentis. Nam et septem minus Danaum preuenit et mille circiter Priamum antecedit; possem dicere et quingentis.

5   Arguitis nos incesti; proinde incesti qui magis quam quos ipse Iupiter docuit? Persas cum suis matribus misceri [ut] Heseas refert. Sed et Macedones suspecti, quia, cum primum Edippi tragediam audissent, ridentes incesti dolorem dicebant, 'Μιϰρὸν ἁμάρτημα,' id est, paruum peccatum.

10   Arguimur quod diuinos honores imperatoribus non damus. Negat illum imperatorem qui deum dicit; nisi homo sit non est imperator. Hominem se esse in illo triumpho ammonetur; suggeritur enim a tergo, 'Respice post te! Hominem te memento!'

   Cenulas nostras ut prodigas infamatis. De nobis scilicet dictum est a 15 Diogene, 'Megarenses obsonant quasi crastina die morituri, edificant quasi semper uicturi.'

   Infrendite, inspumate! Idem estis qui Senecam pluribus et amarioribus uerbis de uestra superstitione perorantem reprehendistis. Socrates in contumeliam deorum et hircum et canem deierabat. Sed propterea damnatus 20 est, quia deos deridebat. Plane olim et semper ueritas odio est. Tamen cum penitentia sententie Athenienses postea criminatores eius afflixerint et imaginem eius auream in templo collocauerint, rescissa damnatio Socrati testimonium reddit. Sed et Diogenes nescio quid in Herculem ludit et Romanus Cinicus Varro trecentos Ioues sine capitibus introducit. Despicite 25 Lentulorum et Hostiliorum uetustates, utrum mimos an deos uestros rideant: Iouis mortui testamentum recitatum et tres Hercules famelicos irrisos. Socrates deos negans Esculapio tamen gallinacium prosecari iussit, credo ob honorem patris eius Apollinis, qui Socratem sapientissimum pronuntiasset. Quid Thales ille princeps phisicorum sciscitanti Creso uerum 30 respondit de diuinitate commeatus deliberandi sepe frustratus? Deum quilibet opifex Christianus et inuenit et ostendit. Si de pudicitia prouocemus, lego partem sententie Attice in Socratem corruptorem adolescentium pronuntiatum. Sexum femineum non mutat Christianus. Noui et Phirnen meretricem Diogenis supra recumbentis ardorem subantem. Audio 35 et quendam Speusippum de Platonis scola in adulterio perisse. Soli uxori sue Christianus masculus nascitur. Democritus, excecando semetipsum quia mulieres sine concupiscentia aspicere non posset et doleret si non esset potitus, incontinentiam profitetur. Christianus aduersus libidinem cecus est saluis oculis. Si de probitate, Diogenes lutulentis plantis superbos 40 Platonis thoros alia alta superbia proculcat; Christianus nec in pauperem superbit. Si de modestia, Pytagoras apud Tyrios, Zenon apud Priennenses tyrannidem affectant; Christianus uero nec ciuilitatem. Si de equanimitate, Ligurgus mortem optauit, quod leges eius Lacedemones emendassent; Christianus etiam damnatus gratias agit. Si de fide, Anaxagoras depositum 45 hospitibus denegauit; Christianus et extra fidelis est. Si de simplicitate,

Aristotiles familiarem suum Hermam turpiter loco excedere fecit; Christianus nec inimicum ledit. Idem tam turpiter Alexandro adulatus, quam
Plato a Dionisio uentris gratia uenditatus est. Aristippus in purpura sub
magna dignitatis specie necatus est. Anaxarcus cum in exitum pilo tisane
tunderetur, 'Tunde, tunde,' aiebat, 'Anaxarchi follem, Anaxarchum enim 5
non tundis.'
    Post Tertullianum et materia et eloquentia et tempore proximus fuit
beatus Ciprianus, cuius aliquas sententias de falsis diis ponam.
    Melicertes et Leucotea precipitati sunt in maria et fiunt maris numina.
Castor et Pollux alternis moriuntur ut uiuant. Esculapius ut in deum surgat 10
fulminatur. Hercules, ut hominem exuat, ignibus concrematur. Apollo
Admeti pecus pauit. Laomedonti muros Neptunus instituit nec mercedem
operis infelix structor accepit. Antrum Iouis uisitur in Creta et sepulcrum
ostenditur, et ab eo manifestum est fugatum esse Saturnum. Hunc fugatum
hospitio Ianus susceperat, de cuius nomine Ianiculum dictum et mensis 15
Ianuarius. Ipse bifrons pingitur, quod in medio constitutus annum inci-
pientem et recedentem spectare uidetur. Mauri uero manifeste reges colunt,
nec ullo uelamento hoc nomen obtexunt. Inde per gentes et prouincias
singulas uaria deorum religio mutatur, dum non unus ab omnibus deus colitur, sed cuique propria maiorum suorum cultura seruatur. Hoc ita esse 20
Alexander Magnus insigni uolumine ad matrem suam scribit, metu sue
potestatis proditum sibi de diis hominibus secretum, quod maiorum regum
memoria reseruata, inde colendi et sacrificandi ritus inoleuerit. Romanorum
uernaculos deos nouimus. Romulus est peierante Proculo deus factus, et
Picus, et Tyberinus, et Pilumnus, et Cossus, quem deum fraudis et con- 25
siliorum Romulus esse uoluit, post raptum felicem Sabinarum. Deam quoque Cloacinam Tatius inuenit, Pauorem et Pallorem Hostilius. Mox a quo
nescio Febris inuenta, et Acca et Flora meretrices. Ceterum Mars Tracius,
Iupiter Creticus, Iuno Samia et Argiua, Diana Taurica, deum mater Idea,
Egyptia portenta non numina.   30
    Idem in epistula De mortalitate. Cum quidam de collegis et consacer-
dotibus nostris infirmitate defessus et de appropinquante morte sollicitus
commeatum sibi precaretur, astitit deprecanti et iam pene morienti iuuenis
honore et maiestate mirabilis, statu celsus et clarus aspectu et quem
assistentem sibi uix possit humanus aspectus oculis carnalibus intueri, nisi 35
quod talem uidere poterat de seculo iam recessurus. Ad quem ille non sine
quadam animi et uocis indignatione infremuit et dixit, 'Pati timetis; exire
non uultis. Quid faciam uobis?'
    Ex Ambrosio. Liber beatissimi Ambrosii De officiis plenus est exemplis
memorabilibus, que quia uel in diuina scriptura reperiuntur, uel in Tullio 40
De officiis, hic non posui. Duo tantum non pretereunda putam.
    Scitis filii quotiens aduersus regales impetus pro uiduarum immo om-
nium depositis certamen subierimus, commune hoc uobiscum. Ticinensis
ecclesie recens exemplum proferam, que uidue depositum quod susceperat
amittere periclitabatur. Interpellante enim eo qui sibi illud imperiali 45
rescripto uindicare cupiebat, clerici non tenebant — contendebant — auc-

toritatem; honorati quoque intercessores dati non posse obuiari preceptis
imperatoris ferebant. Legebatur forma rescripti; magister officiorum im-
minebat. Quid plura? Erat traditum. Tamen communicato mecum consilio,
obsidet sanctus episcopus ea conclauia ad que translatum illud depositum
5 uidue cognouerat. Quod ubi non potuit auferri, receptum sub cirographo est.
Postea iterum flagitabatur ex cirographo; preceptum imperator iterauerat.
Negatum est: et exposita diuine legis auctoritate et Heliodori periculo, uix
tandem rationem imperator accepit.

Pulcre ille qui cum in prouectam processisset etatem et fame laboraret
10 ciuitas et ut in talibus solet uulgo peterent ut peregrini urbe prohiberentur,
prefecture urbane curam maiorem sustinens, conuocauit honoratos et
locupletiores uiros et poposcit ut in medium consulerent, dicens tam in-
mane esse peregrinos eici, quam hominem ab homine exui, qui cibum
morienti negaret. Canes ante mensam inpastos esse non patimur, et
15 homines excludimus. Sed ueremur ne cumulemus inopiam. Primum omnium misericordia nunquam destituitur, sed adiuuatur. Deinde subsidia an-
none, que hiis impartienda sunt, collatione redimamus, reparemus auro.
Quid plura? Collato auro, coacta frumenta sunt. Ita nec abundantiam urbis
minuit et peregrinis alimoniam subministrauit. Quante hoc commenda-
20 tionis apud deum sanctissimo seni fuit, quante apud homines glorie! Quanto utilius eo quod proxime Rome factum est, eiectos esse urbe amplissima,
qui plurimam illic etatem exegerant flentes cum filiis abisse.

Nec minus Exameron eius phisicis scatet exemplis, que omnia aliorum
libris phisicorum inserta inuenies; porro duo ex hiis presumam de tygride et
25 cane, de tygride quoniam aliter a Plinio dictum, de cane quoniam iocun-
dum. Natura, inquit, tygridis interpellat ferocitatem et imminentem prede
repellit. Namque ubi uacuum rapte sobolis cubile repperit, ilico uestigiis
raptoris insistit. At ille quamuis equo uectus fugaci, uidens tamen
uelocitate fere se posse preuerti nec ullum euadendi sibi suppetere posse
30 subsidium, tecnam huiusmodi molitur. Vbi se contiguum uiderit, speram
de uitro proicit. At illa ymagine sui luditur, et sobolem putans reuocat impetum, colligere fetum desiderans. Rursus inani specie retenta, totis se ad
comprehendendum equitem uiribus fundit, et iracundie stimulo uelociter
fugienti imminet. Iterum spere obiectu ille sequentem retardat, nec
35 sedulitatem tamen matris memoria fraudis excludit. Cassam uersat
imaginem et quasi lactatura fetum resistit. Sic pietatis studio decepta, et
uindictam amittit et sobolem.

Antiochie ferunt, in remotiore parte urbis, crepusculo necatum uirum,
qui canem sibi adiunctum haberet. Miles quidam predandi studio minister
40 cedis exstiterat, tectusque tenebroso adhuc diei exordio in alias partes con-
cesserat. Iacebat inhumatum cadauer, frequens spectantium uulgus astabat,
canis questu lacrimabili domini deflebat erumpnam. Et forte is qui necem
intulerat, ut se habet uersutia humani ingenii, quo uersandi in medio auctoritate presumpta fidem asciceret innocentie, ad illam circumstantis
45 populi accessit coronam et uelut miserans appropinquauit ad funus. Tum
canis, sequestrato paulisper questu doloris, arma ultionis assumpsit et ap-

prehensum tenuit, et uelut quoddam miserabile carmen immurmurans,
uniuersos conuertit in lacrimas; fidem ergo probationi detulit, quod solum
ex plurimis tenuit, nec dimisit. Denique perturbatus ille, quod tam
manifeste rei indicem, neque odii aut inuidie *aut* iniurie alicuius poterat
obiectione uacuare, crimen diutius nequiuit refellere. Itaque canis, quis 5
defensionem prestare non potuit, ultionem persecutus est.

    Ex libro De uirginibus. Antiochie nuper uirgo quedam fuit, fugitans
publici usus aspectum. Sed quo magis uirorum euitabat oculos, eo in-
cendebat. Itaque sancta uirgo, ne diutius alerentur potiendi spe cupiditates,
integritatem pudoris professa sic restrinxit improborum faces, ut iam non 10
amaretur, sed proderetur. Erat enim persecutio. Venit corone dies. Pro-
ducitur puella. Cuius ubi uiderunt constantiam, lupanari prostitui iubent.
Ducitur ergo; fit ingens petulantium concursus ad fornicem. At illa,
manibus ad celum leuatis, Christo fundebat precem. Vix eam compleuerat
et ecce miles specie terribilis irrupit. Quemadmodum eum uirgo tremuit, 15
cui populus tremens cessit? Cui miles: Ne queso paueas, soror. Veni saluare
non perdere. Vestem mutemus; induere clamidem que tegat crines, abscon-
dat ora. Inter hec uerba clamidem exuit. Suspectus tamen adhuc habitus et
persecutoris et adulteri. Virgo ceruicem, clamidem miles offert. Quid plura?
Persuasit. Habitu mutato, euolat puella de laqueo. Indicio rei, quia 20
debebatur tanto corona uictori,damnatus est pro uirgine qui pro uirgine
comprehensus est. Fertur puella ad locum supplicii cucurrisse, certasse ambo de nece, cum ille diceret, 'Ego missus sum occidi; te absoluit sententia.'
Illa respondit, 'Non ego effugium mortis elegi, sed predam pudoris horrui.'
Ita duo contenderunt et ambo uicerunt, et sancti martires inuicem sibi 25
beneficia conferentes, altera principium martirio dedit, alter effectum.

    Sancta Pelagia apud Antiochiam fuit annorum duodecim soror uirginum
et ipsa uirgo. Hec domi classico persecutionis inclusa, cum se a predonibus
fidei uel pudoris circumsederi nouisset, absentibus matre et sororibus, fertur
ornasse caput, nuptialem induisse uestem, et processisse. Quam ubi per- 30
didissent persecutores, eam cum matre et sororibus ceperunt querere.
Verum ille iam spirituali uolatu campum castitatis tenebant, cum subito
persecutoribus imminentibus et torrente fluuio excluse a fuga, incluse ad
coronam, 'Quid ueremur?' inquiunt. 'Ecce aqua. Quis nos prohibet baptizari?
Sed te precamur, omnipotens deus, ne exanimata corpora unda dispergat, ne 35
mors funera separet, quarum uita non separauit affectus, sed sit una constantia, una mors, una sepultura.' Hec effate et suspenso sinu in cinctum
quo pudorem tegerent, nec gressum impedirent, consertis manibus tamquam choros ducerent, in medium progrediuntur alueum, ubi unda torren-
tior, ubi abruptius profundum, illuc gressum dirigentes. Videres piam 40
matrem stringentem nodos manus, de pignore gaudere, de casu timere. Itaque non cadauer unda nudauit, non rapidi cursus fluminis uolutarunt. Quin
etiam sancta mater licet sensu carens, pietatis adhuc seruabat amplexum et
religiosum nodum quem strinxerat, nec in morte laxabat.

    Ex epistularum eius libro secundo. Calani laudatur responsum Alexandro, 45
cum eum iuberet sequi: 'Qua me,' inquit, 'laude dignum petere Greciam

poscis, si possum cogi facere quod nolo?' Scripsit et epistulam Calanus Alexandro: Amici persuadent tibi manus et necessitatem inferre Indorum
philosopho, nec in somnis uidentes nostra opera. Corpora enim transferes
de loco ad locum; animas non coges facere quod nolunt, non magis quam
5 saxa et ligna uocem emittere. Ignis maximus uiuentibus corporibus dolorem
inurit et gignit corruptionem; super hunc nos sumus, uiuentes enim ex-
urimur.

Idem beatissimus Ambrosius, cum in extrema egritudine rogaretur a
quibusdam ut sibi commeatum uite a domino precaretur, respondit, 'Non
10 ita inter uos uixi ut me pudeat uiuere, nec mori timeo, quia bonum
dominum habemus.'

Ex Ieronimo. Quia ordine ad beatissimum Ieronimum uenimus, nemo a
nobis expectet eius sententias, quibus libri eius et maxime epistule iocunde
et incomparabiliter splendent. Pauca tantum alibi non lecta de libro Contra
15 Iouinianum et de eius epistulis posui, que alios fecisse uel dixisse narrat;
omisi que multa gratissima ab ipso quidem commemorata, sed ab aliis ante
dicta.

Ex libro primo Contra Iouinianum. Triginta Atheniensium tiranni cum
Phidonem in conuiuio necassent, filias eius uirgines uenire iusserunt, et
20 scortorum more nudari, et super pauimenta patris sanguine cruentata im-
pudicis gestibus ludere. Que paulisper dissimulato dolore cum temulentos
conuiuas cernerent, quasi ad requisita nature egredientes, inuicem se
precipitauerunt in puteum.

Demotionis Ariopagitarum principis uirgo filia, audito sponsi Leosthinis
25 interitu, se interfecit, asserens se, quamquam intacta esset corpore, tamen
si alterum accipere cogeretur, quasi secundum accipere, cum priori mente
nupsisset.

Spartiate et Messenii diu inter se habuere amicitias, in tantum ut ob
quedam sacra etiam mutuo inter se uirgines mitterent. Quodam igitur tem-
30 pore cum quinquaginta uirgines Lacedemoniorum Messenii uiolare temp-
tassent, de tanto numero nulla consensit, sed omnes pro pudicitia liben-
tissime occubuerunt.

Aristoclides tyrannus adamauit Stimphalidem uirginem, que cum patre
occiso ad templum Diane confugisset et simulacrum manibus tenens non
35 posset auelli, confossa est ibidem. Cuius omnis Archadia necem dolens,
bellum tyranno inflixit.

Aristomenes uir iustissimus uictis Lacedemoniis quindecim uirgines e
choro ludentium rapuit et e finibus Spartanorum excedens uolentes eas
uiolare socios quosdam uerbis quosdam etiam ferro cohercuit. Que cum
40 postea redempte a cognatis uiderent Aristomenem cedis reum, iudicum
genibus aduolute, defensorem pudicitie sue, absoluerunt.

Nicanor uictis Thebis unius captiue uirginis amore superatus est. Cuius
coniugium expetens et uoluntarios amplexus, quod scilicet captiua optare
debuerat, sensit pudicis mentibus plus uirginitatem esse quam regnum, et
45 interfectam propria manu flens amator tenuit.

Virginem aliam Thebanam ferunt, quam hostis Macedo corruperat,

dissimulato interim dolore, uiolatorem uirginitatis dormientem postea
iugulasse, seque interfecisse cum gaudio, ne uirginitati superuiueret.

Apud Gimnosophistas Indie constans opinio traditur, quod Buddam principem dogmatis eorum e latere suo uirgo generarit. Speusippus quoque
sororis Platonis filius et Clearchus et Anaxilides Perictionem matrem 5
Platonis fantasmate Apollinis oppressam ferunt, et sapientie principem
uirginis partu editum.

Teuta Illiriorum regina ut fortissimis diu uiris imperans Romanos sepe
uinceret, miraculo meruit castitatis.

Alcibiades uictus fugit ad Pharnabuzum, qui accepto pretio a Lysandro 10
Lacedemoniorum duce iussit eum interfici. Cumque suffocato caput
ablatum ei in fidem cedis misisset, reliqua pars corporis iacebat insepulta.
Sola defuncti concubina contra crudelissimi hostis imperium funeri iusta
persoluit.

Strato regulus Sinodis cum pro imminentibus hostibus uellet se confodere 15
et dubitaret, uxor, iamiamque intelligens capiendum, extorsit de manu
pugionem et eo perempto et composito se moriens superiecit.

Xenophon in Cyri maioris scribit infantia, occiso Abradate uiro, uxorem
Panthiam locasse se iuxta corpus lacerum et sanguinem suum mariti in-
fudisse uisceribus.   20

Duellius, qui primus Rome de nauali certamine triumphauit, Biliam
uirginem duxit uxorem. Is iam senex in quodam iurgio audiuit exprobrari
sibi os fetidum, et tristis se domum contulit. Cumque uxori questus esset,
quare se nunquam monuisset, ut huic uitio mederetur, 'Fecissem,' inquit illa, 'nisi putassem omnibus uiris sic os olere.'   25

Marcia Catonis filia minor cum moneretur denuo nubere, respondit non
se inuenire uirum qui se magis uellet quam sua. Eadem cum lugeret uirum
et matrone quererent quem diem luctus haberet ultimum, ait, 'Quem et
uite.'

Anniam cum propinquus moneret ut alteri uiro nuberet, 'Nequaquam,' in- 30
quit, 'hoc faciam. Si enim bonum uirum inuenero, nolo timere ne perdam.
Si malum, quid necesse est post bonum pessimum sustinere?'

Cicero rogatus ab Hirtio, ut post repudium Terentie, sororem eius
duceret, omnino facere supersedit, dicens non posse se et uxori et
philosophie pariter operam dare. Illa interim coniunx egregia nupsit Salustio 35
inimico eius, et postea Messale Coruino, et quasi per quosdam gradus eloquentie deuoluta est.

Socrates Xantippen et Miron neptem Aristidis duas habebat uxores. Que
cum crebro inter se iurgarentur, et ille eas irridere esset solitus, quod pro se
fetidissimo homine, simis naribus, recalua fronte, pilosis humeris, repandis 40
cruribus, disceptarent, nouissime uerterunt in eum impetum et male
multatum fugientemque diu persecute sunt. Cum uero aliquando infinita
conuicia Xantippe ex loco superiori ingerenti restitisset, aqua perfusus im-
munda, nichil amplius respondit, quam capite deterso, 'Sciebam,' inquit,
'futurum, ut ista tonitrua talis imber sequeretur.'   45

Rethor Gorgias librum pulcherrimum de pace Grecis inter se dissiden-
tibus recitauit Olympie. Cui Melanthius inimicus eius, 'Hic nobis,' inquit,

'de concordia precipit, qui se et uxorem et ancillulam tres in una domo con-
cordare non potuit.' Emulabatur quippe uxor ancille pulcritudinem, et
castissimum uirum cotidianis iurgiis exagitabat.

Legimus quemdam apud Romanos nobilem, cum eum amici arguerent,
quod uxorem formosam et castam et diuitem repudiasset, protendisse
pedem et dixisse eis, 'Et hic soccus quem cernitis uidetur uobis nouus et
elegans, sed nemo scit preter me ubi me premat.'

Ex libro secundo. Pitagorei, frequentiam declinantes, in solitudine
habitare consueuerunt. Platonici et Stoici in templorum porticibus habita-
10 bant, ut ammoniti angustioris habitaculi sanctitate, nichil aliud quam de
uirtutibus cogitarent. Sed et ipse Plato cum esset diues ut uacaret
philosophie elegit Academiam uillam ab urbe procul, non solum desertam,
sed et pestilentem, ut cura et assiduitate morborum libidinis impetus
frangerentur, nullamque aliam uoluptatem sentirent discipuli, nisi earum
15 quas discerent rerum. Crates Thebanus, proiecto in mare non paruo auri
pondere, 'Abite,' inquit, 'pessum male cupiditates. Ego uos mergam, ne a
uobis mergar.'

Persarum regis Cyri uitam Xenophon octo uoluminibus explicat, polenta
et pane et sale eos uictitare asserens.
20 Ceremon Stoicus narrat antiquos Egypti sacerdotes, omnibus mundi relictis, in templis semper fuisse, feminis nunquam mixtos, nullum unquam
cognatorum uidisse, postquam fuissent sacris initiati, carnibus et uino
abstinuisse, ouo quoque et lacte, pane raro et oleo, sed tunso tunc pariter
ysopo. Cubile eis erat scabellum accline de foliis palmarum contextum.
25 Bidui triduique inedia humores qui ex otio nascebantur siccabant.

Eubolus, qui Persarum historiam multis uoluminibus explicat, narrat
apud eos tria genera magorum, quorum primos doctissimos et eloquentissimos exceptis farina et olere nichil in cibo sumere.

Bardesanes uir Babilonius in duo dogmata gimnosophistas Indorum
30 diuidit, unum Bracmanas, alterum Samaneos, qui tante continentie sint ut
uel pomis arborum iuxta Gangen fluuium, uel farine alantur cibo, et cum ad
eos rex uenerit, adorare eos sit solitus, et pacem sue prouincie in illorum
precibus estimet.

Xenocrates philosophus de Triptolemi legibus apud Athenienses tria tan-
35 tum precepta in templo Eleusine residere scribit: honorandos patres,
uenerandos deos, carnibus non uescendum.

Antistenes cum gloriose docuisset rethoricam audissetque Socratem,
discipulis suis dixit, 'Abite et magistrum querite; ego enim iam repperi.'
Statimque uenditis que habebat et publice distributis, nichil sibi plus quam
40 palliolum reseruauit.

Huius sector Diogenes fuit, potentie Alexandri et nature humane uictor.
Nam cum discipulorum Antistenes nullum reciperet, et perseuerantem
Diogenem remouere non posset, nouissime claua nisi abiret minatus est.
Cui subiecisse ille caput dicitur et dixisse, 'Nullus tam durus baculus erit,
45 qui me a tuo possit separare obsequio.' Refert ergo Satirus, qui illustrium
uirorum scribit historias, quod Diogenes duplici pallio usus sit pro frigore,
pera pro cellario, claua pro corpusculi fragilitate, qua senex membra susten-

taret, in presentem horam poscens a quolibet cibum et accipiens. Habitauit
autem in uestibulis portarum et porticibus ciuitatum. Cumque se contor-
queret in dolio, uolubilem domum se habere iactabat. Frigore enim os dolii
uertebat in meridiem, estate ad septemtrionem, et ubi sol se inclinaret,
Diogenis simul pretorium uertebatur. Quodam uero tempore habens ad 5
potandum caucum ligneum, uidit puerum manu concaua bibere, et elisit ad
terram illud dicens, 'Nesciebam quod et natura poculum haberet. Virtutem
et continentiam eius mors etiam indicat. Nam cum ad agonem Olimpiacum
qui magna frequentia Grecie celebratur iam senex pergeret, febri in itinere
apprehensus accubuisse in crepidine uie dicitur, uolentibusque amicis aut 10
in iumentum aut in uehiculum eum tollere non adquieuit, sed ad arboris
umbram transiens, ait, 'Abite queso et spectatum pergite. Hec me nox aut
uictorem probabit aut uictum. Si febrem uicero, ad agonem ueniam. Si me
uicerit febris, ad inferna descendam.' Ibique per noctem eliso gutture non
tam mori se, quam morte febrem excludere, aiebat.   15

   Ex epistula ad Nepotianum. Preceptor quondam meus Gregorius
Nazanzenus rogatus ut exponeret quid sibi uideretur in Luca sabbatum
'deutero proton,' id est, 'secundo primum,' eleganter lusit, 'Docebo te,' in-
quiens, 'super hac re in ecclesia, in qua, michi omni populo acclamante,
cogeris inuitus scire quod nescis, aut certe si solus tacueris, solus ab om- 20
nibus stultitie condemnaberis.'

   Marcus Tullius, apud quem illud pulcherrimum est elogium:
'Demosthenes tibi, M. Tulli, preripuit, ne esses primus orator, ne solus,' in
oratione pro Q. Gallo quid de fauore uulgi et de inperitis contionatoribus loquatur attende: 'Vnus poeta nominatur homo perlitteratus, cuius sunt illa 25
communia poetarum et philosophorum, cum facit Euripidem et Menandrum inter se et alio loco Socratem et Epicurum disserentes, quorum etates
non annis sed seculis scimus esse disiunctas, et hii quanto plausu et clamore
mouebant multos, discipulos habentes in theatro qui litteras non
didicerant.'   30

   Nunquam uinum redoleas, ne audias illud philosophi: 'Hoc non est
osculum porrigere, sed propinare.' Pulcre dicitur apud Grecos, sed nescio
utrum eque apud nos resonet: 'Pinguis uenter non gignit tenuem sensum.'

   Ypocrates adiurat discipulos antequam doceat, et in uerbis suis iurare
compellit. Extorquet sacramento silentium; sermonem, incessum, man- 35
suetudinem, habitum describit.

   Ex epistula prima ad Paulinum. Ab Adriani temporibus usque ad imperium Constantini per •clxxx• annos in loco resurrectionis simulacrum
Iouis, et in crucis rupe statua Veneris ex marmore a gentilibus colebatur.

   Tertullianus creber est in sententiis, sed difficilis in loquendo. Cyprianus 40
instar fontis purissimi dulcis et placidus incedit, totus in exhortatione uirtutum occupatus. Hilarius Gallicano coturno attollitur, et cum Grecie
floribus adornetur, longis interdum periodis inuoluitur, et a lectione.
simplicium abest.

   Ex secunda ad eundem. Plato dum litteras quasi toto fugientes orbe perse- 45
quitur, captus a piratis et uenundatus, etiam tyranno crudelissimo paruit;
capituus uinctus et seruus fuit. Ad Titum Liuium lacteo eloquentie fonte

manantem uisendum, de ultimis Hispanie et Gallorum finibus, quosdam
uenisse nobiles legimus. Et quos ad contemplationem sui Roma non
traxerat, unius hominis fama perduxit. Apollonius, siue ille magus ut
uulgus loquitur, siue philosophus ut Pythagorei uolunt, intrauit Persas, per-
5 transiuit Caucasum, Albanos, Scithas, Massagetas, opulentissima Indie
regna penetrauit. Ad extremum latissimo amne Phison transmisso peruenit
ad Bracmanas, ut Hiarcam, in throno sedentem aureo, et de Tantali fonte
potantem, inter paucos discipulos de natura, de moribus, et dierum
siderumque cursu audiret docentem. Inde per Elamitas, Babilonios,
10 Chaldeos, Medos, Assyrios, Parthos, Syros, Phenices, Arabes, Palestinas
reuersurus Alexandriam, perrexit Ethiopiam, ut gimnosophistas et
famosissimam Solis mensam uideret in sabulo.
   Obuiis te manibus excipiam et, ut aliquid de dictis Hermagore effundam,
quicquid quesieris tecum scire conabor. Antiquum dictum est: 'Auaro tam
15 deest quod habet quam quod non habet.'
   Ex epistula ad Pammachium. Dudum Esichium uirum consularem, contra quem patriarcha Gamaliel grauissimas exercuit inimicitias, Theodosius
princeps capite dampnauit, quod sollicitato notario cartas eius inuasisset.
   Cicero transtulit duas orationes Eschinis et Demosthenis, in quarum pro-
20 logo dixit, 'Putaui michi laborem assumere utilem studiosis, michi quidem
non necessarium. Conuerti enim ex Atticis duorum eloquentissimorum
nobilissimas orationes Eschinis et Demosthenis, nec conuerti ut interpres,
sed ut orator, sententiis iisdem et earum formis tam figuris quam uerbis ad
consuetudinem aptis, in quibus non uerbum pro uerbo necesse habui red-
25 dere, sed genus omnium uerborum uimque seruaui. Non enim me ea an-
numerare lectori putaui oportere, sed tamquam appendere.' Et in fine:
'Quorum ego orationes si ut spero ita expressero, uirtutibus utens eorum
omnibus, id est, sententiis et earum figuris, et rerum ordinem et uerba
persequens, eatenus ut non abhorreant a more nostro, que si e Grecis omnia
30 conuersa non erunt, id tamen elaborauimus ut eiusdem generis essent.'
   Hilarius confessor qui omelias in Iob et in psalmos tractatus plurimos uertit e Greco, nec assedit littere dormitanti, nec putida rusticorum interpretatione se torsit, sed quasi captiuos sensus uictoris iure in suam linguam
transposuit.
35 Completur in me tritum uulgi sermone prouerbium: 'Oleum perdit et im-
pensas, qui boues mittit ad ceroma.' Vtinamque illud Socraticum habeam:
'Hoc scio quod nescio,' et alterius sapientis: 'Te ipsum intellige!'
   Ex epistula ad Occeanum solam Tullii excerpo sententiam. *Caput est artis docere quod facias.
40 Ex epistula ad Euangelum. Omne quod rarum est plus appetitur.
Pulegium apud Indos pipere pretiosius est.
   Ex epistula ad Lucinum Beticum. Iosephi libros et sanctorum Papie et
Policarpi uolumina, falsus ad te rumor attulit, a me esse translata, quia nec
otii nec uirium est tantas res in aliam linguam transferre.
45 Ex epistula prima Aduersus Vigilantium. Verum est illud apud Grecos
prouerbium: ὄνῳ λύρα, quia difficile est illi silentium imponere qui loqui
nescit, et tacere non potest.

Ex secunda in eundem. Constantinus imperator sanctorum reliquias, An-
dree, Luce, Timothei, transtulit Constantinopolim, et Archadius Augustus
Samuelis prophete ossa de Iudea transtulit Traciam.

Ex epistula ad Magnum. Paulus apostolus Epimenidis poete usus est uer-
siculo, scribens ad Titum: 'Cretenses semper mendaces, male bestie, uen- 5
tres pigri.' In alia quoque epistula Menandri ponit senarium: 'Corrumpunt
mores bonos confabulationes pessime.' Et apud Athenienses in Martis curia
disputans Aratum testem uocat: 'Ipsius enim et genus sumus,' et est
clausula uersus heroici Grece. Iulianus Augustus septem libros in expeditione Parthica aduersum Christum euomuit. Si contra hunc scribere temp- 10
tauero, puto, interdicis michi ne rabidum canem philosophorum et
historicorum doctrinis, id est Herculis claua, repercutiam. Quid Tertulliano
eruditius? Apologeticus eius et contra gentes libri seculi cunctam continent
disciplinam. Hilarius nostrorum temporum confessor et episcopus
duodecim Quintiliani libros et stilo imitatus et numero est, breuique libello 15
quem scripsit contra Dioscorum quid in libris possit ostendit.

Ex epistula ad Castricianum. Sanctus Antonius cum a beato Athanasio
episcopo Alexandrino rogatus Alexandriam uenisset, uenit ad eum Didimus,
oculis captus. Cuius cum ammiraretur ingenium, interrogauit eum an
doleret quod careret oculis. Cumque ille simpliciter dolorem fateretur, ait 20
Antonius, 'Miror prudentem uirum eius rei dolore dampno quam formice et
musce habent, et non gaudere illius possessione quam soli sancti et apostoli
meruerunt.'

Ex epistula ad Iulianum. Antiquus sermo est: 'Mendaces faciunt, ut nec
uera dicentibus credatur.'   25

Ex epistula ad Niceam. Turpilius comicus tractans de uicissitudine litterarum, 'Sola,' inquit, 'res est que absentes homines presentes facit.'

Ex epistula ad Rusticum. Grecus adolescens erat in Egypti cenobio, qui
nulla abstinentia, nullo flammam opere libidinis poterat extinguere. Hunc
periclitantem tali pater monasterii arte seruauit: imperat cuidam graui uiro 30
ut iurgiis adoriretur hominem, et primus ad querimoniam ueniret. Vocati
testes pro eo loquebantur qui fecerat iniuriam. Flere ille contra mendacium;
nullus alius credere. Solus pater monasterii defensionem callide adhibere,
ne abundantiori absorberetur tristitia. Ita ducto anno interrogatus
adolescens si adhuc molestia cogitationum ageretur, respondit: 'Pape,' in- 35
quit, 'uiuere michi non licet et fornicari liberet.'

Ex epistula ad Paulum. Doctissimi Grecorum de quibus pro Flacco agens
Tullius luculenter ait, 'Ingenita leuitas, et erudita uanitas' regum suorum
laudes uel principum accepta mercede dicebant. Ptolomeus et si maria
clusit, rex tamen Attalus e Pergamo membranas misit, ut penuria carte 40
pellibus pensaretur. Vnde et pergamenarum nomen hodieque seruatur.

Ex epistula ad Mineruium. Non minimo michi apud alios labore, apud uos
non ita opus est, quod philosophum quemdam in suadendo rustico esse
perpessum ferunt: uix dum, inquit, dimidium dixerat et iam intelligebat.

Ex epistula ad Pammachium. Hoc Tullius tuus et ante illum in solo et 45
breui uolumine scripsit Antonius primam causam esse uictorie, diligenter
causam pro qua dicturus es discere.

In epistula ad Domnionem nota, qui dixerit se commentarios Alexandri
de dialectica in Latinum uertisse, et per Victorinum in logicam introduc-
tum.

Ex libro ad Eustochium. Cum ante annos plurimos parentibus relictis
5 Ierosolimam pergerem, bibliotheca mea carere non poteram. Itaque miser
lecturus Tullium ieiunabam, et Plato sumebatur in manibus. Si quando prophetas legerem horrebat sermo incultus. Tum in media ferme quadragesima
febris infusa medullis corpus exhausit et parabantur exequie, cum interim
raptus in spiritu ad tribunal iudicis pertrahor. Interrogatus condicionem
10 Christianum me esse respondi. 'Mentiris,' ait, 'Ciceronianus es non Christianus.' Inter uerbera ergo, nam cedi me iusserat, clamabam, 'Miserere mei,
domine.' Tandem ad genua presidentis prouoluti astantes, ueniam rogabant.
Ego, in tanto constrictus articulo, deierare cepi et dicere, 'Domine, si unquam habuero codices seculares, si legero, te negaui.' In hec uerba dimissus
15 mirantibus cunctis oculos aperui, lacrimis plenos, et habens scapulas
liuoribus plenas, ut etiam incredulis fidem facerem ex dolore.

Nunc quia ad epistulas ad Demetriadem uirginem scriptas uenimus,
moneo te, amice, ne putes illam que ita incipit: 'Si summo ingenio' Ieronimi
esse licet; in omnibus exemplaribus hunc titulum habeat. Et sanctus
20 Aldelmus in libro De uirginitate idem astruat. Quod uero Iuliani Pelagiani
sit, Beda in primo libro Super cantica canticorum ostendit, insanos sensus
eius arguens. Sed et beatus Augustinus in epistula ad Iulianam eiusdem
Demetriadis matrem uerba Iuliani in hac epistula multum detestatur. Ea
sunt huiusmodi: 'In hiis es laudanda bonis, que nisi in te et ex te esse non
25 possunt.' 'Quid ait?' inquit Augustinus. 'Non sunt nisi in te, cibus est. Quod
uero ait, non nisi ex te, uirus est.' Hac ergo reiecta, altera secure legatur, que
ita incipit: 'Inter omnes materias.' Ex hac: Vocis mee pro uirili parte non
deerit testimonium in eius uirtutibus explicandis, cuius ut incliti oratoris
utar sententia: 'Magis spes laudanda quam res est.'
30 Philosophorum sententia est: 'Moderatas esse uirtutes, excedentes
modum inter uitia reputari.' Vnde et unus de septem sapientibus: 'Ne quid,'
ait, 'nimis.' Quod adeo celebre factum est, ut comico exprimeretur uersu.

Vltroneas aiunt putere merces, et pretia facilitate decrescere.

Ex epistula ad Aletam. Ante paucos annos propinquus uester Gracchus
35 nobilitatem nomine sonans, cum prefecturam regeret urbanam, specum
Mitre et omnia portentuosa simulacra subuertit, fregit, excussit, et hiis
quasi obsidibus ante premissis baptismum impetrauit. Eloquentie Graccorum multum ab infantia sermo matris scribitur contulisse. Ortensii oratio
in paterno sinu coaluit. Narrat historia Grecorum Alexandrum poten-
40 tissimum regem, orbisque dominatorem, et in moribus et in incessu
Leonidis pedagogi sui non potuisse carere uitiis, quibus paruulus infectus
fuerat.

Legi quondam in scolis: 'Egre reprehendas, quod sinas consuescere.'

Pretextata nobilissima femina iubente uiro Himetio, qui patruus
45 Eustochie uirginis fuit, habitum eius et cultum mutauit, et neglectam comam texuit. Eadem nocte uidit in somnis angelum, dicentem sibi terribili
facie et uoce, 'Tu ausa es imperium uiri preferre Christo. In sacrilegis

manibus caput uirginis attrectasti, que iam nunc arescent, et finito quinto
mense ad inferna duceris. Si autem perseueraueris in scelere, marito simul
et filiis orbaberis.' Omnia per ordinem expleta sunt et uelox misere fuit interitus.

Virgilius cum legeret Ennium et interrogatus esset quid ageret, respondit, 5
'Aurum in stercore quero.'

Ex epistula ad Agerruchiam. Ante annos plurimos cum in cartis ecclesiasticis iuuarem Damasum Romane urbis episcopum et orientis et oc-
cidentis synodicis consultationibus responderem, uidi inter se duo paria,
uilissimorum e plebe hominum comparata, unum qui uiginti sepelisset ux- 10
ores, alteram que •xxii• habuisset maritos, extremo sibi ut ipsi putabant
matrimonio copulatos. Summa omnium expectatio uirorum pariter et
feminarum, quis quem primum efferret. Vicit maritus et totius urbis populo
preeunte coronatus et palmam tenens, multinube feretrum precedebat.

Ex epistula ad Cromatium. Accessit ei patelle, iuxta tritum sermone uulgi 15
prouerbium, dignum operculum Lupicinus sacerdos, secundum illud de quo
semel in uita Crassum ait risisse Lucilius: 'Asino carduos comedente,
similes habent labra lactucas.'

Ex epistula ad Algasiam. Habent prepositos synagoge quosque sapien-
tissimos, fedo delegatos operi, ut sanguinem uirginis seu menstruate mun- 20
dum uel immundum si oculis discernere non potuerint, gustu probent.

Ex epistula ad Marcellam. Ambrosius, quo cartas et sumptus ministrante
tot libros explicauit Origenes, refert, in quadam epistula quam de Athenis
scripsit eidem, nunquam se cibum presente Origene sine lectione sumpsisse, nunquam inisse somnum nisi unus ex fratribus sacris litteris in- 25
tonaret; hoc diebus egisse et noctibus, ut oratio lectionem, lectio orationem
exciperet.

Nobis utrumque deest, quia et quod pueri plausibile habebamus
amisimus, nec conscientiam consecuti sumus quam uolebamus iuxta Esopianam fabulam: dum magna sectamur minima perdentes.   30

Hilarium uirum suis temporibus disertissimum reprehendere non audeo,
qui et confessionis sue merito et uite industria et eloquentie claritate,
ubicumque Romanum nomen est, predicatur, nisi quod non eius culpe
ascribendum est, qui Hebrei sermonis ignarus fuit, Grecarum quoque litterarum quandam auram ceperat, sed Eliodori presbiteri quo ille familiariter 35
usus est, qui cum in psalmo •cxxvi• expositionem Origenis non inueniret,
opinionem magis suam insinuare, quam ignorantiam uoluit confiteri.

Ex epistula ad Eliodorum. Vbi illud ab infantia studium litterarum et
Anaxagore semper laudata sententia: 'Sciebam me genuisse mortalem.'
Legimus Crantorem cuius uolumen ad confouendum dolorem suum secutus 40
est Cicero. Pretermitto Maximos, Catones, et ceteros quos in orbitatis con-
solationem in uno libro applicuit Cicero. Rex ille potentissimos Xerses qui
subuertit montes, maria construit, cum ex sullimi loco infinitam
hominum multitudinem uidisset, flesse dicitur quod post centum annos
nullus eorum quos tunc cernebat superfuturus esset.   45

Presentia exempla sectare: sancta Melania nostri temporis inter Christianos uera nobilitas, calente adhuc mariti corpusculo et necdum humato,

duos filios simul perdidit. Rem dicturus sum incredibilem, sed Christo teste
non falsam. Lacrime gutta non fluxit; stetit inmobilis et ad pedes Christi
aduoluta, quasi Christum teneret, arrisit, 'Expeditius tibi seruitura sum,
domine, quia tanto me onere liberasti.'
5 Sancta Fabiola tota Roma spectante, ante diem Pasche in basilica quadam
Laterani, qui Cesariano truncatus est gladio, stetit in ordine penitentium,
episcopis et presbiteris, et toto populo allacrimante.
   Sancta Principia, cum eam Cerealis, cuius clarum inter consules nomen
erat, propter speciem et nobilitatem ambitiosius peteret, suisque longeuus
10 diuitiis heredem polliceretur, Albina etiam matre uolente, illa respondit, 'Si
uellem nubere et non me pudicitie tradere, utique maritum quererem non
hereditatem.' Illoque mandante posse et senes diu uiuere, et iuuenes cito
mori, eleganter lusit: 'Iuuenis quidem potest cito mori, sed senex diu uiuere
non potest.' Qua sententia effecit ne ceteri eius nuptias sperarent. *Cumque
15 me Romam cum sanctis pontificibus Epiphanio et Paulino traxisset ec-
clesiastica necessitas et uerecunde nobilium feminarum oculos declinarem,
egit importune ut me uideret. Ita ergo didicit, ut si aliquo testimonio scripturarum esset oborta contentio, ad illam iudicem pergeretur. Et quia ualde
prudens erat et nouerat illud philosophicum: τὸ πρέπον, id est, docere quod
20 facias, sic ad interrogata respondebat, ut non suas sed sanctorum patrum
sententias diceret.
   Ex epistula ad Pammachium. Egregie de Cesare Tullius: 'Cum quosdam
ornare uoluit non ipsos honestauit, sed ornamenta ipsa turbauit.'
   Scitum est illud Catonis: 'Fac cito sis ac bene.'
25 'Felices essent,' inquit Fabius, 'artes, si de illis soli artifices iudicarent.'
   Platonis sententia est omnem uitam sapientium meditationem esse mortis.
   Ex Augustino. Ad Augustinum omnis scientie fontem uenimus, et ideo
iocundas eius relationes de aliquibus libris eius in usus nostros deriuemus.
30 Ex libro Contra mendacium. Episcopus quondam Tagastensis ecclesie Fir-
mus nomine, firmior uoluntate, cum ab eo quereretur homo iussu imperatoris per apparitores ab eo missos, quem ad se uenientem diligentia
quanta poterat occultauerat, respondit querentibus, nec mentiri se posse nec
hominem prodere, passusque multa tormenta corporis, nondum enim erant
35 imperatores Christiani, permansit in sententia. Deinde ad imperatorem
ductus usque adeo mirabilis apparuit, ut ipse quem seruabat homini sine
ulla difficultate indulgentiam impetraret.
   Ex libro De sermone domini in monte. Accendinus temporibus Constantini Antiochie prefectus qui etiam consul fuit, cum quemdam libre auri
40 debitorem fisci exigeret, nescio unde commotus, quod plerumque in hiis
potestatibus perniciosum est, quibus quodlibet licet, uel potius putatur
licere, comminatus est iurans et uehementer affirmans quod si certo die
quem constituerat memoratum aurum non exsolueret, occideretur. Itaque
cum ille teneretur inmani custodia, nec se posset debito illo expedire, dies
45 metuendus imminere et propinquare cepit. Habebat autem uxorem pulcher-
rimam, sed egentem pecunie qua posset subuenire uiro. Cuius pulcritudine
quidam diues accensus, cum cognouisset maritum periclitari, misit ad eam,

pollicens pro una nocte libram auri. Tum illa, que sciret se sui potestatem
non habere corporis sed uirum, pertulit ad eum, dicens se paratam id pro
marito facere, si tamen id ipse tamquam de re sua permitteret fieri. Egit ille
gratias et imperauit fieri, nullo modo iudicans adulterium, quod magna sui
caritas se iubente etiam flagitaret. Venit mulier in uillam illius diuitis; fecit   5
quod uoluit impudicus. Accepit aurum, sed ille quod dederat fraude subtrax-
it, et supposuit simile ligamentum cum terra. Quod ubi mulier iam domi
posita inuenit, prosiliuit in publicum eadem mariti caritate clamatura quod
fecerat, qua facere coacta est. Interpellat prefectum, fatetur omnia, quam
fraudem passa esset ostendit. Tum uero prefectus primo se reum quod minis 10
suis ad id uentum fuisset dicens, pronuntiat, tamquam in alium sententiam
diceret, de Accendini bonis libram fisco inferendam; illam uero mulierem
dominam in eam terram, unde pro auro terram acceperat, inducendam.

Ex libro Confessionum tertio. Cum mater mea rogasset quemdam
episcopum ut dignaretur mecum colloqui quia me Manichei seduxissent, 15
noluit prudenter sane, quia iam multos inperitos exagitassem. 'Sed sine,' inquit, 'et roga pro eo dominum. Ipse legendo reperiet, quantus sit error.' Cum
illa instaret flendo, iam ille tedio substomachans, 'Vade,' ait, 'a me; ita
uiuas, fieri non potest ut filius istarum lacrimarum pereat.' Quod illa ita accepit, ac si de celo sonuisset.   20

Ex quarto. Recolo etiam, cum michi theatrici carminis certamen inire
placuisset, mandasse michi nescio quem aruspicem, quid ei dare uellem
mercedis ut uincerem, me autem feda illa sacramenta detestatum respondisse, nec si corona illa esset immortaliter aurea, muscam pro uictoria mea
necari sinere.   25

Ex eodem. Cum in manus meas uenissent quedam Aristotelica, quas appellant decem cathegorias, annos natus ferme uiginti, legi ea solus et intellexi. Quicquid traditur de arte loquendi et disserendi, quicquid de dimen-
sionibus figurarum et de musicis et numeris, sine magna difficultate nullo
hominum tradente intellexi.   30

Ex sexto. Veni Mediolanum ad Ambrosium episcopum. *Is seruiebat
infirmitatibus negotiorum hominum, cum quibus quando non erat quod
perexiguum temporis erat, aut corpus reficiebat necessariis sustentaculis,
aut lectione animum. Sed cum legebat oculi ducebantur per paginas et cor
intellectum rimabatur; uox autem et lingua quiescebant. Sepe cum 35
adessemus, non enim uetabatur quisquam ingredi, aut ei uenientem nun-
tiari mos erat, sic eum legentem uidimus tacite et aliter nunquam sedentes-
que in diuturno silentio—quis enim tam intento esse oneri
auderet?—discedebamus et coniectabamus eum paruo ipso tempore quod
reparande menti sue nanciscebatur, feriatum ab strepitu causarum 40
alienarum, nolle in aliud auocari et cauere fortasse, ne auditore suspenso et
intento, si qua obscurius posuisset ille quem legeret etiam exponere esset
necesse, aut de aliquibus difficilioribus dissertare questionibus, atque huic
operi temporibus impensis minus quam uellet uoluminum euolueret,
quamquam et causa seruande uocis, que illi facillime obtundebatur, poterat 45
esse iustior causa tacite legendi.

Quadam die cum pararem laudes imperatori, easque curas cor meum

anhelaret, transiens per uicum quendam animaduerti pauperem mendicum,
iam credo saturum, iocantem, et letantem. Et ingemui et locutus sum cum
amicis meis quantis conatibus ad securam letitiam peruenire uellemus, quo
nos mendicus ille iam precesserat nunquam fortasse uenturos. Quod enim
5 ille pauculis et emendicatis nummis adeptus erat, ad hoc ego tam erumnosis
anfractibus ambiebam. Non enim uerum gaudium habebat, sed nec ego
uerum appetebam. Et certe ille letus erat, ego anxius. Et si quis interrogaret
me an uellem metuere aut exultare, responderem, 'Exultare.' Rursum si interrogaret, utrum me talem uellem esse, qualis ipse tunc erat, uel qualis
10 ego, me ipsum curis timoribusque confectum eligerem.

   Sanitatem Alipii, qui rapiebatur per nugatoria spectacula, operatus es per
me, domine, sed nescientem. Nam quodam die dum coram me discipuli
adessent, uenit, sedit, in ea que agebantur animum intendit. Lectio in
manibus erat, quam dum exponerem oportune michi uisa est adhibenda
15 similitudo circensium cum irrisione mordaci eorum quos illa captiuasset in-
sania. Quod tunc de Alipio inde sanando nichil cogitarim, scis, deus noster.
At ille in se rapuit, et quod alius acciperet ad succensendum michi accepit
honestus adolescens ad succensendum sibi, et me ardentius diligendum. In-
nexueras enim iam olim litteris tuis: 'Corripe sapientem et amabit te.'
20   Erat eodem tempore potentissimus senator cuius et beneficiis obstricti
multi et terrori subditi erant. Voluit sibi licere nescio quid, quod non liceret
per leges. Restitit Alipus. Promissum premium irrisit, pretentas minas
calcauit. Omnes mirari inusitatam animam que tam potentem hominem
uel non timeret iratum, uel non optaret amicum.
25   Ex octauo. Narrauit Simplicianus, quomodo Victorinus doctissimus
senex, doctor tot nobilium senatorum, qui ob insigne magisterii statuam
Romano foro meruerat, non erubuerit esse infans Christi. Legebat Chris-
tianas litteras studiosissime et dicebat Simpliciano, 'Non palam sed secreto
noueris me Christianum iam esse.' Respondebat ille, 'Non credam, nec
30 deputabo te inter Christianos nisi in ecclesia Christi uidero.' Ille autem irridebat dicens. 'Parietes ergo faciunt Christianos?' Sed posteaquam legit
dominicum dictum: 'Qui me erubuerit et meos sermones, hunc filius
hominis erubescet cum uenerit in maiestate sua et patris et sanctorum
angelorum,' subito et inopinatus ait Simpliciano, 'Eamus in ecclesiam;
35 Christianus uolo esse.' At ille non se capiens letitia, perrexit cum eo. Sed
ubi uentum est ad horam profitendi fidei, que Rome certis uerbis in conspectu populi solet reddi, obtulerunt presbiteri Victorino ut secreto redderet,
sicut solebat hiis fieri, qui uerecundia trepidaturi uiderentur. Ipse autem
salutem suam maluit in auditu multitudinis confiteri, qui publice
40 rethoricam professus fuerat in qua salus non erat. Pronuntiauit ergo fidem
ueracem preclara fiducia et uolebant eum omnes rapere intra cor suum, et
rapiebant amando et gaudendo. Cum autem Iuliani imperatoris temporibus
prohibiti essent Christiani docere litteraturam et oratoriam, ille amplexus
legem loquacem scolam deserere maluit quam uerbum Christi.
45   Ponticianus narrauit se et alios tres contubernales suos uenisse in
quosdam ortos, unumque secum seorsum, et alios duos isse itidem seorsum; illos irruisse in quandam casam ubi quidam serui dei habitabant, et in-

uenisse ibi codicem in quo erat uita Antonii. Vnus ergo eorum cepit legere et
inter legendum meditari eam uitam arripere qua deo placuisset Antonius.
Tum subito coniecit oculos in amicum, et ait, 'Dic queso te omnibus istis
laboribus nostris quo ambimus peruenire? Maiorne esse poterit spes nostra
quam ut placeamus imperatori? Et quando istud erit? Et ibi quid non fragile 5
plenumque periculis? Et per quot pericula peruenitur ad primum periculum?
Amicus autem dei, si uolo, ecce nunc fio.' Et paulo post: 'Ego iam abrupi me
ab illa spe nostra, et deo hic seruire statui. Te si piget imitari, noli
aduersari.' Respondit ille adherere se socium tante mercedis. Interea Pontianus et qui cum eo erat uenientes ammonuerunt ut redirent. Qui cum nar- 10
rassent placitum suum remanserunt in casa. Alteri autem flentes commen-
dauerunt se orationibus eorum. Amborum ergo sponse hiis auditis etiam
ipse uouerunt deo castitatem.

Discessit Ponticianus, et inuado Alipium, exclamo, 'Quid audisti?
Surgunt indocti et celum rapiunt, et nos cum doctrinis nostris uolutamur in 15
carne et sanguine.' Dixi nescio que talia. At Alipius affixus lateri meo, in-
usitati motus mei exitum operiebatur. Ego sub quadam fici arbore straui me
et dimisi habenas lacrimis et proruperunt flumina oculorum meorum. Iac-
tabam uoces miserabiles: 'Quamdiu, quamdiu?', 'Cras et cras,' 'Quare non
modo?', 'Quare non hac hora finis turpitudinis mee?' Dicebam hec et flebam 20
et ecce audio uocem clamantis, et crebro repetentis, 'Tolle lege, tolle lege.'
Statimque impetu lacrimarum represso surrexi, nichil aliud interpretans
iuberi michi diuinitus, nisi ut aperirem codicem et legerem capitulum, quod
primum occurreret. Aperui ergo codicem apostoli, et inueni scriptum: 'Non
in commessationibus et ebrietatibus non in cubilibus et inpudicitiis non in 25
contentione et emulatione et carnis concupiscentiis ne feceritis.' Nec uolui
ultra legere, nec opus erat. Statim quippe cum fine huiusce sententie quasi
cum luce securitatis infusa cordi meo, omnes dubitationum tenebre
diffugerunt.

Ex nono. Dolore dentium excruciabar, et cum in tantum ingrauesceret ut 30
non ualerem loqui, ascendit in cor meum ammonere omnes meos qui
aderant, ut deprecarentur pro me deum. Et scripsi hoc in cera et dedi ut eis
legeretur. Mox ut genua fiximus, fugit dolor ille. Sed quis dolor aut
quomodo fugit? Expaui fateor domine deus meus.

Adiunximus etiam nobis puerum Adeodatum, ex me natum. Annorum 35
erat ferme quindecim et ingenio preueniebat multos graues uiros. Horrori
michi illud ingenium erat. Cito de terra ablata est uita eius et securus eum
recordor non timens quicquam pueritie eius, nec adolescentie nec omnino
homini illi.

Ex duodecimo. Ioculariter elusit ille questionem, qui cum interrogaretur 40
quid faceret deus ante mundi conditionem ait, 'Magna querentibus tormenta
parabat.'

Ex libro ad Ianuarium. Cum essem apud Mediolanum, mater, me consecuta, inuenit ecclesiam sabbato non ieiunantem. Fluctabat ergo quid
ageret. Tum ego talia non curabam, sed propter illam consului beatissime 45
memorie Ambrosium episcopum. Respondit se nichil docere posse, nisi
quod ipse faceret, quia si melius aliquid sciret, profecto faceret. Cumque ego

putassem nulla reddita ratione auctoritate sua nos uoluisse eum constrin-
gere, subsecutus est et ait, 'Cum Romam uenio, sabbato ieiuno. Cum hic
sum non ieiuno. Etiam cum tu forte ad aliquam ecclesiam ueneris eius
morem serua, si non uis cuiquam esse scandalum nec quemquam tibi.' Hanc
5 sententiam ita semper habui, tamquam eam celesti oraculo acceperim.

   Ex libro Contra Iulianum. Soranus auctor medicine nobilissimus refert
Dionisium tryannum, eo quod ipse deformis esset. Nec tales filios habere
uellet, uxori sue in concubitu formosam solitum proponere picturam, cuius
pulcritudinem concupiscendo quodam modo raperet, et in prolem quam
10 concupiebat afficiendo transfunderet. Audiebamus a maioribus nostris, qui
se id nosse ac uidisse dicebant, Fundanium Carthaginis rethorem, cum ipse
accidenti uitio luscus esset, luscum filium genuisse.

   Ex libro De trinitate. Cuiusdam mimi facetissima predicatur urbanitas,
qui cum se repromisisset in theatro quid in animo haberent et quid uellent
15 omnes aliis ludis esse dicturum et ad diem constitutum ingenti expectatione maior multitudo conflueret, suspensis et silentibus omnibus dixit,
'Vili uultis emere, caro uendere.' Quo dicto scenici omnes conscientias inuenerunt suas, eique uera et tamen improuisa dicenti admirabili fauore
plauserunt.
20   De quattuor uirtutibus magnus auctor eloquentie Tullius in Hortensio
disputans, 'Si nobis,' inquit, 'cum ex hac uita migrassemus, in beatorum insulis immortale euum degere liceret, quid opus esset eloquentia, cum
iudicia nulla fierent? Aut ipsis etiam uirtutibus? Nec enim fortitudine
egeremus, nullo aut labore aut periculo; nec iustitia, cum esset nichil quod
25 appeteretur alieni; nec temperantia, que regeret eas que nulle essent
libidines; nec prudentia quidem, nullo dilectu proposito bonorum et
malorum. Vna igitur essemus cognitione nature beati, que sola deorum est
uita laudanda. Ex quo intelligi potest ceteras necessitatis esse, hoc uoluntatis.
30   Ex Enchiridion. Nonnullis errare profuit aliquando, in uia pedum, non in
uia morum. Nam nobis ipsis accidit ut in quodam biuio falleremur et non
iremus per eum locum, ubi operiens nos Donatistarum manus armata
obsederat. Atque ita factum est, ut eo quo tendebamus per deuium circuitum perueniremus, cognitisque insidiis eorum gratularemur nos errasse.
35   Ex epistula ad Marcellinum. Ille magnus nostrorum temporum Vindi-
cianus medicus consultus a quodam dolori eius adhiberi iussit, quod in tempore congruere uidebatur; adhibitum sanitas consecuta est. Deinde post aliquot annos eadem rursus corporis causa commota, hoc idem ille putauit
adhibendum; uertit in peius. Recurrit miratus ad medicum; indicat factum.
40 At ille ut erat acerrimus ita respondit, 'Ideo male acceptus es, quia non ego
iussi.' Vt omnes qui audissent parumque hominem nossent, non eum arte
medicinali fidere, sed nescio qua illicita potentia putarent. Vnde cum postea
interrogatus esset, aperuit quod non intellexerant, uidelicet illi iam etati
non se id fuisse iussurum.
45   Ex libro De cura pro mortuis agenda. Cum Mediolani essemus audiuimus
quod cum debitum repeteretur a quodam, defuncti patris cautione prolata,
quod filio nesciente iam fuerat a patre persolutum, contristari grauissime

cepit, quod ei moriens non dixerit pater quid deberet. Tunc ei apparuit pater
in somnis et ubi esset recautum quo illa cautio uacuata fuerat indicauit.
Quo inuento iuuenis et ostenso, et falsam calumniam propulsauit et patris
cirographum recepit, quod pater non receperat quando debitum reddiderat.

Eulogus Carthaginis rethor, qui meus in ea arte discipulus fuit, cum 5
rethoricos Ciceronis libros discipulis suis traderet, recensens lectionem,
quam post diem fuerat traditurus, quemdam locum offendit obscurum. Quo
non intellecto, uix potuit dormire sollicitus. Qua nocte somnianti ego illi
quod non intelligebat exposui; immo non ego sed ymago mea, nesciente me
et trans mare Mediolani constituto.   10

Homo quidam curialis Curina nomine cum egrotaret ablatis sensibus
iacuit aliquot diebus; tenuissimus flatus admota manu naribus sentiebatur
tantum. Videbat tamen multa in somnis non solum defunctos homines sed
et uiuos me et clericos meos, a quibus se baptizari uidebat. Perducto demum
in paradisum dictum est: 'Vade et baptizare, si uis esse in isto loco 15
beatorum, et baptizare ab Augustino episcopo.' Cumque sibi loquenti factum iam esse quod iubebat respondisset, dixit ille, 'Vade uere baptizare,
quia ista in uisione uidisti.' Postea conualuit, statimque ut oculos aperuit,
'Vadat,' inquit, 'aliquis ad domum Curine fabri ferrarii et uideat quid agatur.'
Itum est, et inuentus est mortuus quem is nominauerat. Tunc ipse narrauit 20
se audisse cum dimitteretur, non Curinam curialem, sed Curinam fabrum
ferrarium iussum fuisse duci in loca mortuorum. Conualuit· ergo et non
multo post a me apud Hipponem baptizatus est.

Ex libro Super Genesim duodecimo. Comperimus in domo constitutum
patientem spiritum immundum dicere solere quando ad eum uenire soleret, 25
et quando propinquaret, et quando ingrederetur et fundum, et domum, et
cubiculum, donec in eius conspectu astaret. Erat autem iste febriens et
reuera freneticus; nullum cibum sumebat, nisi cum presbiter ad eum
uenisset, ei soli subditus, nec a presbitero adiuratum recessit demonium,
nisi cum ille more quo solent frenetici curari sanatus est, nec quicquam 30
postea tale passus est. Noui et alium uere freneticum, qui mortem cuiusdam
predixit femine, non animo diuinandi, sed tamquam preteritum recolens.
Nam cum apud eum eius commemoratio fieret, 'Mortua est,' inquit. 'Ego
eam hac uidi portari,' cum tunc illa esset incolumis. Nec post multos dies
defuncta est, et per eum locum elata quem ille predixerat.   35

Noui et puerum qui, cum initio adolescentie preputium eius nimie pro-
penderet et ideo humores exsudare non possent, nimios in inguine
patiebatur dolores, iactatione membrorum mente sanissima. Paulatim uero
abripiebatur a sensibus, patentibus oculis neminem uidens, nec ullam
uellicationem sentiens, uidebatque quasdam uisiones, duos scilicet, unum 40
prouectioris etatis, alterum puerum, ostendentes sibi chorum piorum letan-
tium et psallentium in luce mirabili et impiorum in tenebris atrocissimas
penas. Quadam etiam uice in ingressu Quadragesime ipsos sibi dicentes
uidit, quod nullum dolorem sensurus esset tota Quadragesima, quod et factum est. Ipso autem die Pasche iterum dolens, accepit ab eisdem consilium, 45
ut ei longitudo preputii precideretur, quo facto, diu non doluit. Cum autem
iterum doluisset, accepit ab eis consilium ut in mare pube tenus lauaretur,

promittentibus quod iam deinceps dolorem uehementem non esset passurus
nisi solam uiscosi humoris molestiam. Secutum est, nec unquam postea
auersus est a sensibus. Postea tamen medicis cetera curantibus, non permansit in proposito sanctitatis.

5 Ex Augustino De ciuitate dei ea potissimum excerpi placuit, que de libris
nobis ignotis commemorauit: Tullio De re publica, Seneca De superstitionibus, Salustio historiarum. Hoc ideo, ut in isto uolumine, quod uolo
esse quasi compilatorium memorabilium, eos habeas defloratos, quos non
habes totos, ceterum miracula uel phisica uel diuina penitus omittimus,
10 quia extra propositum sunt. Duo tantum ponentur, quia uerborum facetia
ipsa comitatur miracula.

Ex libro primo. Egregius Romani nominis Marcellus qui fleuit a se
subuertendam Siracusas urbem florentissimam priusquam oppidum
iussisset inuadi, precepit edicto ne quis corpus liberum uiolaret.

15 Fabium Tharentine urbis euersorem cum scriba interrogaret quid de signis
deorum que multa capta fuerant fieri iuberet, continentiam suam iocando
condiuit. Quesiuit enim cuius modi essent, et cum non solum grandia, sed
etiam renuntiarentur armata, 'Relinquamus,' inquit, 'Tarentinis deos
iratos.'

20 Sepulture curam etiam philosophi contempserunt. Et sepe uniuersi exercitus dum pro terrena patria morerentur ubi postea iacerent, uel quibus
bestiis esca fierent, non cogitarunt, licuitque de hoc poetis plausibiliter
dicere, 'Celo tegitur qui non habet urnam.'

Credunt pagani in suis litteris Metimneum nobilissimum citharistam,
25 cum esset deiectus e naui, exceptum delphini dorso, et ad terram peruectum.

Theobrotus, lecto Platonis libro in quo de immortalitate anime
disputauit, e muro se precipitauit, et ita ex hac uita migrauit ad eam quam
putauit meliorem.

30 Ex libro secundo. Cicero in libro De re publica dixit, 'Nunquam comedie
nisi consuetudo uite pateretur probare theatris flagitia sua potuissent. Et
Greci quidem antiquiores uitiose sue opinionis quandam conuiuentiam
seruauerunt, apud quos fuit etiam lege concessum, ut quod uellet comedia
nominatim de quo uellet diceret. Itaque quem illa non attigit, uel potius
35 quem non uexauit, cui pepercit? Esto populares homines, improbos, in re
publica seditiosas, Cleonem, Cleofontem, Hiperbolum lesit. Patiamur etsi
huius modi ciues melius est a censore quam a poeta notari. Sed Periclem,
iam cum sue ciuitati summa auctoritate plurimos annos domi et bello
prefuisset uiolari uersibus, et eos agi in scena non plus decuit, quam si
40 Plautus noster et Neuius uoluissent Publico et Gneo Scipionibus aut
Cecilius M. Catoni maledicere. Nostre contra duodecim tabule cum per-
paucas res capite sanxissent, in hiis hanc quoque sanciendam putauerunt, si
quis occentauisset uel carmen fecisset, quod infamiam faceret flagitiumue
alii. Preclare. Iudiciis enim magistratuum disceptationibus legitimis pro-
45 positam uitam non poetarum ingeniis habere debemus, nec probrum audire,
nisi ea lege ut respondere liceat et iudicio defendere.

Inducit Cicero loquentem in hiis libris Scipionem, qui Carthaginem euer-

tit, qui cum in fine secundi libri dixisset, 'Vt in fidiis et tibiis et cantu ipso et
uocibus concentus est quidam tenendus ex distinctis sonis quem im-
mutatum aut discrepantem aures erudite ferre non possunt, isque concentus
ex dissimillimarum uocum moderatione concors efficitur et congruus, sic ex
summis et mediis et infimis interiectis ordinibus ut sonis, moderatam ra- 5
tione ciuitatem concinere et que armonia a musicis dicitur in cantu, eam
arctissimam esse in ciuitate concordiam, arctissimum atque optimum in
omni re publica uinculum incolumitatis, eamque sine iustitia esse nullo
modo posse,' ac deinde cum disseruisset quantum prodesset iustitia ciuitati
quantumque obesset si abfuisset, Philus unus eorum qui disputationi 10
aderant rogauit ut hec diligentius questio tractaretur, quia uulgo ferebatur
rem publicam regi sine iniuria non posse. Cui cum Scipio esset assensus,
dilata in posterum questio diem magna conflictione in libro tertio acta est.
Suscepit enim Philus eorum disputationem qui asserebant rem publicam
sine iniustitia regi non posse, purgans sedulo ne hec ipse sentire putaretur. 15
Ei Lelius respondens probauit non omnino sine magna iustitia posse regi res
publicas. Hac questione finita, Scipio rediit ad diffinitionem quam ante dixerat, rem publicam esse rem populi, iuris consensu et utilitatis commu-
nione sociati, que tunc uere est res populi cum iuste regitur, siue ab uno
rege, siue a paucis optimatibus, siue a toto populo; cum uero rex est tyran- 20
nus et principes factiosi et populus seditiosus, non iam uitiosam, sed
nullam omnino esse rem publicam, sicut etiam ipse Tullius probauit, non
Scipionis sed suo sermone loquens in principio quinti libri, commemorato
prius Ennii poete uersu quo dixerat, 'Moribus antiquis res stat Romana uiris-
que.' 'Quem quidem,' inquit, 'uel breuitate uel ueritate tamquam ex oraculo 25
michi effatus esse uidetur. Nam neque uiri nisi ita morata ciuitas fuisset,
neque mores nisi hii uiri prefuissent, aut eam fundare, aut tam diu tenere
potuissent, tantam et tam iuste lateque imperantem rem publicam. Itaque
ante nostram memoriam et mos ipse patrius prestantes uiros adhibebat et
ueterem morem et maiorum instituta retinebant excellentes uiri. Nostra 30
uero etas cum rem publicam sicut picturam accepisset egregiam, sed
euanescentem uetustate, non modo eam coloribus iisdem quibus fuerat
renouare neglexit, sed ne id quidem curauit, ut formam saltem eius et extrema tamquam liniamenta seruaret. Quid enim manet ex antiquis
moribus, quibus ille dixit rem stare Romanam, quos ita obliuione obsoletos 35
uidemus ut non modo non colantur, sed etiam ignorentur? Nam de uiris
quid dicam? Mores enim ipsi interierunt, uirorum penuria, cuius tanti mali
non modo reddenda ratio nobis, sed etiam tamquam reis capitis quodam
modo causa dicenda est. Nostris enim uitiis non casu aliquo rem publicam
uerbo retinemus, re ipsa uero iam pridem amisimus.   40
 Salustius in primo historiarum suarum libro cum in laude Romanorum
dixisset, 'Ius bonumque apud eos non legibus magis quam natura ualebat,' et
inter primum et secundum Punicum bellum, optimis eos moribus com-
memorasset egisse, subiecit, 'At discordia et auaritia et ambitio et cetera
secundis rebus oriri sueta mala post Carthaginis excidium maxime aucta 45
sunt. Nam iniurie ualidiorum et ob eas discessio plebis a patribus alieque
dissensiones domi fuere iam inde a principio, neque amplius quam regibus

exactis, dum metus a Tarquinio et bellum graue cum Etruria positum est
equo et modesto iure agitatum. Dein seruuli imperio patres plebem exercere, et de uita et tergo regio more consulere agro pellere et ceteris exper-
tibus soli in imperio agere. Quibus iniuriis et maxime fenore oppressa plebs
5 cum assiduis bellis tributum simul et militiam toleraret, armata montem
sacrum et Auentinum insedit. Tumque tribunas plebis et alia sibi iura
parauit. Discordiarum et certaminis utrimque finis fuit secundum bellum
Punicum. Ex quo tempore malorum mores non paulatim ut antea, sed tor-
rentis modo precipitati, adeo iuuentus luxu et auaritia corrupta ut merito
10 dicatur genitos esse, qui neque habere ipsi possent res familiares, neque
alios pati.'
    Ex libro quarto. Eleganter et ueraciter Alexandro illi Magno quidam com-
prehensus pirata respondit. Nam cum idem rex hominem interrogasset quid
ei uideretur, ut mare haberet infestum, ille libera contumacia, 'Quod tibi,'
15 inquit, 'ut orbem terrarum. Sed quia id ego exiguo nauigio facio, latro uocor;
quia tu magna classe imperator.'
    Ex quinto. Cicero in libro De philosophia: 'Honos alit artes, omnesque ac-
cenduntur ad studia gloria, iacentque ea semper, que apud quosque im-
probantur.'
20   Poeta Claudianus, quamuis non adhuc Christianus, Theodosio uictori
dixit, 'O nimium dilecte deo cui militat ether, et coniurati ueniunt ad
classica uenti.' Victor autem Iouis simulacra que aduersus eum fuerant
nescio quibus ritibus preparata et in Alpibus constituta deposuit, eorumque
aurea fulmina iocantibus quod illa letitia permittebat militibus et se ab eis
25 fulminari uelle dicentibus hilariter benigneque donauit.
    De quodam ait Tullius qui licentia peccandi felix uocabatur, 'O miserum
cui peccare licebat.'
    Ex sexto. M. Varro doctrina et sententiis ita refertus est, ut in omni erudi-
tione liberali, studiosum rerum tantum iste doceat, quantum studiosum
30 uerborum Cicero delectat. Denique et ipse Cicero huic tale testimonium
perhibet ut in libris Achademicis dicat hanc que ibi uersatur questionem se
habuisse cum M. Varrone, 'Homine,' inquit, 'omnium facile acutissimo, et
sine ulla dubitatione doctissimo.'
    Senece, quem nonnullis indiciis inuenimus apostolorum nostrorum
35 fuisse temporibus, libertas reprehendendi sacra gentilium affuit scribenti,
uiuenti defuit. Cum enim de simulacris ageret, 'Sacros,' inquit, 'immortales
in materia uilissima et immobili dedicant, habitusque illis hominum
ferarumque et piscium. Quidam etiam mixto sexu diuersis corporibus in-
duunt. Numina uocant, que si spiritu accepto subito occurrerent, monstra
40 haberentur.' Hoc loco dicit aliquis, 'Credam ergo ego celum et terram deos
esse, et supra lunam alios, infra alios? Ego feram aut Platonem aut
Peripateticum Stratonem, quorum alter fecit deum sine corpore, alter sine
animo? Quid ergo tandem? Veriora tibi uidentur Titi Tatii, aut Romuli, aut
Tullii Hostilii somnia? Cloacinam Titus Tatius dedicauit deam, Picum
45 Tiberinumque Romulus, Hostilius Pauorem et Pallorem, deterrimos
hominum affectus, quorum alter mentis territe motus est, alter corporis ne
morbus quidem sed color. Hec numina potius credes et celo recipies? Ille

uiriles sibi partes amputat; ille lacertos secat. Vbi iratos deos timent, qui sic
propitios merentur? Dii autem nullo debent coli genere, si et hoc uolunt.
Tantus est perturbate mentis et sedibus suis pulse furor, ut sic dii placentur,
quem ad modum ne quidem homines seuiunt. Teterrime et in fabulas
tradite crudelitatis tiranni lacerauerunt aliquorum membra, neminem sua 5
lacerare iusserunt. Regie libidinis uoluptate castrati sunt quidam, sed nemo
sibi ne uir esset iubente domino manus intulit. Se ipsi in templis contruci-
dant uulneribus suis ac sanguine supplicant. Si cui intueri uacet que faciunt,
que patiuntur, inueniet tam indecora honestis, tam indigna liberis, tam
dissimilia sanis, ut nemo fuerit dubitaturus furere eos, si cum paucioribus 10
furerent; nunc sanitatis patrocinium est insanientium turba. Huic tamen
furori certum tempus est. Tolerabile est semel in anno insanire. In
Capitolium perueni, pudebit publicate dementie, quod sibi uanus furor at-
tribuit officii. Alius nomina deum subicit, alius horas Ioui nuntiat, alius lic-
tor est, alius unctor; hic uano motu brachiorum imitatur unguentem. Sunt 15
que Iunoni ac Minerue capillos disponant; longe a templo non tantum a
simulacro stantes, digitos mouent ornantium modo. Sunt que speculum te-
neant; sunt que ad uadimonia sua deos aduocent. Sunt qui libellos offerant
et eos causam suam doceant. Doctus archimimus senex iam decrepitus
cotidie in Capitolio mimum agebat, quasi dii libenter spectarent, quem 20
homines desierant. Omne illic artificum genus operantum diis immortalibus desidet. Hii tamen etiamsi superuacuum usum, non turpem nec in-
famem deo promittunt. Sedent quedam in Capitolio, que se a Ioue putent
amari; ne Iunonis quidem si credere poetis uelis iracundissime respectu ter-
rentur. Que omnia sapiens seruabit tamquam legibus iussa, non tamquam 25
diis grata. Quid quod et matrimonia deorum iungimus, et ne pie quidem,
sed fratrum et sororum? Bellonam Marti collocamus, Vulcano Venerem,
Neptuno Salaciam. Quosdam tamen celibes relinquimus, quasi condicio
defecerit, presertim cum quedam uidue sunt ut Populonia, uel Fulcra, uel
diua Rumina, quibus non miror petitorem defuisse. Omnem istam ig- 30
nobilem deorum turbam quam longo euo superstitio congessit, sic
adorabimus, ut meminerimus cultem eius magis ad morem quam ad rem
pertinere.'

  Et paulo post de Iudeis: 'Sacramenta Iudeorum inutilia et maxime sabbata,
qui septimam fere partem etatis sue perdunt, et multa in tempore urgentia 35
non agendo leduntur. Cum interim usque eo sceleratissime gentis consuetudo conualuit, ut per omnes iam terras recepta sit; uicti uictoribus leges
dederunt. Illi tamen causas ritus sui nouerunt, sed maior pars populi facit,
quod cur faciat ignorat.'

  Ex septimo. Quod Virgilius ait: 'Primus ab etherio uenit Saturnus Olim- 40
po,' et que ad hanc rem pertinentia subsequuntur, totam de hoc Euemerus
pandit historiam, quam Ennius in Latinum uertit.

  Ex octauo. Italicum genus philosophorum a Pytagora sumpsit exordium, a
quo etiam ipsum nomen exortum ferunt. Ionici uero generis princeps fuit
Thales, unus ex septem sapientibus, qui tantum uite genere et quibusdam 45
preceptis ad bene uiuendum datis eminuerunt. Hic autem disputationes
suas litteris mandans aquam omnium rerum putauit esse principium. Huic

successit Anaximander eius auditor, qui ex suis initiis res quasque nasci
putauit. Huius Anaximenes discipulus omnes rerum causas infinito aeri
dedit. Huius etiam Anaxagoras auditor omnium rerum effectorem diuinum
animum sensit. Diogenes etiam, alter Anaximenis auditor, aerem quidem
5 rerum dixit esse materiam, sed eum esse compotem diuine rationis. Anaxagore successit auditor eius Archelaus qui de particulis inter se similibus
putauit constare omnia. Socrates huius discipulus primus omnem
philosophiam ad corrigendos componendosque mores conuertit, qui
preclara fama uite mortisque reliquit plurimos sectatores, quorum studium
10 fuit in questionibus moralibus, et de summo bono inueniendo.
Discipulorum eius nobilissimus Plato utramque iunxit philosophiam, et in
tres partes notissimas distribuit. Ipse autem ubi finem boni posuerit, temere
affirmandum non est. Cum enim magistrati sui Socratis quem facit in suis
uoluminibus disputantem notissimum morem dissimilande scientie seruare
15 affectat, quia et ei mos ipse placuit factum est, ut ipsius Platonis de rebus
magnis sententie non facile perspici possint.

Ex decimo. Quidam Platonicus Victorinus initium sancti euangelii secundum Iohannem sicut a sancto sene Simpliciano, qui postea Mediolanensi ecclesie presedit episcopus, solebamus audire aureis litteris conscribendum et
20 per omnes ecclesias in locis eminentissimis proponendum esse dicebat.

Ex ·xiiii·. Presbiter quidem fuit Restitutus nomine qui quando sibi
placebat, rogabatur autem hoc aliquando facere, ad imitatas cuiuslibet
lamentantis hominis uoces, ita se auferebat sensibus et iacebat simillimus
mortuo, ut nullam uellicationem uel punctionem uel etiam admotum ig-
25 nem sentiret, nisi dolorem uulneris cum euigilaret. Non autem obnitendo,
sed non sentiendo non mouere corpus eo probabatur, quod tamquam in
defuncto nullus anhelitus sentiebatur. Hominum tamen uoces, si clarius lo-
querentur, se audisse quasi de longinquo referebat.

Ex ·xvi·. Ante annos aliquot nostra etate in Oriente duplex homo natus
30 est superioribus membris, inferioribus simplex, duobus capitibus, duobus
pectoribus, quattuor manibus, sed uno uentre et duobus pedibus sicut unus
homo. Et tamdiu uixit, ut multos ad eum uidendum fama contraheret.

Ex ·xvii·. Multi se expertos, de quorum fide dubitandum non est, confir-
mant Siluanos et Faunos, quos uulgo incubos uocant, improbos sepe ex-
35 titisse mulieribus et earum appetisse ac peregisse concubitum, et quosdam
demones quos Galli Dusios uocant assidue hanc immunditiam et temptare
et efficere.

Ante paucos annos cum Romane urbis appropinquaret excidium, Rome
fuit femina cum patre et matre, que corpore quodam modo giganteo longe
40 ceteris premineret. Ad quam uisendam mirabilis fiebat usquequaque concursus. Et hoc erat ammirabile, quod ambo parentes nec saltem tante
longitudinis erant, quante longissimos uidere solemus.

Ex ·xviii·. Cum in Italia essemus audiebamus quasdam mulieres earum
regionum, imbutas malis artibus, in caseo dare solere uenenum uiatoribus,
45 quo in iumenta ilico uertebantur, et necessaria queque portabant, postque
perfuncta opera in se redibant; nec tamen in eis rationalem humanamue
mutari, sicut Apuleius sibi accidisse narrat, ut accepto ueneno asinus fieret,

humano animo permanente. Quidam etiam, Prestantius nomine, idem patri
suo contigisse dicebat, ut uenenum per caseum in domo sua sumeret et
iaceret in lecto suo quasi dormiens, qui tamen nullo modo posset excitari;
post aliquot autem dies experrectum somnia sua narrasse, caballum se factum, annonam inter alia iumenta baiulasse.   5

Ex ·xxi·. Euenit ut apud Carthaginem nobis coctus apponeretur pauo, de
cuius pectore quantum uisum est decerptum seruari iussimus. Quod post
tot dies post quot alia quecumque caro cocta putresceret prolatum nichil
nostrum offendit olfactum. Idemque post triginta dies, idemque post annum
nisi quod aliquantum siccior et contractior fuit.   10

A magnete lapide ferreum anulum raptum uidi et suspensum; deinde ab
eodem anulo alterum, et ab eo itidem tertium et quartum raptos; iamque
sibi per mutua circulis connexis non implicatorum intrinsecus, sed extrinsecus adherentium catena pependerat anulorum. Seuerus etiam
Mileuitanus episcopus narrauit quomodo Bathanarius, quondam comes 15
Africe, cum apud eum conuiuaretur episcopus eundem protulerit lapidem,
et tenuerit sub argento et desuper ferrum. Deinde sicut subter mouebat
manum cum lapide, ita concitatissimo cursu et recursu mouebatur ferrum
et infra lapis ab homine, super ferrum rapiebatur a lapide.

Ex ·xxii·. Cicero de Romulo in libris De re publica, 'Magis est,' inquit, 'in 20
Romulo ammirandum, quod ceteri qui dii ex hominibus facti esse dicuntur,
minus eruditis hominum seculis fuerunt, ut fingendi procliuis esset ratio,
cum imperiti facile ad credendum impellerentur. Romuli autem etatem
minus hiis sescentis annis iam inueteratis litteris et doctrinis omniumque
illo antiquo ex inculta uita hominum errore sublato fuisse cernimus. In- 25
telligi uero potest permultis annis ante Homerum fuisse quam Romulum, ut
iam doctis hominibus et temporibus ipsis eruditis ad fingendum uix quicquam esset loci. Antiquitas enim recepit fabulas fictas etiam nonnunquam
incondite; hec autem etas iam exculta presertim eludens omne quod fieri
non potest respuit.' Item de ciuitate in libro tertio 'Hiis,' inquit, 'penis quas 30
etiam stultissimi sentiunt, egestate, exilio, uinculis, uerberibus, elabuntur
sepe priuati, oblata mortis celeritate. Ciuitatibus autem mors ipsa pena est,
que uidetur a pena singulos uindicare. Debet enim constituta sic esse ciuitas
ut eterna sit. Itaque nullus interitus est rei publice naturalis, ut homini in
quo mors non modo necessaria est, uerum etiam optanda persepe. Ciuitas 35
autem cum tollitur, deletur, extinguitur, simile quodam modo est, ut parua
magnis conferamus, ac si omnis hic mundus intereat et concidat.'

In Cartagine Innocentia matrona nobilis cancrum habebat in mamilla,
morbum secundum diffinitionem Ypocratis incurabilem. Id illa cum a
medico audisset ad deum orandum se uerterat. Ammonetur ergo in somnis 40
propinquante Pascha ut a femina que prima de baptisterio occurrisset,
faceret locum signari cruce Christi. Fecit et sanata est. Medicus cum eam
uideret sanam, interrogauit et medicinam cupiens scilicet Ypocratem
falsum probare. Cum factum audisset uultu et gestu contemnentis ut illa
timeret, ne ille aliquod conuicium in Christum effunderet, religiosa ur- 45
banitate respondit, 'Putabam te aliquid magnum dicturam.' Et illa iam ex-

horrente, adiecit, 'Quid grande fecit Christus sanare cancrum, qui suscitauit
quatriduanum mortuum?'

Senex quidam Iponiensis pauper ad uiginti martires, quorum ibi memoria
colitur, clare rogauit ut uestiretur. Audierunt hoc iuuenes et secuti sunt
5 eum irridentes. At ille tacitus ambulans, piscem eiectum in litus illis
adiuuantibus traxit, et cuidam coco trecentis follibus uendidit. Cocus
piscem concidens, inuenit in uentriculo eius anulum aureum, quem statim,
miseratione et religione permotus, pauperi reddidit dicens, 'Ecce quomodo
te uiginti martires uestierunt.'

10 Idem beatus Augustinus dum in extrema senectute uideret ab hostibus
urbes et ecclesias dirutas et religiosos dei seruos occisos, consolabatur se
cuiusdam sapientis sententia: 'Non mirum est si mortales moriuntur et
lapides cadunt.'

Idem cum sibi in egritudine qua decessit decumbenti, quidam egrum ad-
15 duxisset, dicens ammonitum se in somnis ut eum exhiberet, grate respondit, 'Si quicquam in talibus ualerem, me primum sanarem.' Sed quamquam
hoc dixisset, imposita tamen manu sanauit eum.

Ego autem quoniam hactenus singillatim auctores excerpsi, ex hoc ea que
me uel fugerunt de istis, uel forte occurrerint de aliis, sicut uenerint ad
20 manum in unum confundam aceruum. Quocirca post alia quedam prouerbia
philosophorum et maxime Senece, necnon et Godefridi prioris Wintonie
epigramata omnem moralitatem continentia ponam. Sed prius illa que cepi
de Augustino, explicabo. Idem laudabat uerbum cuiusdam episcopi deum
quidem timentis, sed parum litterati, ad quem cum morientem uenisset et
25 ei longiorem uitam per dei gratiam promisisset, respondit ille, 'Si nunquam
bene nec modo; si unquam bene quare non modo?'

Eundem Augustinum Iulianus Toletanus narrat quiddam pulcerrimum
retulisse hiis uerbis: fratrem quendam Gennadium medicum sibi
notissimum atque carissimum refert apud Carthaginem fuisse, quem erga
30 pauperum curam inpigra misericordia facillimoque animo benignissimum
esse testatur. Qui tamen Gennadius dubitabat utrum esset ulla uita post
mortem. Huius igitur mentem et opera misericordie quoniam deus nullo
modo desereret, apparuit illi in somnis conspicuus iuuenis et dignus, eique
dixit, 'Sequere me.' Qui dum sequeretur, uenit ad quandam ciuitatem ubi
35 audire cepit a dextra parte sonos suauissime cantilene ultra solitam notam-
que suauitatem. Tunc ille intento quidnam esset, hymnos esse dixit
beatorum et sanctorum. A sinistra autem parte quid se uidisse retulerit, non
satis memini. Euigilauit et somnium fuit, tantumque de illo quantum de
somnio cogitauit. Alia uero nocte ecce idem ipse iuuenis eidem rursus ap-
40 paruit, atque ab illo utrum cognosceretur interrogauit. Respondit se quidem
eum bene plenoque cognoscere. Tunc ille quesiuit, ubi se nosset, nec
memorie defuit, ut iste id ipsum iterum responderet, totumque uisum illum
hymnosque sanctorum ad quos audiendos eo duce uenerat, qua certissimum
recordabatur facilitate narrauit. Hic ille percunctatus est, utrumnam id
45 quod narrauerat in somnis uidisset an uigilans. Respondit, 'In somnis.' At ille homini, 'Bene,' inquit, 'recolis. Verum est; in somnis illa uidisti, sed
etiam nunc in somnis te uidere scias.' Hoc cum audisset ita esse credidit, at-

que id responsione firmauit. Tum qui hominem ducebat adiecit. Et ait ille, 'Vbi est modo corpus tuum?' Ille respondit, 'In cubiculo et in lectulo meo.' 'Scisne,' inquit ille, 'in eodem corpusculo nunc esse illigatos sed clausos et otiosos oculos nilque illis oculis te uidere?' Respondit, 'Scio.' Tunc ille: 'Qui sunt ergo isti oculi quibus me uides?' Ad hoc iste non inueniens quid 5 responderet, obticuit. Cui hesitanti ille quod hiis interrogationibus docere moliebatur aperuit, et continuo, 'Sicut,' inquit, 'illi oculi carnis tue, utique in dormiente atque in lectulo iacente, nunc uacant, nec aliquid operantur, et tamen sunt isti quibus me intueris, et ista uteris uisione, ita cum defunctus fueris nichil agentibus oculis carnis tue, uita tibi inerit qua uiuas, sensusque 10 quo sentias. Caue iam deinceps ne dubites uitam manere post mortem.' Ita sibi homo fidelis ablatam dicit huius rei dubitationem.

Ex libro de consensu euangelistarum primo. Socrates quem in actiua uita qua mores informantur omnibus philosophi pretulerunt, ita ut testimonio quoque dei sui Apollinis omnium sapientissimum pronuntiatum esse non 15 taceant, Esopi fabulas pauculis uersibus persecutus, uerba et numeros suos adhibens rebus alterius usque adeo nichil scribere uoluit, ut hoc se coactum imperio sui demonis fecisse dixerit, sicut nobilissimus discipulorum eius Plato commemorat. Eiusdem Socratis sententia est, unumquemque deum sic coli oportere, quomodo se ipse colendum esse preceperit.   20

Ex Isidoro Ethimologiarum. In parte Sirie que Fenicis uocatur, finitima Iudee circa radicem montis Carmeli Padus est, ex quo nascitur Belus amnis, quinque milium passuum spatio, in mare fluens iuxta Ptholomaidem, cuius harene decurrente fluctu sordibus eluuntur. Hic fama est appulsa naue mer- catorum nitri, cum sparsim per litus epulas pararent, nec essent pro at- 25 tollendis uasis lapides, glebas nitri nauibus subdidisse; quibus accensis per- mixte harena littoris translucentis noui liquoris fluxisse riuos: et hanc fuisse originem uitri. Mox, ut est ingeniosa sollertia, non fuit contenta solo nitro, sed et aliis mixturis artem studuit.

Ferunt autem sub Tiberio Cesare quendam artificem excogitasse uitri 30 temperamentum ut flexibile esset et ductile. Qui dum admissus fuisset ad Cesarem, porrexit ei fialam quam ille indignatus in pauimentum proiecit. Artifex uero sustulit fialam de pauimento, que complicauerat se tamquam uas eneum; deinde marculum de sinu protulit, et fialam correxit. Hoc facto Cesar dixit artifici, 'Numquid alius scit hanc condituram uitrorum?' Post- 35 quam ille iurans negauit alterum hoc scire, iussit eum decollari, ne dum hoc cognitum fieret, aurum pro luto haberetur, et omnium metallorum pretia abstraherentur, et reuera si uasa uitrea non frangerentur meliora essent quam aurum uel argentum.

Nunc ex Macrobio Saturnaliorum meis uerbis paucula ponam. 40 Sacrificium apud ueteres sacrificium propter uiam uocabatur, in quo igne consumebatur quicquid residuum fuerat commestioni. Hinc Catonis iocus est, quendam enim lecatorem, qui omnia sua comedisset et se prostituisset et ultimo domum suam incendio amisisset, propter uiam sacrificium fecisse dixit. Idem Albino, qui res Romanas Grece scripsit, et in prefatione rogauit 45 ut nullus sibi succenseret, si non integre Grecam linguam Romanus homo

exprimeret, dixit, 'Nimium ineptus es, Albine, qui maluisti ueniam
deprecari, quam carere necessitate deprecandi.' Huius Catonis mortem
multi et maxime Seneca in epistulis ad Lucilium hiis fere uerbis insinuat:
'Qua die,' inquit, 'uictus est, cantauit et lusit; qua nocte periit, legit.'
5 'Nichil,' ait, 'egisti, fortuna, omnibus conatis meis obuiando. Non enim tanta peruicacia usus sum, ut liber, sed ut inter liberos uiuerem. Nunc quia
deplorate sunt res generis humani, Cato eat in tutum.' Impressit deinde
mortiferum pectori uulnus et idem a medicis obligatum, ipse manu sua
discidit, et omnis potentie contemptorem generosum spiritum effudit. Sed
10 redeo ad Macrobium.

Pisistratus Atheniensium tirannus cum rectum dando consilium filiis non
obtinuisset, scissetque discordiam suam et liberorum inimicis esse letitie,
conuocata contione dixit succensuisse se quidem filiis sibi non obtemperan-
tibus, sed aptius esse uisum paterne pietati, ut ipse in sententiam liberorum
15 transiret. Sciret igitur ciuitas prolem cum patre esse concordem. Hoc com-
mento spem detraxit insidiantibus regnantis quieti.

Publius cum interrogaretur quod esset molestum otium, respondit
podagrici pedes. Idem de ydropico se in sole calefaciente dixit, 'Hic aquam
calefacit.'
20 Pulcre et ille, non enim nomen recolo, qui cum G. Cesar omnibus col-
lusoribus suis de pila iussisset dari ducentos nummos et illi centum respondit, 'Numquid ego una manu ludo?'

Augustus cuidam sibi librum trepide offerenti dixit, 'Putas te elephanto
stipem dare?' Idem cum audisset inter pueros quos Herodes in Iudea oc-
25 ciderat etiam filium eius occisum dixit, 'Melius est Herodis porcum esse
quam filium.'

Eidem Greculus solebat spe muneris laudes porrigere. Quem ad se uenientem Augustus semel intuitus, uersus quos in laudem Greculi ioco
fecerat ei porrexit. Ille mirari tam uoce quam gestu, et extractos a mar-
30 supiolo nummos Augusto prebere. Secuto omnium risu, iussit Cesar dari
Greculo centum.

Eidem reuertenti ex uictoria qua M. Antonium uicerat, quidam coruum
obtulit, hec uerba loquentem, 'Aue Cesar inuicte!' Ille miratus auem multa
pecunia emit. Tunc socius oblatoris, iratus quod nichil ad eum de munere
35 peruenisset, dixit eum habere aliam auem non minus loquentem. Ea iussu
Cesaris exhibita, dixit, 'Aue uictor Antoni.' Intellecta fraude Cesar iussit
munus cum socio partiri.

Item cum alius coruum eadem uerba loquentem ei obtulisset, respondit,
'Satis salutatorum talium domi habeo.' Subuenit coruo memoria ut uerba
40 proferret, que sepe dominum sibi non respondenti dicere audierat, 'Opera et
impensa periit.' Risit Cesar et tanti auem emit quanti nullam.

Eiusdem filia offenderat eius oculos licentiore uestitu. Postera die cum
uestem mutasset, dixit, 'Quanto hic habitus decentior est in filia Augusti.'
Et illa: 'Heri enim me ornaui oculis mariti, hodie patris.' Eandem Iuliam am-
45 biebant in spectaculo iuuenes luxoriosi, Liuiam autem uxorem Augusti
senes maturi. Ammonuit pater scripto, uideret quantum inter duas feminas
principes interesset. Eleganter illa rescripsit, 'Et hii mecum senes fient.'

In Galbam eloquentia clarum, sed gibbo deformem uox Lollii circumferebatur: 'Ingenium Galbe male habitat.' Cicero cum uidisset fratrem
suum breuem statura, ingenti gladio accinctum, dixit, 'Quis fratrem meum
ad gladium alligauit?' Eiusdem imaginem cum uidisset ingentibus liniamen-
tis compactam dixit, 'Frater meus maior est dimidius quam totus.' Idem   5
Laberio qui ludos egerat post finem ludorum sedile querenti, 'Reciperem,' inquit, 'te nisi anguste sederem,' iocatus in Cesarem qui numerum senatus
supra fas auxerat. 'Atqui,' ait mimus, 'solebas duabus sellis sedere,' obiciens
lubricum fidei tanto uiro.

Ex libro primo Matheseos Iulii Firmici. Plotinus philosophus fuit uir ad 10
omnia uirtutum ornamenta compositus et omnium diuinarum disposi-
tionum studio formatus, iustus, fortis, prouidus, temperatus, et qui se
crederet fortune impetus prudentie ratione posse superare. Primum itaque
sibi locum quiete sedis elegit, ut ab omni humane conuersationis strepitu
separatus fortune se liberaret inuidia. Ista itaque confidentia mentis erectus, 15
etiam corpus in salubri ac pura regionis parte constituit. Nam amenum
ciuitatis Capuane solum elegit, ubi semper aeris quieta moderatio cunctos
incolas salubri uegetatione sustentat, ubi nec uis hiemis nec flagrantia solis,
sed composita temperies ex utroque est, ubi egritudine aliqua laborantibus
hominibus, fontium calore, et feruescentium aquarum salutari fomento 20
sanitas conciliatur. Ibi ergo positus contempsit honores et diuitias, illas
putans esse diuitias, quibus animus ornatus auctorem possit proprie originis
inuenire. Inter hec scripsit libros nichil esse dicens uim fatalis necessitatis.
Post hoc membra eius primum frigido sanguinis torpore riguerunt et
oculorum splendor paulatim euanuit. Postea per totam cutem humorum 25
pestis erupit et per totos dies et horas uiscerum partes defluxerunt. Sic corrupta et dissipata facie tota ab illo corporis species recedebat et solus
superstes erat animus, ut ista grauis morbi continuatione confectus, et uere
rationis auctoritate conuictus, uim fati potestatemque sentiret et sententiam suam ipse mutaret.   30

Ex libro primo epistularum moralium Senece. Silla tunc erat uiolen-
tissimus, cum faciem eius rubor inuasisset. Nichil erat mollius ore
Pompeii; nunquam non coram pluribus rubuit, utique et in contionibus Fa-
bianum et cum in senatum esset testis inductus erubuisse memini, et hic illum pudor mire decuit.   35

Ex tertio. Certos habebat dies ille magister uoluptatis Epicurus, quibus
maligne famem extingueret, uisurus an aliquid deesset ex plena et consum-
mata uoluptate, uel quantum deesset et an dignum quod quis magno labore
pensaret. Hoc certe in hiis epistulis ait, quas scripsit Carino.

Cum Idomeneo Epicurus scriberet, 'Si gloria,' inquit, 'tangeris notiorem te 40
epistule mee facient quam omnia propter que coleris.' Numquid ergo men-
titus est? Quis Idomenea nosset nisi illum Epicurus litteris suis incidisset?
Nomen Attici epistule Ciceronis perire non sinunt. Quod Epicurus amico
suo promittere potuit, hoc tibi Lucili promitto: habebo apud posteros
gratiam, posse mecum duratura nomina educere.   45

Damnationem suam sic Rutilius tulit, tamquam ille nichil aliud
molestum esset quam quod male iudicaretur. Exilium Metellus fortiter

tulit, Rutilius libenter; alter ut rediret rei publice prestitit, alter reditum
suum Sille negauit, cui tunc nichil negabatur. In carcere Socrates disputauit
et exire cum essent qui promitterent fugam noluit. Mucius ignibus manum
imposuit. Acerbum est uri; quanto acerbius, si id te faciente patiaris!
5 Ex quarto. Caluisius Sabinus memoria nostra fuit diues. Huic memoria
tam mala erat, ut illi modo nomen Ulixis, modo Achillis, modo Priami.
Nichilominus eruditus uolebat uideri. Itaque hoc compendium excogitauit:
magna summa emit seruos, unum qui Homerum teneret, alterum qui
Hesiodum; nouem preterea liricis singulos assignauit. Postquam illi hec
10 familia comparata est, cepit conuiuas suos inquietare. Habebat hos ad pedes
suos, a quibus cum subinde peteret uersus quos referret, sepe in medio uerbo
excidebat. Ille tamen in ea opinione erat, ut putaret se scire quod quisque in
domo sua sciret.
    Querenti cuidam cur peregrinatio sibi ad se corrigendum non profuerit,
15 Socrates ait, 'Quid miraris tibi peregrinationes non prodesse cum te cir-
cumferas?' Triginta tiranni Socratem circumsteterunt, nec potuerunt eius
animum effringere.
    Ex quinto. Mors quam pertimescimus ac recusamus, intermittit uitam
non eripit. Veniet iterum qui nos in lucem reponat dies.* Prope est a te deus,
20 tecum est, intus est. Ita dico, Lucili: sacer intra nos spiritus sedet, bonorum
malorumque obseruator et custos.
    Etherii suis temporibus oratoris celeberrimi cursum longe ab homine sano
uolo. Nunquam dubitauit, nunquam intermisit; semel incipiebat, semel
desinebat. Quedam etiam nationibus puto magis minusue conuenire. In
25 Grecis hanc licentiam tuleris. Cicero noster a quo Romana eloquentia ex-
iliuit gradarius fuit. Romanus sermo se magis circumspicit et estimat. Fabianus uir egregius uita, scientia, eloquentia, disputabat expedite magis
quam concitate.
    Ex sexto. Stare ante limen Calestii dominum suum uidi et eum qui illi
30 impegerat titulum, qui inter ridicula mancipia produxerat, aliis intrantibus
excludi. Retulit ille gratiam seruus et eum dignum domo sua non iudicauit.
Dominus Calestium uendidit, sed domino quam multa Calestius!
    Harpasten, uxoris mee fatuam, scis hereditarium onus in domo mea
remansisse. Hec subito desiit uidere. Incredibilem rem tibi narro, sed
35 ueram: nescit esse se cecam; subinde pedagogum suum rogat ut migret, ait
domum tenebricosam esse.
    Indurandus est animus et a blandimentis uoluptatum procul abstrahen-
dus. Vna Hannibalem hiberna soluerunt, et indomitum illum niuibus atque
Alpibus uirum eneruauerunt fomenta Campanie. Armis uicit; uitiis uictus
40 est.
    Veliterni honestius Scipio quam Bais exulabat. Illi quoque ad quos primos
fortuna rem publicam transtulit, G. Marius et Gneus Pompeius et G. Cesar,
extruxerunt quidem in regione Baiana uillas, sed eas imposuerunt summis
iugis montium. Aspice quam positionem elegerint, quibus locis edificia ex-
45 citauerint: scis non uillas esse sed castra.
    Disserebat populo Fabianus, sed audiebatur modeste. Erumpebat inter-
dum magnus clamor laudantium, sed quem rerum magnitudo euocauerat,

non sonus inoffense ac molliter orationis elapse.

Alexander cuidam ciuitati partem agrorum et dimidium rerum omnium promittenti, 'Eo,' inquit, 'proposito in Asiam ueni, ut non id acciperem quod dedissetis, sed ut id quod reliquissem haberetis.'

Ex septimo. Cum iter facerem, ex consuetudine mea inspicere cepi an ali-   5
quid illic inuenirem quod michi posset bonum esse et direxi oculos in uillam, que aliquando Vatie fuit. In hac ille pretorius diues nulla re alia quam otio notus consenuit, et ob hoc unum felix habebatur. Nam quotiens aliquos amicitia Asinii Galli, quotiens Seiani odium, deinde amor merserat, eque enim offendisse illum quam amasse periculosum fuit, exclamabant 10 homines, 'O Vatia, solus scis uiuere!' At ille latere sciebat non uiuere; multum autem interest utrum uitia tua otiosa sint an ignaua. Nunquam aliter hanc uillam uiuo Vatia preteriui quam ut dicerem, 'Vatia his situs est.'

Plato ad senectutem se diligentia protulit. Erat quidem corpus ualidum et forte sortitus et illi nomen latitudo pectoris fecit, sed nauigationes ac 15 pericula multum detraxerant uiribus; parsimonia tamen et rerum que auiditatem euocant modus et diligens sui tutela perduxit illum ad senectutem, multis perhibentibus causis. Nam hoc scis puto Platoni diligentie sue beneficio contigisse, quod natali suo decessit et annum unum et octogesimum impleuit sine ulla deductione. Ideo magi, qui forte Athenis 20 erant, immolauerunt defuncto, amplioris fuisse sortis quam humane rati, quia consummasset perfectissimum numerum, quem nouem nouies multiplicata componunt.

Alexander cum in India uagaretur et gentes ne finitimis quidem satis notas bello uastaret, in obsidione cuiusdam urbis, dum circuit muros et inbecilla 25 menium querit, sagitta ictus, diu ire et incepta agere perseuerauit. Deinde cum represso sanguine sicci uulneris dolor cresceret et crus fixum equo paulatim obtorpuisset, coactus absistere, 'Omnes,' inquit, 'iurant me esse Iouis filium, sed uulnus hoc me hominem esse clamat.'

Ex octauo. Annum feminis ad lugendum constituere maiores, non ut tam 30 diu lugerent, sed ne diutius; uiris nullum legitimum tempus est, quia nullum honestum. Hec tibi scribo, is qui Anneum Serenum carissimum meum tam immodice fleui, ut quod minime uelim inter exempla sim eorum quos dolor uicit. Hodie tamen factum meum damno et intelligo causam michi maximam lugendi tunc fuisse quod nunquam cogitaueram eum ante 35 me mori posse. Hoc unum michi occurrebat, minorem esse et multo minorem, tanquam ordinem fata seruarent. Tunc ego debui dicere, 'Minor est Serenus meus; quid ad te pertinet? Post me mori debet, sed ante me potest.' Quia non feci, ideo me imparatum subito fortuna percussit. Nunc cogito omnia mortalia et incerta lege mortalia; hodie fieri potest quicquid 40 unquam potest. Cogitemus ergo Lucili cito nos eo peruenturos quo amicum nostrum peruenisse meremus et fortasse, si modo sapientium fama est uera, recipitque nos locus aliquis, quem putamus perisse premissus est. Mors quid est? Aut finis aut transitus. Nec desinere timeo, idem enim est quod non cepisse, nec transire, quia nusquam tam anguste ero.   45

Claranum discipulum meum uidi post multos annos, uiridem animo ac uigentem, et cum corpusculo suo colluctantem. Inique enim se natura

gessit, et talem animum male collocauit, aut fortasse hoc ipsum uoluit
ostendere, posse ingenium beatissimum et fortissimum sub qualibet cute
latere. Vicit tamen omnia impedimenta et ad contemnenda omnia a contemptu sui uenit. Errare michi uisus est qui dixit, 'Gratior et pulcro ueniens
5 e corpore uirtus.' Non enim ullo honestamento eget; ipsa enim magnum sui
decus est, et corpus suum consecrat. Claranus michi uidetur in exemplar
editus, ut scire possemus non deformitate corporis fedari animum, sed
pulcritudine animi corpus ornari.

Dabo tibi apud Epicurum diuisionem bonorum. Alia sunt apud eum que
10 malit contingere sibi, ut corporis quietem ab omni incommodo liberam et
animi remissionem bonorum suorum contemplatione gaudentis; alia sunt
que, quamuis nolit accidere, nichilominus laudat et comprobat, tanquam
male ualitudinis et dolorum grauissimorum perpessionem, in qua Epicurus
fuit illo supremo ac fortunatissimo die suo. Ait enim se uesice et exulcerati
15 uentris tormenta tolerare, ulteriorem doloris accessionem non recipientia,
esse nichilominus illum sibi beatum diem.

Attalus Stoicus dicere solebat, 'Malo me in castris suis fortuna quam in
deliciis habeat. Torqueor sed fortiter; bene est. Occidor sed fortiter; bene
est.' Audi Epicurum, dicet et 'Dulce est.'
20 Effeminatissimam uocem illius existimo, qui cum in caueam coniectus
esset a tyranno et tanquam ferum aliquod animal aleretur, suadenti cuidam
ut abstineret cibo, 'Omnia,' inquit, 'homini dum uiuit speranda sunt.'

Socrates potuit abstinentia et inedia potius quam ueneno finire uitam.
Triginta tamen dies in carcere et in expectatione mortis exegit, non hoc
25 animo tanquam omnia fieri possent, tanquam multas spes tam longum tempus reciperet, sed ut preberet se legibus, ut fruendum extremum amicis
Socratem daret. Quid erat stultius quam mortem contemnere, uenenum
timere?

Scribonia, grauis femina, amica fuit Drusilli boni adolescentis tam stolidi
30 quam nobilis, qui cum eger a senatu in lectica relatus esset, non sane fre-
quentibus exequiis, omnes enim eum necessarii deseruerant, non iam ut
reum, sed ut funus, habere cepit consilium, utrum conscisceret mortem an
expectaret. Cui Scribonia, 'Quid te,' inquit, 'delectat alienum negotium
agere?' Non persuasit illi: manum sibi intulit, nec sine causa. Nam post
35 diem tertium aut quartum inimici moriturus arbitrio, si uiuit, alienum
negotium agit. Ita quod Socratem non decuisset, hunc decuit.

Socrates qui totam philosphiam reuocauit ad mores et hoc summam dixit
esse sapientiam, bona a malis distinguere, 'Sequere,' inquit, 'me si quid
habeo auctoritatis. Sic, ne alicui stultus uidearis. Sic, ne quisque con-
40 tumeliam tibi faciat et iniuriam. Tu tamen nichil patieris si modo erit uirtus. Si uis beatus esse, si fide bona uir bonus, sine contempnat te aliquis.'
Idem esse dicebat Socrates ueritatem et uirtutem. Sicut illa non crescit, sic
ne uirtus quidem.

Ex undecimo. Tullius Marcellinus, adolescens quietus et cito senex, mor-
45 bo non insanabili correptus, sed longo et molesto, cepit deliberare de morte
et conuocauit plures amicos. Vnusquisque aut quia timidus erat id illi
suadebat quod sibi suasisset, aut quia adulator aut blandus id consilium

dabat quod deliberanti gratius fore suspicabatur. Amicus noster Stoicus
uidetur michi illum optime cohortatus: 'Noli,' inquit, 'mi Marcelline, tor-
queri, tanquam de re magna deliberes. Non est res magna uiuere; omnes
serui tui uiuunt, omnia animalia. Magnum est honeste mori, prudenter, fortiter. Cogita quam diu iam idem facias: cibus, somnus, libido; per hunc cir-   5
culum uoluitur. Mori uelle non prudens tantum aut fortis, sed etiam miser
potest.'

Non erat opus illi adiutore, sed suasore. Serui parere nolebant. Primum
detraxit illis metum, et indicauit tunc periculum familiam adire, cum incer-
tum esset an mors domini uoluntaria fuisset; alioquin tam mali exempli 10
esset occidere dominum quam prohibere. Deinde ipsum Marcellinum ammonuit non esse inhumanum quemadmodum cena peracta reliquie cir-
cumstantibus seruis diuiduntur, sic peracta uita aliquid porrigi hiis qui
totius uite ministri fuissent. Erat Marcellinus facilis animi et liberalis;
minutas itaque summulas distribuit flentibus seruis, et eos ultro consolatus 15
est. Non fuit illi opus ferro non sanguine. Triduo abstinuit, et in ipso
cubiculo poni sibi tabernaculum iussit. Solium deinde illatum est in quo diu
iacuit, et calida subinde infusa paulatim defecit, non sine quadam ut aiebat
uoluptate, quam afferre solebat lenis dissolutio.

Cesar, cum illum transeuntem per Latinam uiam, unus ex custodiarum 20
agmine, demissa usque in pectus uetere barba, rogaret mortem, 'Nunc
enim,' inquit, 'uiuis?'

Quamdiu uidebatur furere Democritus! Vix recepit Socratem fama.
Quamdiu Catonem ciuitas habuit; respuit, nec intellexit nisi cum perdidit.
Rutilii innocentia ac uirtus lateret, nisi accepisset iniuriam. Vides quan- 25
topere Epicurum non tantum eruditiores, sed hec quoque imperitorum turba
miretur; hic ignotus ipsis Athenis fuit, circa quas delituerat. Multis itaque
annis Metrodoro suo superstes in quadam epistula cum amicitiam suam et
Metrodori grata commemoratione cecinisset, hoc nouissime adiecit, nichil
sibi et Metrodoro inter bona tanta nocuisse, quod illa nobilis Grecia non 30
solum ignotos, sed etiam pene inauditos habuisset.

Ex duodecimo. Mors que in Catone est gloriosa, in Bruto turpis est, et
erubescenda. Hic enim est Brutus, qui cum periturus mortis moras quereret,
ad exonerandum uentrem secessit, iussusque prebere ceruicem, 'Prebebo,'
inquit, 'ita ut uiuam.'   35

Ille Leonidas quam fortiter suo allocutus est, 'Sic,' inquit, 'commilitones,
prandete, tanquam apud inferos cenaturi.' Quid? Dux ille Romanus, qui ad
occupandum locum milites missos cum per ingentem hostium exercitum
ituri essent, sic allocutus est: 'Ire, commilitones, illo necesse est, unde
redire non necesse est.' Serpentem illam in Affrica, seuam et Romanis 40
legionibus inimicam, frustra sagittis fundisque petierunt. Cum ingens
magnitudo corporis ferrum et quicquid humane torserant manus reiceret,
molaribus demum saxis fracta est. Aduersus totam mortem inimicum
leonem iacularis; subula excipit.

De Cesaris cede tam creditum est T. Cimbro quam C. Cassio. Cassius 45
tota uita aquam bibit, Tullius Cimber et nimius in uino et sordidus. Is in
hanc rem ita locutus est: 'Ego quemquam feram qui uinum ferre non
possum?'

L. Piso, ex quo semel urbis custos factus fuit, maiorem noctis partem in
conuiuio exigebat, et usque in horam fere sextam dormiebat; hoc erat eius
matutinum. Officium tamen suum quo tutela urbis continebatur diligentissime rexit. Huic et diuus Augustus dedit secreta mandata, cum illum
5 preponeret Tracie quam perdomuit, et Tiberius in Campaniam proficiscens,
cum multa in urbe et suspecta relinqueret et inuisa. Postea Cossum fecit urbis prefectum uirum grauem et moderatum, sed mersum uino et
emadentem, adeo ut ex senatu aliquando, in quem e conuiuio uenerat, oppressus et inexcitabilis somno tolleretur. Huic tamen Tiberius multa manu
10 sua scripsit, que committenda ne ministris quidem suis iudicabat.

Alexandrum tot itinera tot prelia per que uicta temporum locorumque
difficultate transierat, tot flumina ex ignoto cadentia, tot maria tutum
dimiserunt; intemperantia libidinis et ille Herculaneus et fatalis scyphus
condidit.

15 M. Antonium, magnum uirum et ingenii nobilis, que alia res perdidit, et
in externos et non Romana uitia traiecit, quam ebrietas et exitialis urbi
Cleopatre amor? Hec illum res hostem rei publice, hec hostibus suis in-
parem reddidit; hec crudelem fecit, cum capita principum ciuitas referrentur
et inter apparatissimas epulas luxusque regales ora ac manus proscriptorum
20 recognosceret, cum uino grauis sitiret sanguinem.

Ex ·xiii·. In ipsa Scipionis Affricani uilla iacens hec tibi scribo, adoratis
manibus eius et ara quam sepulcrum tanti uiri suspicor. Animum quidem
eius in celum ex quo erat redisse persuadeo michi, non quia magnos exercitus duxit, sed ob egregiam moderationem et pietatem, quam magis in illo
25 ammiror, cum reliquit patriam quam cum defendit. Aut Scipio Rome
debebat deesse, aut Roma libertati. 'Nichil,' inquit, 'uolo derogare legibus,
nichil institutis. Equum inter omnes ciues ius sit. Vtere sine me beneficio
meo, patria. Causa libertatis fuerim et argumentum; exeo si plus creui quam
tibi expedit.' Quid? Ego non ammirer hanc magnitudinem animi qua in ex-
30 ilium secessit,et ciuitatem exonerauit? Eo perducta res erat ut aut libertas
Scipioni, aut Scipio libertati faceret iniuriam. Neutrum fas erat; itaque
locum dedit legibus, tam suum exilium rei publice imputaturus, quam Hannibalis.

M. Cato quem in rem publicam tam profuit nasci quam Scipionem, alter
35 enim cum nostris hostibus, alter cum moribus bella gessit, asino uehebatur
et sarcinis impositis ut secum utilia portaret.

Didimus grammaticus libros scripsit in quibus de patria Homeri inuenies,
de Enee uera matre, in hiis libidinosior an ebriosior Anacreon fuerit, in hiis
an Sapho publica fuerit.

40 Ex ·xiiii·. Alexander Macedo discere ceperat geometriam, sciturus infelix
quam pusilla terra esset, ex qua minimum occupauerat. Erant ea que
tradebantur subtilia et diligenti intentione scrutanda, non que disceret
uesanus homo et qui ultra occeanum cogitationes suas tenderet. 'Facilia,' inquit, 'me doce.' Cui preceptor, 'Ista,' inquit, 'omnibus eodem modo sunt
45 difficilia.'

Ex ·xv·. Mullum ingentis forme, quatuor pondo et selibram, Tiberius
Cesar sibi missum cum in macellum ferri et ueniri iussisset dixit, 'Omnia,'
inquit, 'me fallunt, amici, nisi istum piscem aut Apicius emerit, aut Oc-

tauius.' Vicit Otauius et ingentem inter suos meruit gloriam, cum quinque
sestertiis emisset mullum, quem nec Apicius emere sustinuisset, nec Cesar
uendere erubuisset.

Ex ·xvi·. Accipite Socratem, perpessicium senem, per omnia aspera iac-
tatum, inuictum tamen etiam paupertate, quam grauiorem illi domestica 5
onera faciebant et laboribus quos militares quoque pertulit. Quibus ille exterritus, siue in uxorem moribus feram, siue in liberos lingua petulantes, indociles, et matri quam patri similiores, aut in bello fuit, aut in tyrannide,
aut in libertate bellis aut tyrannis seuiore. Viginti et septem annis
pugnatum est; post finita arma triginta tyrannis dedita est ciuitas ex quibus 10
plerique inimici eius erant. Nouissima dampnatio est sub grauissimis
hominibus impleta; obiecta est et religionum uiolatio et iuuentutis cor-
ruptela, quam immittere in deos, in patres, in rem publicam dictus est. Post
hec carcer et uenenum. Hec eo usque animum Socratis non mouerunt, ut ne
uultum quidem mouerent. Illam mirabilem laudem et singularem! Vsque ad 15
extremum nec tristiorem quisquam nec alacriorem Socratem uidit. Equalis
fuit in tanta inequalitate fortune.

Cleantes noster uersibus disertissimis alloquitur deum, quos michi in
nostrum sermonem transferre permittitur, Ciceronis disertissimi uiri exemplo: 'Duc me summe parens celsique dominator poli, quocumque 20
placuit. Nulla parendi mora est; assum impiger. Fac nolle comitabor
gemens, malusque patiar facere quod libuit bono. Ducunt uolentem fata
nolentem trahunt.'

De hiis uersibus beatus Augustinus in libris De ciuitate dei. multa
disputat.   25

Ex duodeuicesimo. Attalus philosophus solebat laudare castum corpus,
sobriam mensam, mentem puram.

Libuit ergo michi circumscribere gulam ac uentrem. Inde michi quedam
permansere, sed ad ciuitatis uitam reductus ex bene coeptis pauca seruaui.
Inde ostreis, boletisque in omne euum renuntiaui. Nec enim cibi sed oblec- 30
tamenta sunt ad edendum saturos cogentia, quod gratissimum est edacibus.
Inde in omni uita unguento abstinemus, quoniam optimus odor in corpore
est. Inde in omnem uitam balneum fugimus; decoquere corpus atque ex-
inanire sudoribus inutile simul delicatumque credidimus. Cetera proiecta
redierunt, ita tamen ut quorum abstinentiam interrupi modum seruem, et 35
quidem abstinentie propiorem, nescio an difficiliorem, quoniam quedam
absciduntur omnino facilius quam temperantur. Hiis ego instinctus
abstinere animalibus cepi, et anno peracto non tantum facilis erat michi
consuetudo, sed dulcis. Agitatiorem esse michi animum credebam. Queris
quomodo desierim? In Tiberii Cesaris principatu iuuente tempus inciderat; 40
alienigena tum sacra mouebantur, sed inter argumenta superstitionis
ponebatur quorundam animalium abstinentia. Patre itaque meo rogante qui
non calumpniam timebat, sed ipsam philosophiam oderat, ad pristinam
consuetudinem redii.

Alexander Persas et Hircanos et Indos et quicquid gentium usque in oc- 45
ceanum extendit oriens uastabat, fugabatque, sed ipse modo occiso amico,
modo amisso, iacebat in tenebris, alias scelus, alias desiderium suum

merens, uictor tot regum et populorum ire tristitieque succumbens; id enim
egerat ut omnia potius in potestate haberet quam affectus.

Ex undeuicesimo. Vitia sermonum unus aliquis sub quo tunc eloquentia
est, inducit, ceteri imitantur, et alteri tradunt. Sic Salustio uiuente, am-
5 putate sententie et uerba ante expectatum cadentia et obscura breuitas fuere
pro cultu. L. Arruntius uir rare frugalitatis, qui historias belli Punici scripsit, fuit Salustianus, et in illud genus nitens. Est apud Salustium: 'Exercitum argento fecit', id est, pecunia parauit. Hoc Arruntius amare cepit, et
posuit illud omnibus paginis. Que apud Salustium rara fuere, apud hunc
10 crebra sunt et pene continua, nec sine causa; ille enim in hec incidebat, at
hic illa querebat. Dixit Salustius, 'Aquis hiemantibus'; Arruntius in primo
libro belli Punici ait, 'Repente hiemauit tempestas,' et alio loco cum uellet
dicere totum annum frigidum fuisse ait, 'Totus hiemauit annus,' et alio
loco, 'Inde sexaginta onerarias naues, preter militem et necessarios
15 nautarum, hiemante aquilone misit.' Quodam loco dicit Salustius, 'Equi
bonique famas petit'; Arruntius non temperauit quominus statim primo
loco poneret, ingentes esse 'famas' de Regulo.

Eleganter michi uidetur, adolescentulo cuidam querenti an sapiens
amaturus esset, 'De sapiente,' inquit, 'uidebimus; michi et tibi qui adhuc a
20 sapiente longe absumus non est committendum, ut incidamus in rem com-
motam, impotentem, alteri emancipatam, uilem sibi. Siue enim in nos
respicit, humanitate eius irritamur; siue contempsit, superbia accendimur.
Eque facilitas amoris quam difficultas nocet; facilitate capimur, cum
difficultate certamus. Itaque conscii nobis imbecillitatis nostre quiescamus.
25 Nec uino infirmum animum committamus nec forme, nec adulationi, nec
ullis rebus blande trahentibus.

Ex uicesimo. Fabricius Pirri regis aurum repulit, maiusque regno
iudicauit, si promittentem se regi uenenum daturum medicum illi remit-
teret. Monuit Pyrrum caueret insidias. Eiusdem animi fuit auro non uinci,
30 ueneno non uincere. Oratius Cocles solus impleuit pontis angustias.
Ademit ergo sibi reditum, dummodo hosti auferret iter. Solus ergo diu
prementibus restitit, donec reuulsa ingenti ruina tigna sonuerunt. Postquam
respexit utque extra periculum esse patriam suo periculo sensit, dedit se in
preceps non minus sollicitus in illo rapido alueo fluminis ut armatus quam
35 ut saluus exiret. Hec, et huiusmodi facta, imaginem nobis ostendere uirtutis.

Liber Tertius

Quedam olim in isto Polihistore nostro de diuersis auctoribus memorabilia dicta et facta inseruimus; nunc quoque diligentius eisdem uel aliis perlectis plura inuectemus.

Temistocles fertur Seriphio cuidam in iurgio respondisse, cum ille dixisset non eum sua, sed patrie gloria splendorem assecutum, 'Nec hercule,' 5 inquit, 'si ego Seriphius essem, ignobilis essem, nec tu si Atheniensis esses clarus unquam fuisses.'

Erat in Q. Maximo comitate condita grauitas, nec senectus mores mutauerat. Hic cum plane grandis natu esset bella ut adolescens gerebat et Hannibalem iuueniliter exultantem patientia sua molliebat. Tarentum uero 10 qua uigilantia quo consilio recepit, cum quidem me audiente Salinatori qui amisso oppido fugerat in arcem glorianti atque dicenti, 'Mea opera, Quinte Fabi, Tarentum recepisti.' 'Certe,' inquit ridens, 'nisi enim tu amisisses, nunquam recepissem.' Multa in eo uiro preclara cognoui, sed nichil ammirabilius quam quod mortem Marci filii equanimiter tulit, magni et 15 preclari uiri et consularis.

Est quiete et pure acte etatis placida et lenis senectus, qualem accepimus Platonis, qui uno et octogesimo anno scripsisse dicitur et mortuus esse, qualem Isocratis qui librum quarto et nonagesimo anno scripsisse dicitur, uixitque quinquennium postea. Cuius magister Leontinus Gorgias centum 20 et septem compleuit annos, neque unquam in suo studio atque opere cessauit, qui cum ex eo quereretur cur tam diu in uita uellet esse, 'Nichil habeo,' inquit, 'quod senectutem meam accusem.'

Annos septuaginta natus Ennius, tot enim uixit, ita ferebat duo que maxima putantur onera senectutem et paupertatem, ut eis pene delectari 25 uideretur.

Ad Apii Claudii senectutem accedebat ut etiam cecus esset; tamen is, cum sententia senatus inclinaret ad pacem cum Pyrro rege faciendam, non dubitauit dissuadere.

Temistocles omnium ciuium perceperat nomina. 30

Sophocles ad summam senectutem tragedias fecit, qui propter studium cum rem familiarem negligeret, accusatus a filiis quasi desipiens, obtulit iudicibus fabulam quam nuperrime fecerat, quesiuitque num illud carmen desipientis uideretur; quo recitato sententiis iudicium liberatus est.

Solonem uersibus gloriantem uidemus, qui se cotidie aliquid addiscentem
dicit senem fieri. Ego litteras senex didici Grecas, quas quidem sic auide ar-
ripui, quasi diuturnam sitim explere cupiens; quod fecisse Socratem in
fidibus audiui.

5   Que potest esse uox contemptior quam Milonis Crotoniate? Qui cum iam
senex esset, athletasque se exercentes in curriculo uideret, aspexisse lacertos dicitur, illacrimansque dixisse, 'At hii quidem iam mortui sunt.' Idem
iuuenis per stadium Olimpie ingressus dicitur, cum humeris sustineret
bouem uiuum.

10   Cyrus apud Xenofontem eo sermone quem moriens habuit, cum admodum senex esset negat senectute se unquam imbecilliorem factum,
quam in adolescentia fuisset. Masinissa rex annos nonaginta natus cum ingressus iter pedibus esset, omnino equum non ascendere, nullo imbre, nullo
frigore adduci ut capite operto esset accepimus, executumque omnia officia
15 regis.

Platonem ad Architam Tarentinum uenisse L. Emilio Paulo et P. Claudio
consulibus reperio.

Fabricius ad Pyrrum regem legatus missus cum audisset esse quendam
Athenis qui se sapientem profiteretur, eumque dicere solitum omnia que
20 faceremus ad uoluptatem esse referenda, optauit ut id Samnitibus ipsique
Pyrro persuaderetur, quo facilius uinci possent, cum se uoluptatibus dedissent.

Duellius, qui primus Penos classe uicit, rediens a cena funali et tubicine
delectabatur; tantum licentie dabat gloria.

25   Sophocles cum ex eo iam affecto etate quereretur utereturne — frueretur —
rebus ueneriis, 'Dii meliora,' inquit, 'libenter istinc sicut a domino agresti ac
furioso profugi.'

Curio ad focum sedenti magnum auri pondus cum Samnites attulissent,
repudiati sunt; non enim aurum habere preclarum sibi uideri dixit, sed
30 habentibus aurum imperare.

Aranti L. Quintio dictum est eum dictatorem esse debere; cuius iussu
magister equitum Seruilius Spurium Melium regnum appetentem interemit.

Cirus minor rex Persarum prestans ingenio et imperii gloria cum Lisander
35 Lacedemonius uir summe uirtutis uenisset ad eum Sardis, eique a sociis
munera attulisset, in ceteris rebus communis et humanus erga Lisandrum
fuit et ei quendam conseptum agrum et diligenter consitum ostendit. Cum
autem ammiraretur Lisander et proceritates arborum et ordines et humum
subactam et suauitatem odorum qui efflarent e floribus, dixit mirari se
40 diligentiam eius, qui hec omnia dimensus esset. Tum Cirus dixit, 'Atqui ego
sum ista omnia dimensus. Mei sunt ordines, mea descriptio; multe etiam
istarum arborum manu mea sate sunt.' Tum Lisander intuitus purpuram
eius et nitorem corporis ornatumque Persicum multo auro, multisque gem-
mis dixit, 'Recte te, Cire, beatum dicunt, quoniam uirtuti tue fortuna con-
45 iuncta est.'

Idem Lisander dicebat Lacedemonem honestissimum domicilium senectutis esse. Proditum est enim memorie cum Athenis quidam grandis natu in

theatrum ludis uenisset magno consessu, locum ei nusquam a ciuibus suis datum; cum autem ad Lacedemonios accessisset, qui legati cum essent certo in loco consederant, consurrexisse illi omnes dicuntur, et senem sessum recepisse. Quibus cum a cuncto consessu plausus esset multiplex datus dixit quidam ex hiis Athenienses scire que recta essent sed facere nolle.   5

Vetat Pytagoras iniussu imperatoris, id est dei, de presidio et statione uite discedere. Solonis quidem sapientis elogium est, quo se negat uelle mortem suam dolore et lamentis amicorum uacare. Vult credo carum se esse suis, sed haud scio, an melius Ennius: 'Nemo me lacrimis decoret, neque funera faxit.' Non censet esse lugendam mortem quam immortalis sequitur. 10 Pisistrato tiranno a Solone querenti qua tandem audacia fretus sibi obsisteret, idem Solon respondit, 'Senectute.'

Ex libro De amicitia. Tarquinium dixisse ferunt, tum exulantem, intellexisse se quos fidos amicos habuisset, quos infidos, cum iam neutris gratiam referre posset. Verumque est illud quod dicitur, modios salis simul edendos 15 ut amicitie munus expletum sit.

Ex libro De officiis. Iniuriose fecit ille qui cum triginta dierum essent cum hoste indutie facte noctu populabatur agros, quod dierum non noctium essent pacte indutie. Ne noster quidem probandus est, si uerum est, Fabium Labeonem, seu quem alium, nichil enim habeo preter auditum, arbitrum 20 Nolanis et Neapolitanis de finibus a senatu datum cum ad locum uenisset, cum utrisque separatim locutum, ne cupide quid agerent, ne appetentur, atque ut regredi quam progredi mallent. Id cum utrique fecissent, aliquantum agri relictum populo Romano adiudicauit.

Pompilius imperator tenebat prouinciam, in cuius exercitu Catonis filius 25 tiro militabat. Cum autem Pompilio uideretur unam dimittere legionem, Catonis quoque filium qui in eadem legione militabat dimisit. Sed cum amore pugnandi in exercitu remansisset, Cato ad Pompilium scripsit, ut si eum in exercitu remanere pateretur, secundo eum obligaret militie sacramento, quia priore amisso iure cum hostibus pugnare non poterat.   30

Primo Punico bello Regulus captus a Penis, cum de captiuis commutandis Romam missus esset, iurassetque se rediturum, primum ut uenit captiuos reddendos in senatu non censuit. Deinde cum retineretur a propinquis et ab amicis, ad supplicium redire maluit, quam fidem hosti datam fallere.

Secundo autem Punico bello post Cannensem fugam quos decem Han- 35 nibal Romam misit astrictos iure iurando se redituros esse nisi de redimendis hiis qui capti erant impetrassent, eos omnes censores quoad quisque eorum uixit quod peierassent in erariis reliquerunt, nec minus illum qui iuris iurandi fraude culpam inuenerat. Cum enim permissu Hannibalis exisset e castris rediit paulo post quod se oblitum nescio quid diceret. Deinde 40 egressus e castris, iure iurando se solutum putabat.

Vere si uolumus iudicare, multe res extiterunt urbane maiores clarioresque quam bellice. Quamuis enim Temistocles iure laudetur quod uictoriam de Xerse retulerit, que anteponatur consilio Solonis ei quo primum constituit Ariopagitas, non minus preclarum hoc quam illud iudicandum est. Il- 45 lud enim semel profuit, hoc semper proderit ciuitati. Licet eadem de Pausania Lisandroque dicere, quorum rebus gestis quamquam imperium

Lacedemoniis prouectum iudicetur, tamen ne minima quidem ex parte
Ligurgi legibus conferendi sunt. Nec plus Affricanus singularis et uir et imperator in excinenda Numantia rei publice profuit, quam eodem tempore P.
Nasica cum priuatus Tiberium Graccum interemit.
5   Inuenti sunt multi, qui non solum pecuniam, sed et uitam profundere pro
patria parati essent, idemque glorie iacturam ne minimam quidem facere
uellent, ne re publica quidem postulante, ut Callicratidas dux Lacedemoniorum Peloponensiaco bello egregius suadentibus classem ab Arginussis
remouendam, nec cum Atheniensibus pugnandum, respondit
10 Lacedemonios, illa classe amissa, aliam parare posse, se fugere, sine suo
dedecore non posse.
     Philippum regem Macedonum rebus gestis et gloria superatum a filio,
facilitate et humanitate uideo superiorem fuisse. Itaque alter semper
magnus, alter sepe turpissimus fuit.
15   Negligere quid de se quisque sentiat non solum arrogantis est sed etiam
dissoluti.
     Erat in L. Crasso et in L. Philippo multus lepos, at hiisdem temporibus in
M. Scauro et in M. Druso adolescente singularis seueritas, in Lelio multa
hilaritas, in eius familiari Scipione ambitio maior, uita tristior.
20   De Grecis autem dulcem et facetum festiuique sermonis et in omni oratione simulatorem, quod hironiam Greci nominant, Socratem accepimus.
     Contra Periclem et Pitagoram summam auctoritatem consecutos sine ulla
hilaritate, callidum Hannibalem ex Penorum ex nostris ducibus Fabium
Maximum accepimus facere, celare, dissimulare, insidiari, preripere
25 hostium consilia. In quo genere Temistoclem et Phereum Iasonem Greci
anteponunt, in primis uersutum factum Solonis, qui et quo tutior eius uita
esset et plus aliquanto rei publice prodesset, furere se simulauit. Ex
maioribus natu audiui duos Catulos et patrem et filium et P. Scipionem
Nasicam eloquentissimos fuisse, contraque patrem illius illum qui
30 Tiberium Graccum interfecit, nullam comitatem habuisse sermonis, ne
Xenocratem quidem seuerissimum philosophorum ob eamque rem ipsam
magnum et clarum fuisse. Catoni cum incredibilem tribuisset natura
grauitatem, eamque ipse perpetua constantia roborauisset, moriendum
potius quam tiranni uultus aspiciendus fuit.
35   Pericles cum collegam haberet Sophoclem poetam, hiique de communi
officio conuenissent et casu formosus puer preterisset, dixissetque
Sophocles, 'O puerum pulcrum Pericle!' dixit, 'Pretorem Sophocle decet non
solum manus sed etiam oculos abstinentes habere.'
     Quo cruciatu timoris putamus angi solitum Dionisium, qui cultros ton-
40 sorios metuens candente carbone sibi adiurebat capillum? Quid Alexandrum
Phereum quo animo uixisse credimus? Qui ut scriptum legimus cum uxorem Theben admodum diligeret, tamen ad eam ex epulis in cubiculum ueniens barbarum, et eum ut scriptum est compunctum notis, districto gladio
iubebat anteire, premittebatque de stipatoribus suis qui arculas muliebres
45 scrutarentur, et ne quod in uestimentis telum occultaretur exquirerent. Ipse
quoque ab eadem uxore propter pelicatus suspicionem est interfectus.
     Phalaris non ex insidiis interiit, ut is quem modo dixi Alexander, nec a

paucis ut Cesar, sed in eum uniuersa Agrigentinorum multitudo impetum fecit.

Sensim disciplinam Romanam iam antea minuebamus, post uero Sille uictoriam penitus amisimus. In illo enim secuta est honesta causa non honestam uictoriam. Est quippe ausus dicere, cum bona in foro uenderet et 5 bonorum et locupletium uirorum et certe ciuium, suam se predam uendere. Secutus est Cesar qui in causa impia uictoria etiam fediore non ciuium solum singulorum bona publicaret, sed et uniuersas prouincias regionesque uno calamitatis iure comprehenderet.

Preclare Socrates hanc uiam ad gloriam proximam et compendiariam esse 10 dicebat, si quis id ageret ut qualis haberi uellet talis esset.

Extant epistule Philippi ad Alexandrum et Antipatri ad Cassandrum et Antigoni ad Philippum filium, trium prudentissimorum sic enim accepimus, quibus precipiunt ut oratione benigna multitudinis animos ad beniuolentiam alliciant. Preclare in epistula quadam Alexandrum filium Philippus ac- 15 cusat, quod largitione beniuolentiam consectetur.

Temistocles cum consuleretur utrum uiro bono pauperi, an minus probato diuiti filiam collocaret, 'Ego,' inquit, 'malo uirum qui pecunia egeat, quam pecuniam que uiro.'

'Vtinam,' inquit Pontius Samnis, hostis Romanorum, 'ad illa tempora me 20 fortuna reseruaret, et tum essem natus quando Romani dona accipere cepissent. Non essem passus diutius eos imperare.'

Omni Macedonum gaza que fuit maxima potitus est Paulus. In erarium tantum pecunie inuexit, ut unius imperatoris preda finem attulerit tributorum. At hic nichil domum suam intulit preter memoriam 25 semperiternam. Imitatus est patrem Africanus nichilo locupletior Cartagine euersa, et Lucius Mummius similiter Corintho destructa.

Quod Apollo Pithius oraculum edidit, Spartham nulla alia re nisi auaritia perituram, uidetur non solum Lacedemoniis sed etiam omnibus opulentis populis predixisse.   30

Aratus Sicionius, cum eius ciuitas quinquaginta annos a tyrannis teneretur, profectus ab Argis Sicionem clandestino introitu urbe potitus est, cumque tyrannum Niococlem improuise pressisset, sexcentos exules qui locupletissimi fuerant eius ciuitatis restituit, remque publicam aduentu suo liberauit. Sed cum magnam animaduerteret in bonis et possessionibus 35 difficultatem, quod et eos quos ipse restituerat, quorum bona alii possederant egere iniquissimum arbitrabatur, et quinquaginta annorum possessiones mouere, non minus equum putabat, propterea quod tam longo spatio multa hereditatibus, multa coemptionibus, multa dotibus tenebantur, sine iniuria iudicauit, neque illis adimi, nec hiis non satis fieri quorum 40 illa fuerant oportere. Cum igitur statuisset ad eam rem opus esse pecunia, Alexandriam proficisci se uelle dixit, remque integram ad suum reditum iussit esse. Isque celeriter ad suum hospitem Ptholomeum uenit, qui tum regnabat, alter post Alexandriam conditam, cui cum exposuisset patriam se liberare uelle causamque docuisset, a rege opulento uir summus facile im- 45 petrauit, ut grandi pecunia adiuuaretur. Quam cum Sicionem attulisset, adhibuit sibi in consilium quindecim principes, cum quibus causas

cognouit, et eorum qui aliena tenebant, et eorum qui sua amiserant, perfecitque estimandis possessionibus ut persuaderet aliis ut pecuniam acciperent, possessionibus cederent, aliis ut commodius putarent numerari sibi quod tanti esset quam suum recuperare. Ita statutum est ut omnes con-
5 cordia perfecta discederent.

Publium Scipionem, Marce fili, eum, qui primus Africanus appellatus est, dicere solitum scripsit Cato, qui fuit eius fere equalis, nunquam se minus otiosum esse, quam cum otiosus, nec minus solum quam cum solus esset.

Scribit Possidonius in quadam epistula P. Rutilium dicere solitum, ut
10 nemo pictor esset inuentus, qui in Choa Venere eam partem quam Apelles inchoatam reliquisset absolueret, oris enim pulcritudo reliqui corporis imitandi spem auferebat, sic ea que Panetius pretermisisset in libro De officiis, propter eorum que perfecisset prestantiam, neminem persecutum.

Inducitur Giges a Platone, qui cum terra discessisset, magnis quibusdam
15 imbribus, descendit in illum hiatum eneumque equum ut ferunt fabule animaduertit, cuius in lateribus essent fores. Quibus apertis corpus hominis mortui uidit, magnitudine inusitata, anulumque in digito aureum, quem ut detraxit, ipse induit. Mox expertus miraculum, quod cum protenderet digitum cum anulo ipse omnes uidens a nullo uideretur, stupro regine illato,
20 eaque adiutrice rege et ceteris quos obstare arbitrabatur occisis, regno Lidie potitus est.

Damonem et Pithiam Pitagoreos ferunt hoc animo inter se fuisse, ut cum eorum alteri Dionisius tyrannus diem necis destinauisset et is qui morti addictus esset paucis sibi commendandorum suorum causa dies
25 postulauisset, uas factus est alter eius sistendi, ut si ille non reuertisset, moriendum sibi esset. Qui cum ad diem se recepisset, ammiratus eorum fidem tirannus petiuit ut se tertium ad amicitiam asciscerent.

Marius Cratidianus Sergio Orate uendiderat edes eas quas ab eodem ipse paucis ante annis emerat. Ee Sergio seruiebant, sed hoc in mancipio Marius
30 non dixerat. Adducta res in iudicium est; Oratam Crassus, Cratidianum defendebat Antonius. Ius Crassus urgebat quod uitium uenditor non dixisset sciens id oportere prestari; equitatem Antonius, quod ignotum Sergio non fuisset, qui illas edes uendidisset.

Fimbriam consularem uirum audiebam de patre nostro puer iudicem M.
35 Lutatio fuisse equiti Romano sane honesto cum is sponsionem fecisset nisi uir bonus esset. Itaque ei dixisse Fimbriam se nunquam rem illam iudicaturum, ne aut spoliaret fama probatum hominem, si contra iudicauisset, aut statuisse uideretur uirum bonum esse aliquem, cum ea res innumerabilibus officiis contineretur.
40 Pompeius Cesarem socerum habere uoluit, cuius audacia potens esset. Ipse autem socer semper in ore hos uersus Grecos habebat de Phenissis: 'Si uiolandum est ius, regnandi gratia ius uiolandum est; aliis rebus pietatem colas.'

Titus Veturius et Spurius Postumius cum iterum consules essent, quia,
45 cum male pugnatum esset, apud Caudium legionibus nostris sub iugum missis pacem cum Samnitibus fecerant, dediti sunt hiis, iniussu enim senatus populique fecerant. Eodem tempore Q. Numicius Q. Emilius qui

tum tribuni plebis fuerant, quod eorum auctoritate pax erat facta, dedita
sunt, ut pax Samnitium repudiaretur. Atque huius deditionis ipse qui
dedebatur Postumius suasor et auctor fuit. Quod idem post multis annis
Mancinus, qui ut Numantinis quibuscum sine senatus auctoritate fedus
fecerat dederetur, rogationem suasit; qua accepta deditus est hostibus.   5
    Canius episcopus Romanus, nec infacetus et satis litteratus, cum se
Siracusas contulisset, dictabat se aliquos ortulos emere uelle quo inuitare
amicos et ubi se sine interpellatoribus oblectare posset. Quod cum per-
crebruisset, Pithius ei quidam qui argentariam faceret Siracusis uenales
quidem ortos se non habere dixit, sed liceret uti Canio si uellet ut suis. Et 10
simul ad cenam in hortos inuitauit hominem in posterum diem. Cum ille
promisisset Pithius qui esset, ut argentarius, apud omnes ordines gratiosus
piscatores conuocauit ad se et ab hiis petiuit, ut ante suos hortulos postridie
piscarentur, dixitque quid eos facere uellet. Ad cenam uenit ex tempore
Canius. Cumbarum ante oculos multitudo, pro se quisque, quod ceperat 15
offerebat; ante pedes Pithii pisces abiciebantur. Tum Canius, 'Queso,' inquit, 'quid hoc est, Pithi? Tantumne piscium, tantumne cimbarum?' Et ille,
'Quid mirum?' inquit. 'Hoc loco est quicquid Siracusis est piscium, hic
aquatio; hac uilla isti carere non possunt.' Incensus Canius cupiditate, contendit ut emeret a Pithio, illo primo grauate. Quid plura? Impetrat. Erat 20
homo cupidus et locuples et tanti quanti Pithius uoluit emit. Negotium
conficit. Inuitat Canius postridie familiares suos, uenit ipse mature, cim-
bam nullam uidet. Querit ex proximo uicino, num ferie piscatorum eo die
essent. 'Nulle quod sciam,' inquit ille, 'sed hic piscari nulli solent; itaque
heri mirabar quid accidisset.' Ita illusus Canius est.   25
    Hic animaduertat lector me pretermisisse de Atheniensibus, qui hoc quod
Temistocles dixerat utile quia honestum non erat dimiserunt, de falso
testamento inimicii Basuli, de perfuga Pyrri qui uenit ad Fabricium, de octo
milibus Romanorum quos uiuos cepit Hannibal. Hec enim omnia in Valerio
Maximo leguntur. Dimisi etiam quod Marius criminatione Metelli ac- 30
quisierit consulatum, quia in Salustio copiose legitur. Preterii nichilominus
quod Titus Manlius tribunum plebis pro criminatione patris sui uoluerit
necare, quia copiosius in Seneca De beneficiis inuenitur. Quedam tamen
que alii dixerunt apposui, quia eos illa ex Tullio excerpsisse qui eos tempore
precessit sciui.   35
    Ex libro Augustini De uita beata. In Hortensio quem de laude et defen-
sione philosophie Tullius fecit, 'Ecce autem,' ait, 'non philosophi quidem,
sed prompti tamen ad disputandam, omnes aiunt esse beatos qui uiuant ut
uelint. Falsum id quidem, uelle enim quod non deceat, idem ipsum miser-
rimum. Nec tam miserum est non adipisci quod uelis, quam adipisci uelle 40
quod non oporteat. Plus enim mali prauitas uoluntatis affert, quam fortuna
cuiquam boni.'
    Ex Ieronimo Super epistulam ad Galathas. Sapientes seculi eos, qui se de
dogmate transferunt ad dogma, translatos uocant, ut Dionisius ille, cuius
fuit ante sententia, dolorem non esse malum; postquam afflictus 45
calamitatibus et dolore oppressus cepit affirmare quod dolor esset summum
omnium malorum, ab hiis est appellatus translatus.

Si qui nos de uilitate sermonis reprehenderunt, mittimus eos ad Ciceronis
libros qui de questionibus philosophie prenotantur, ut uideant quanta
necessitate compulsus sit, tanta ibi uerborum portenta proferre, quanta
nunquam Latini hominis auris audiuit.
5 Cretenses semper mendaces, malas bestias uentris pigri, uere ab
Epimenide poeta dictos apostolus comprobat. Vanos Mauros, feroces
Dalmatas, Latinus pulsat historicus. Timidos Frigas omnes poete lacerant.
Athenis expedita nasci ingenia philosophi gloriantur. Grecos leues apud
Cesarem suggillat Tullius, dicens, 'Aut leuium Grecorum aut immanium
10 barbarorum.' Et pro Flacco, 'Ingenita,' inquit, 'leuitas et erudita uanitas.' Ipso modo puto apostolum Galathas regionis sue proprietate pulsasse insen-
satos uocando.
Scita est illa sapientis uiri sententia, non fidelem ex iustitia, sed iustum
ex fide uiuere.
15 Marcus Varro cunctarum antiquitatum diligentissimus perscrutator, et
ceteri qui eum imitati sunt, multa super Galathis et digna memorie
tradiderunt. Lactantius in tertio ad Probum uolumine, 'Galli,' inquit, 'antiquitus a candore corporis Galathe nuncupantur. Et Sibilla sic eos uocat.
Quod significare uolens poeta ait, "Tum lactea colla auro innectuntur."
20 Gallogreci ante modo Galathe dicti, quia duce Brenno Greciam ingressi
Grecis se miscuere.' Nec mirum si illi in Grecia residere, cum contra Greci
Focei Massilienses condiderint, quos ait Varro trilingues esse, eo quod
Grece et Latine et Gallice loquantur. Oppidum Roda Rodii condiderunt,
unde amnis Rodanus influit. Tirii Cartaginem condiderunt. Thebas Liber in
25 Africa condidit, que ciuitas nunc Thebestis dicitur. Saguntum Greci ex insula Iacincto profecti in Hispania fecerunt. Oppidum Tarteson Iasones Greci
homines condiderunt, ex quo euenit ut et in Occidente Greci acuminis sepe
reperiantur homines, et in Oriente stoliditates barbarorum sepe redoleant.
Itaque non mirum est stultos et ad intelligentiam tardiores Galathas nun-
30 cupatos, cum et Hilarius Latine eloquentie Rodanus Gallus et ipse et Pic-
tauis genitus in hymnorum carmine Gallos indociles uocet. Et quod nunc
oratorum fertiles sunt non tam ad diligentiam regionis quam ad rethoricum
clamorem pertinet, maxime cum Aquitania Greca se iactet origine et
Galathe non de illa terrarum parte, sed de ferocioribus Gallis sint profecti.
35 Romane plebis ab apostolo laudatur fides; ubi alibi studio tanto et frequentia
et ecclesias et sepulcra martirum conuenitur? Vbi alibi sic ad similitudinem
celestis tonitrui 'Amen' reboat et idolorum templa quatiuntur? Rursus alibi
facilitatis et superbie arguuntur. Corinthios quoque notat quod mulieres
eorum intecto capite sint et uiri comam nutriant et indifferenter uescantur
40 in templis et inflati sint sapientia seculari. Hec ex parte usque hodie per-
manere non potest negare, qui Achaiam uiderit. Scit mecum qui Anciram
Galatie metropolim uidit, quot nunc usque scismatibus scissa et con-
stuprata sit. Omitto Catafrigas, Ophitas, Borboritas, ceteraque humane
calamitatis uocabula, magis portenta quam nomina. Antique enim stultitie
45 hodie manent uestigia. Galathe autem, excepto sermone Greco quo omnis
Oriens loquitur, eandem linguam habunt quam Treueri, nec refert si aliquantum discrepent, cum Afri Fenicam linguam ex parte mutauerint.

Firmianus, in octauo Ad Demetrianum libro, per imperitiam scripturarum asserit spiritum sanctum sepe patrem sepe filium nominari.

Tradunt apostolum Paulum grauissimum capitis dolorem sepe passum, et hunc esse angelum Sathane qui eum colaphizabat.

Quod Paulus dicit, 'Cretenses semper mendaces, male bestie, uentris 5 pigri,' uersus est heroicus Epimenidis poete cuius et Plato meminit et ceteri ueteres. Quod in Ariopago disputans dixit, 'Ipsius enim et genus sumus,' hoc emistichium est in Arato qui de stellis conscripsit. Et illud, 'Corrumpunt bonos mores colloquia mala,' trimeter iambicus est, de comedia Menandri.

Pulcre quidam Grecum uersum transferens elegiaco metro dixit, 'Iustius 10 inuidia nichil est, que protinus ipsum auctorem rodit excruciatque animum.'

Pulcre quidam non ignobilis orator, cum ebrium describeret de somno excitatum, ait, 'Nec dormire excitatus, nec uigilare ebrius poterat.'

Stoici qui distinguunt inter uerba gaudium esse aliquid subtilius quam 15 letitiam estimant; gaudium esse elationem animi super hiis que digna sunt exultantis, letitiam effrenatam animi elationem etiam in uitiosis. Idem bonitatem ita diffiniunt, quod bonitas est uirtus que prosit, siue ex qua oriuntur utilitates, uel uirtus propter semetipsam, uel affectus qui fons sit utilitatum. Idem de philosophia opinati sunt, ut quod leges publice per 20 necessitatem facere cogunt, hoc illa persuadeat uoluntate fieri.

Ciceronis duo sunt uolumina de gloria,* in quibus ait, "Videas quosdam de contempnenda gloria libros inscribere et propter gloriam nominis sui titulos prenotare.'

Iohannes euangelista cum Ephesi moraretur usque ad ultimam senec- 25 tutem et uix inter discipulorum manus ad ecclesiam deferretur, nec posset in plura uocem uerba contexere, nichil aliud per singulas solebat collectas proferre nisi hoc: 'Filioli diligite alterutrum.' Tandem discipuli et fratres tedio quod eadem semper audirent dixerunt, 'Magister quare semper hoc loqueris?' Qui respondit dignam Iohanne sententiam: 'Quia preceptum domini 30 est, et si solum fiat sufficit.'

Titus, filius Vespasiani, qui in ultionem dominici sanguinis Ierosolimam destruxit, tante fuit mansuetudinis ut quodam die super cenam recordatus se nichil eo die prestitisse diceret, 'Amice hodie diem perdidi.' Quod si ille sine euangelio naturaliter et dixit et fecit, quid nos facere oportet in quorum 35 condempnationem Iuno uniuiras et Vesta uirgines habet?

Ex Ieronimo contra Rufinum. Tullius in commentariis causarum pro Gabinio, 'Ego,' inquit, 'cum amicitias omnes semper tuendas putaui summa religione et fide, tum eas maxime que essent ex inimicitiis reuocate in gratiam, propterea quod integris amicitiis officium pretermissum impruden- 40 tie, uel ut grauius interpretemur negligentie, excusatione defenditur; post reditum in gratiam si quod est commissum id non neglectum sed uiolatum putatur, nec imprudentie sed perfidie assignari solet.'

Tu nimirum Salustianus Calpurnius es qui per Magnum oratorem non magnam mouisti questionem.   45

Quidam Rome habuit eruditorem grammaticum uirum eruditissimum Afrum, et in eo se emulum eius putabat si uitia oris eius et lingue stridorem imitaretur.

Socrates, quia ante eum septem sapientes de phisica tractauerant, ad
ethicam transiens dixit, 'Que supra nos nichil ad nos.'

Sicut Barchobas auctor seditionis Iudaice stipulam in ore succensam
anhelitu uentilabat, ut flammas euomere putaretur, ita tu alter Salmoneus
5 omnia per que incedis illustras.

Lege pro Vatinio oratiunculam Tullii, et alias ubi sodalitiorum mentio fit.
Reuolue dialogos eius. Respice oram Italie, que quondam magna Grecia
dicebatur, et Pytagoricorum dogmatum incisa litteris era cognosces. Cuius
sunt enim χρυσᾶ παραγγέλματα? Nonne Pytagore? In quibus breuiter omnia
10 eius dogmata continentur, que in latissimo opere commentatus est
Iamblicus philosophus, imitatus Moderatum uirum eloquentissimum et Ar-
chippum et Adisidem Pitagore auctores, quorum Archippus Grecie et
Adisides Thebis scolas habuere, qui memoriter tenentes precepta doctoris
ingenio pro litteris utebantur. Audi quid, apud Grecos, Pytagoras primus in-
15 uenerit: immortales esse animas et de aliis transire corporibus ad alia. Se
primum fuisse Euforbium, secundo Chalidem, tertio Ermonimum, quarto
Pyrrum, ad extremum Pytagoram. Post certos temporum circuitus ea que
rursus fuerant fieri, nichilque in mundo uideri nouum. Philosophiam
meditationem esse mortis cotidie de corporibus ut de carcere nitentem
20 educere anime libertatem, et multa alia que Plato in libris suis maxime in
Fedrone Timeoque prosequitur. Nam post Achademiam et innumerabiles
discipulos multum sentiens sue deesse doctrine uenit et ad magnam
Greciam, ibique ab Archita Tarentino et Timeo Locrensi Pitagore doctrinis
eruditus, elegantiam et leporem Socratis cum huius miscuit disciplinis, que
25 omnia nomine commutato Origenes in libros Periarchon transtulit.

Ex eodem De mansionibus filiorum Israel. Ferunt carbones ex iunipero et
lignum ipsum ignem conseruare, ita ut si prune ex eius cinere fuerint
cooperte usque ad annum permaneant.

Ex eius epistula ad Tesiphontem. Simon magus heresim condidit Helene
30 meretricis adiutus pecunia. Nicolaus Antiochenus omnium immun-
ditiarum repertor choros duxit femineos. Marcion Romam premisit
mulierem que deceptorum animos conciliaret sibi. Apelles Philophemen
Montanus Priscam et Maximillam nobiles et opulentas feminas comites
habuerunt. Arrius ut orbem deciperet sororem principis Constantini ante
35 decepit. Donatus, ut rebaptizaret, Lucille opibus adiutus est.

Ex dialogo eiusdem Contra Pelagium. Sententias eorum qui predicant im-
passibilitatem Cicero in Tusculanis disputationibus explicat et Origenes in
Stromatibus.

Eloquentissimus orator de rethorica et iuris scientia disputans ait, 'Pauci
40 unum possunt, utrumque nemo.'

Iosephus, Machabeorum scriptor historie, frangi et regi dixit posse pertur-
bationes non eradicari.

In exemplaribus Grecis in fine euangelii secundum Marcum, quando
dominus exprobrauit discipulis incredulitatem, illi satisfecerunt dicentes,
45 'In seculo isto iniquitatis et incredulitatis substantia est, quia non sinit per
immundos spiritus apprehendi ueram dei uirtutem. Idcirco iam nunc reuela
iustitiam tuam.'

In euangelio Hebraico, quod Caldaico et Siro sermone, sed Hebraicis lit-

teris scriptum est, dicitur quod mater domini et fratres eius dixerunt ei:
'Ecce Iohannes baptizat; eamus et baptizemur ab eo.' Et dixit eis, 'Quid peccaui ut baptizer nisi forte hoc ipsum quod dixi ignorantia est?' Antonius
orator egregius in cuius laudibus Tullius personat, disertos ait se uidisse,
eloquentem adhuc neminem.   5

Ex eodem super Osee. Palatarum in Palestina permagna copia est, quas
Isaias propheta ulceri Ezechie regis iussit apponi. Est autem massa pingui-
um caricarum, quas in morem laterum figurantes ut diu illese permaneant
calcant et compungunt.

Iezrahel metropolis fuit decem tribuum in qua Naboth interfectus est. 10
Samaria altera fuit earum metropolis, que postea ab Herode ad honorem
Augusti Cesaris Sebastia, id est, Augusta, uocata est, in qua ossa Iohannis
Baptiste condita sunt.

Vbicumque in fine Hebrei sermonis 'im' sillabam legimus, numero plurali
est genere masculino, ubi autem 'hoth' numero plurali genere feminino. 15
Cherubim ergo et Seraphim numero plurali intelligamus genere masculino,
Sabaoth autem numero plurali genere feminino.

Primum omnium Asie regnasse Ninum, Beli filium, omnes Grece et bar-
bare narrant historie, qui apud Assyrios Ninum sui nominis condidit
ciuitatem, quam Hebrei uocat Niniuen. Huius uxor Semiramis de qua multa 20
et miranda feruntur muros Babilonios extruxit, de qua insignis poeta:
'Quam dicitur olim coctilibus muris cinxisse Semiramis urbem.' Hic aduersus Zoroastrem magum regem Bactrianorum forti certamine dimicauit et in
tantam peruenit gloriam, ut Belum patrem suum referret in deum, qui
Hebraice dicitur Bel, et sicut legitur in Daniele, a Babiloniis colebatur. 25
Hunc Sydonii et Phenices appellant Bahal, unde et Dido Sydonia regii
generis, cum Eneam suscepisset hospitio, hac patera Ioui uina delibat qua
'Belus et omnes a Belo soliti.'

Cum captiuitas decem tribuum uenisset, habitatore sullato defecerunt
uolucres et pisces. Hoc qui non credit accidisse populo Israel, cernat Il- 30
liricum, Trachias, Macedoniam, Pannoniam et omnem terram que a Pro-
pontide et Bosphoro usque ad Alpes Iulias tenditur et probabit cum
hominibus animantia cuncta deficere, que in usus hominum a creatore prius
alebantur.

Rome matri non deorum sed demonum seruientes Gallos uocant, eo quod 35
de hac gente Romani truncatos in honorem Atis, quem eunuchum dea
meretrix fecerat, sacerdotes eius manciparint. Propterea autem Gallorum
gentis homines effeminantur, ut qui urbem Romam ceperant hac feriantur
ignominia.

Videtur michi iccirco et populus Israel in solitudine fecisse sibi capud 40
uituli quod coleret, et Hieroboam filius Nabath uitulos aureos fabricatus, ut
quod in Egipto didicerant Apim et Meneuium qui sub figura boum coluntur
esse deos, hoc in superstitione sua seruarent.

Sub rege Facee decem tribuum et Teglathphallassar rege Assyriorum apud
Grecos erat secundus annus prime Olimpiadis, et apud Latinos, nec dum 45
Roma condita, Albe uicesimo anno Amulius imperabat, quem postea
Romulus regno pepulit.

Optarem michi illud contingere quod Titus Liuius scribit de Catone, cuius glorie neque profuit quisquam laudando, nec uituperando obfuit, cum utrumque summis prediti ingeniis fecerint. Significat autem M. Ciceronem et G. Cesarem, quorum alter laudes, alter uituperationem supradicti uiri 5 scripsit.

Bucina pastoralis est et cornu recuruo efficitur. Tuba autem de ere efficitur uel argento, que in bellis et in solemnitatibus concrepat.

Memphis erat quondam metropolis Egipti antequam Alexandria que prius appellabatur No ab Alexandro Macedone et magnitudinem urbis et nomen 10 acciperet.

Gramen est genus herbe calamo simile, que per singula genicula fruticem sursum et radicem deorsum mittit, rursusque ipsi frutices et uirgulta alterius herbe seminaria sunt, atque ita in breui tempore si non imis radicibus effodiatur, totos agros ueprium similes facit. Denique etiam si sic- 15 ca eius aliqua pars, dummodo geniculum habeat, super cultam terram ceciderit, omnia replet gramine.

Tradunt Hebrei uitulos aureos a sacerdotibus esse furto sullatos et pro hiis ereos et deauratos esse suppositos.

Illud quod dicitur in Osee, 'Ex Egipto uocaui filium meum,' quia in Sep- 20 tuaginta interpretum editione dicitur 'filios meos,' Iulianus Augustus in septimo uolumine calumniatur, dicens Matheum euangelistam quod de Israele dicitur ad Christum retulisse.

Natura leonum est ut cum infremuerint et rugierint omnia animalia contremiscant et fixo gradu se mouere non possint.

25 Tradunt Hebrei quod in exitu Israel ex Egypto quando ex alia parte mons, ex alia parte Rubrum mare et ex alia Pharaonis urgebat exercitus et inclusus populus tenebatur, ceteris tribubus desperantibus salutem et aut reuerti in Egyptum aut bellare cupientibus, solus Iudas fugere nolens audacter ingressus est mare, unde et regnum meruit accipere.

30 Aiunt qui de bestiarum scripsere naturis inter omnes feras nichil esse ursa seuius cum perdiderit catulos uel indiguerit cibis.

Etiam nostris temporibus uidimus agmina locustarum terram texisse Iudeam, que postea misericordia domini inter uestibulum et altare, hoc est inter crucis et resurrectionis locum, sacerdotibus deprecantibus uento 35 surgente in mare precipitate sunt. Locustarum autem greges magis Auster quam Aquilo consueuit adducere, quia magis ex calore quam ex frigore ueniunt.

Ex eodem super Amos. Duo sunt montes qui uocantur Carmelus, unus in quo habitauit Nabal, maritus Abigail ad Australem plagam, alter iuxta 40 Ptholomaidem, que prius uocabatur Acho, in quo Helias impetrauit pluuiam.

In Iudea genus est plaustri, quod rotis subter ferreis atque dentatis uoluitur, ut excussis frumentis stipulam in areis confringat et in cibos iumentorum propter feni sterilitatem paleas conterat.

45 Alexandrum Magnum narrat historia ex Tyro que prius insula erat comportatis aggeribus peninsulam fecisse.

Nunquam in fine mensis Iunii, siue in mense Iulio, in hiis prouinciis max-

imeque in Iudea pluuias uidimus. Denique in libro Regum pro signo magno
atque portento in diebus estatis et messis pluuie concitate sunt.

Disertissimus et doctissimus medicorum Galienus de numeris scripsit
tres libros, in quibus, septenarii numeri ostendens potentiam, ait arden-
tissimas febres septimo die solui uel duplicato id est ·xiiii· uel triplicato id 5
est ·xxi·. Ita ab initio mundi diebus conditis, ut omnes labores et molestie
septimo numero conquiescant.

Hebraice dicitur Cochab sidus Luciferi quem Sarraceni hucusque ueneran-
tur.

Calanne uocatur nunc Thesiphon, et Emath Antiochia. Fuit autem parua 10
et magna; maior ut dixi nunc dicitur Antiochia, minor Epiphania.

In septem spatia diuisit Philo etatem hominis, infantiam, pueritiam,
iuuentutem, uirilem, ingrauescentem, maturam etatem et ultimos annos
senectutis.

De Xenocrate qui scripsit de lapidum naturis hec excerpsimus. Lapis 15
adamas nulli materie cedit, ne ferro quidem. Si enim positus super incudem
graui malleo feriatur, ante incus et malleus conteritur quam ipse. Ignis reddit adamantem puriorem, et nec angulum eius aliquem obtundit. Nulla lima
teritur, sed econtrario limam terit. Quicquid attigerit, lineis sulcat. Solo
cruore hirci calido mollitur. Deprehendit uenena; maleficiis resistit.   20

Aquila cunctis auibus clarius uidet, adeo ut cum super maria immobili
penna feratur, pisciculos natare uideat, eosque tormenti modo descendens
ad litus perferat.

Omnis australis regio Idumeorum in specubus habitatiunculas habet, et
propter nimium calorem solis quia meridiana prouincia est, subterraneis 25
tuguriis utitur.

Legamus Erodotum et uidebimus Babilonios et Assyrios totam Asiam
subegisse.

Eos quos nunc agentes in rebus uel ueredarios dicimus, quondam frumentarios uocabant.   30

Ex eodem super Ionam. Tradunt Hebrei Ionam fuisse filium Sareptene
uidue, quem Helias propheta mortuum suscitauit.

Quantum ad historias tam Hebreas quam Grecas pertinet et maxime
Herodotum, legimus Niniuen regnante apud Hebreos Iosia, ab rege Astiaca
fuisse subuersam.   35

Ioppe portus est Iudee ad quem Hiram ligna de Libano ratibus
transferebat, que Ierosolimam terreno itinere peruelerentur. Hic locus est
in quo usque hodie saxa monstrantur in littore, in quibus Andromeda
religata Persei quondam sit liberata auxilio.

Ciceia est quedam herba uel potius arbuscula, cuius speciam Latinus ser- 40
mo non exprimit, lata habens folia in modum pampini et umbram den-
sissimam sustinens, que Palestine creberrime nascitur et maxime in
arenosis locis. Mirumque in modum si sementem in terram ieceris, cito
confortata surgit in arborem, et intra paucos dies quam herbam uideras ar-
busculam suspicis.   45

Ex eodem super Micheam. Dracones terribili sibilo personant, eo tempore
quo uincuntur ab iliphantis, et strutiones immemores natorum in arena

calcandos pedibus bestiarum relinquunt.

Nuper transtulimus euangelium Hebreorum, in quo legitur dixisse dominum, 'Modo tulit me mater mea in uno capillorum meorum.'

Odio generis humani quidam solitariam appetunt uitam, sicut Tumonem
5 fecisse legimus in Athenis.

Voluola est genus herbe similis hedere, que uitibus et uirgultis circumdari solet, et in longum serpere.

Theophrastus scripsit tria de amicitia uolumina.

Qui gesta Alexandri scripserunt memorie tradiderunt Alexandriam sub
10 ueteri nomine No semper metropolim Egypti fuisse, que hinc riuis Nili inde Mareotico lacu, ex alia parte mari cingitur. Egyptum autem et Africam et Ethiopiam in presidio eius esse, ipse prouinciarum situs ostendit.

Attelobus sunt parua genimina locustarum et est parua locusta inter locustam et brucum, et modicis pennis reptans potius quam uolans semper-
15 que subsiliens et ob hanc causam ubicumque orta fuerit, usque ad puluerem cuncta consumit, qui donec crescant penne eius abire non potest.

Ex eodem super Abacuc. Lupi seuiores esse dicuntur nocte uicina diurna fame ad rabiem concitati.

Crispus loquitur in historiis, 'Saguntini fide atque erumpnis incliti, studio
20 maiore quam opibus, quippe apud quos etiam tum semiruta menia, domus intecte, parietesque templorum ambusti, manus Punicas ostentabant.

Dum adhuc puer essem, et in grammatici ludo exercerer, omnesque urbes uictimarum sanguine polluerentur, ac subito in ipso persecutionis ardore Iuliani nuntiatus esset interitus, eleganter unus de ethnicis, 'Quomodo,' in-
25 quit, 'Christiani dicunt deum suum esse patientem? Nichil iracundius, nichil hoc furore presentius: ne modico quidem spatio indignationem suam differre potuit.'

Ex eodem super Sophoniam. Silo ubi tabernaculum et archa testamenti domini fuit uix altaris fundamenta monstrantur. Illa ciuitas Saul Gabaon us-
30 que ad fundamentum diruta est. Rama et Bethoron et relique urbes nobiles a Salomone constructe, parui uiculi demonstrantur. Vsque ad presentem diem perfidi Iudei, excepto planctu, prohibentur ingredi Ierosolimam et pretio redimunt ut eis liceat flere ciuitatis sue ruinas, ut qui quondam emerant sanguinem Christi, emant lacrimas suas et ne fletus quidem eis
35 gratuitus sit. Videas in die quo capta est a Romanis et diruta Ierosolimam uenire populum lugubrem, confluere decrepitas mulierculas et senes pannis annisque obsitos. Congregatur turba miserorum et patibulo domini cor-uscante ac radiante anastasi eius de Oliueti quoque monte crucis fulgente uexillo, plangere ruinas templi sui, populum miserum et tamen non esse
40 miserabilem; adhuc fletus ingens et liuida brachia et sparsi crines et miles mercedem postulat ut illis plus flere liceat.

Verbum 'nugas' scias in Hebreo ipsum Latinum esse sermonem et prop-terea a nobis ut in Hebreo erat positum, ut sciamus linguam Hebraicam omnium linguarum esse matrem.

45 Prelum uocatur quo poma uel uue, trapetum quo premuntur oliue.

Audiui Lidde quendam de Hebreis qui sapiens apud illos uocabatur nar-rantem, quod Sedechias a Nabuchodonosor rege cecatus in Reblatha, hoc est

Antiochie, ductus est in Babilonem. Vbi cum quadam die Nabuchodonosor festa celebraret, iussit ei dari potionem. Qua hausta ante ora conuiuantium uenter eius solutus est in fluxum et hoc esse quod Abacuc propheta dicat, 'Ve qui potum dat amico suo ut aspiciat ignominiam eius.'

Ex eodem super Aggeum. Eo tempore quo Zorobabel et Iesus sacerdos post 5 captiuitatem ceperunt edificare templum domini apud Romanos regnauit septimus Tarquinius Superbus habens annum imperii ·xxvii· qui post annos octo pulsus est a Bruto, ac deinde per annos quadringentos ·lxiiii· rem publicam usque ad Iulium Cesarem consules amministrauerunt.

Arbor malogranatum propter granorum multitudinem et intertextis mem- 10 branulis quandam geometricam compositionem et diuersas mansiunculas, omnes tamen uno cortice comprehensas, semper in scripturis sanctis super ecclesie persona ponitur.

Ex eodem super Zachariam. Addo ille qui dicitur pater esse Zacharie intelligitur esse qui missus est ad Ieroboam, filium Nabath sub quo altare 15 dirutum est et manus regis aruit, rursusque ad preces illius restituta est.

Tullius scripsit proprium de quattuor uirtutibus librum.

Stanum ab igne alia metalla defendit, et adulterata inter se per ignem dissociat, et cum sint es et ferrum durissima, si absque stanno fuerint, uruntur et concremantur.   20

Qui de uolucrum scripsere naturis autumant tria esse genera herodiorum, unum album, aliud stellatum, tertium nigrum quod seuissimum est, et sanguinarium, et pugnans ad coitum impatiens ita ut ex oculis eorum, erumpat cruor.

Vpupam dicunt auem esse spurcissimam, semper in sepulcris, semper in 25 humano stercore commorantem, denique et nidum ex eo facere dicitur, et pullos suos de uermiculis fimi putrescentis pascere.

Hebrei Ananiam et Azariam et Misaelem de captiuitate uenientes aurum et argentum in munera templi et coronas pontificis ac ducis attulisse commemorant, et Danielem uenisse cum munere.   30

In Augusto mense a Nabuchodonosor et multa post secula a Tito et Vespasiano templum in Ierosolimis incensum est atque destructum, capta urbs Bethel, ad quam multa milia confugerant Iudeorum aratum templum ad ignominiam gentis oppresse a Tito Annio Rufo.

De Virgilio traditum est quod libros suos quasi ursorum fetus lingua com- 35 posuerit et lambendo fecerit esse meliores, qui durarent in memoriam sempiternam, ut necessitatem metri libera oratione compleret.

Legamus ueteres historias et traditiones plangentium Iudeorum quod in tabernaculo Abrahe ubi nunc per singulos annos celeberrimus mercatus exercetur post ultimam euersionem quam sustinuerunt ab Adriano multa 40 hominum milia uenundata sunt et que uendi non potuerunt translata in Egyptum et tam naufragio ac fame quam hominum cede truncata.

Moris est in urbibus Iudee et Palestine ut in oppidis, uiculis, castellis rotundi ponantur lapides grauissimi ponderis ad quos iuuenes exercere se soleant et eos pro uarietate uirium subleuare, alii usque ad genua, alii usque 45 ad umbilicum, alii ad humores et caput, nonnulli super uerticem erectis iunctisque manibus magnitudinem uirium demonstrantes pondus ex-

tollant. In arce Atheniensium iuxta simulacrum Minerue uidi speram
eneam grauissimi ponderis, quam ego pro imbecillitate corpusculi mouere
uix potui. Cum quererem quidnam sibi uellet, responsum est ab urbis eius
cultoribus athletarum in illa massa fortitudinem comprobari, nec prius ad
5 agonem quemquam descendere, quam ex eleuatione ponderis sciatur quis
cui debeat comparari.

Potio malogranatorum non solum estus stomachi fugat, sed et corruptum
uentrem sanare dicitur, et reliquis prodesse uisceribus. Nichil hoc pomo
pulchrius.

10 Hic erat habitus prophetarum, ut quando populum ad penitentiam pro-
uocabant induerentur cilicio.

Cornelius Tacitus, qui post Augustum usque ad mortem Domitiani uitas
Cesarum triginta uoluminibus exarauit, Iudeorum calamitates explanauit.
Quomodo autem media pars ciuitatis capta sit et reliquus populus in urbe
15 permanserit et illo tempore et aliis approbatur septentrionalem et in-
feriorem urbis partem esse captam, montem autem templi et Syon in quo
arx erat integrum remansisse.

Legamus ecclesiasticas historias quid Valerianus, quid Decius, quid
Dioclitianus, quid Maximianus, quid seuissimus omnium Maximinus et
20 nuper Iulianus passi sunt, et intelligemus ueritatem prophetie, quod computruerint carnes eorum et oculi contabuerint et lingue in pedorem et
saniem conuerse sint.

Aiunt qui de arborum et herbarum scripsere naturis, quod si quis florem
salicis siue populi mixtum aque biberit, omnis in eo frigescat calor, et
25 libidinis uena siccetur, ultraque generare non possit.

Ex eodem super Danielem. Porphirio qui contra Christianos scripsit,
responderunt solertissime Eusebius Cesariensis tribus libris, Apollinaris
uno grandi libro et ante hos Methodius.

Si philosophorum perscruteris libros necesse est ut aliquid uasorum dei
30 reperias ut apud Platonem fabricatorem mundi deum, ut apud Zenonem
Stoicorum principem inferos et immortales animas, et unum bonum
honestatem.

Hebrei arbitrantur Ananiam, Azariam, Misaelem et Danielem fuisse
eunuchos. Philo arbitratur linguam Hebreorum ipsam esse Caldeorum, quia
35 Abraham de Caldeis fuerit. Sed quomodo pueri discunt linguam
Chaldeorum quam sciebant, Daniel scilicet et socii eius? Nisi forte duas
Abraham linguas Hebream et Caldeam scisse dicamus.

Daniel et socii eius qui de mensa regis comedere nolebant ne polluueren-
tur, utique si sapientiam atque doctrinam Babiloniorum scirent esse pec-
40 catum, nunquam acquiescerent ut eam discerent. Et nota quod deus dederit
sanctis pueris scientiam et disciplinam secularium litterarum.

Videntur michi incantatores esse qui uerbis rem peragunt, magi qui de
singulis philosophantur, malefici qui sanguine utuntur et uictimis, et sepe
contingunt corpora mortuorum. Caldei sunt mathematici.

45 Sicut in principio nichil imperio Romano fortius et durius, ita in fine
rerum nichil imbecillius, quando et in bellis ciuilibus et aduersus diuersas
nationes aliarum gentium barbararum indigemus auxilio.

Salustius scripsit in historiis quod naphta genus sit fomitis apud Persas, quo maxime nutriantur incendia. Alii ossa oliuarum que proiciuntur cum amurca arefacta naphtam appellari putant.

Reges Assyriorum et Babiloniorum orientis tantum prouincias, id est Asiam, non Europam et Libiam, tenuerunt.   5

Quatuor uentos celi quatuor arbitror angelicas potestates, quibus sunt commissa principalia regna, qui ideo dicuntur pugnare in mari, id est in mundo, quia unusquisque angelus pro commisso sibi regno facit.

Aiunt qui de naturis scripsere bestiarum, leenas esse seuissimas maxime si catulos nutriant, et semper gestire ad coitum.   10

Rigidum et parcioris uictus in morem Lacedemoniorum regnum Persarum fuit, ita ut in pulmento sale uteretur et cardamo. Legamus Cyri maioris infantiam, ante quem regnum Persarum humillimum et nullius momenti inter reliqua regna fuit.

Nichil Alexandri uictoria uelocius fuit, qui ab Illirico et Adriatico mari us- 15 que ad Indicum occeanum et Gangen fluuium non tam preliis quam uictoriis percucurrit, et sex annis Europe partem et omnem sibi Asiam subiugauit.

Omnes scriptores ecclesiastici tradiderunt in consummatione mundi quando destruendum est regnum Romanorum decem futuros reges qui 20 orbem Romanum inter se diuidant et undecimum surrecturum paruulum regem qui tres reges de decem superaturus sit, is est Egyptiorum regem et Africe et Ethiopie; quibus interfectis septem etiam alii uictori colla submittent. Nec putemus antichristum futurum esse demonem sed hominem, in quo totus Sathanas habitaturus est corporaliter.   25

Duplex angelorum est officium, aliorum qui premia retribuunt, aliorum qui singulis presunt cruciatibus.

Legimus ·cxx· annos penitentie constitutos ante diluuium. Sed quia homines per centum annos noluerunt agere penitentiam, non expectauit deus ut uiginti complerentur, sed intulit quod ante fuerat comminatus.   30

Mos apud Persas et Indos hodieque seruatur, ut pro balneis unguentis utantur.

Secundus rex Egypti Ptolomeus Philadelphus fuit, sub quo septuaginta scripturas sanctas in Grecum uerterunt; cuius bibliothece prefuit Demetrius Phalareus, idem apud Grecos orator et philosophus, tanteque potentie fuisse 35 narratur, ut Ptolomeum patrem uinceret. Narrant enim historie habuisse eum peditum ducenta milia, equitum undeuiginti milia, elephantos quos primus adduxit ex Ethiopia quadringentos, naues longas quas nunc Liburnas uocant mille quingentas, alias ad cibaria militum, auri quoque et argenti grande pondus, ita ut de Egypto per singulos annos quattuordecim milia et 40 octingenta talenta argenti acciperet, et frumenti artabas, que mensura tres modios et tertiam modii partem habet, quinquies et decies centena milia.

Ptholomeus Epiphanes idcirco ueneno interfectus est a ducibus suis quod cum unus ab illo quereret tantas res moliens ubi haberet pecuniam, respondit amicos sibi esse diuitias.   45

Nullus Iudeorum absque antichristo in toto unquam orbe regnauit, qui nasciturus est de populo Iudeorum et de Babilone uenturus, primum

superaturus regnum Egypti. Multi autem nostrorum putant ob seuitie et turpitudinis magnitudinem Domitianum uel Neronem antichristum fore.

Antoninus et Seuerus principes Iudeos plurimum dilexerunt et Iulianus
eos ad restituendum in Ierosolimis templum animauit.

5 Publius et Diodorus qui bibliotecarum scribunt historias non solum Antiochum narrant contra deum Iudeorum pertinaciter egisse, sed etiam
templum Diane quod erat in Elimaide ditissimum spoliare conatum uersum
in amentiam et morbo interisse, eundemque luxuriosissimum fuisse et in
tantum dedecus regie dignitatis per stupra et flagitia uenisse, ut scortis quo-
10 que et mimis publice abuteretur, et libidinem suam populo presente compleret.

Asserunt nostri ibi antichristum periturum ubi dominus ascendit ad
celos. A cuius potestate qua totum orbem obtinebit usque ad interfectionem
eius tres et semis anni complebuntur, et post hoc, post ·xlv· dies in sua
15 maiestate dominus est uenturus.

Ex eodem super Isaiam. Quicquid sanctarum est scripturarum, quicquid
potest humana lingua proferre et mortalium sensus accipere, in Isaie
uolumine continetur. Sciamus Ezechiam in Ierosolimis duodecimo anno
Romuli, qui sui nominis in Italia condidit ciuitatem, regnare cepisse, ut li-
20 quido appareat quanto antiquiores sunt nostre historie quam gentium
ceterarum.

Sub diuersis principibus ac regibus templum augustius fabricatum est in
tantum ut etiam externarum gentium Lacedemoniorum et Atheniensium et
Romanorum mererentur amicitias.

25 Sion mons est in quo Ierosolima urbs condita est, que postquam a Dauid
capta est appellata est ciuitas Dauid.

'P' litteram sermo Hebreus non habet, sed pro ea 'phi' Greco utitur.

In tantum Greci et Romani libidinis uitio quondam laborauerunt, ut et
clarissimi philosophorum Grecie haberent publice concubinos et Adrianus
30 philosophie artibus deditus Antinoum consecraret in deum, templumque ei
ac sacerdotes institueret. Inter scorta quoque in fornicibus spectaculorum
pueri steterint publice libidini expositi, donec sub Constantino imperatore
Christi euangelio coruscante et infidelitas uniuersarum gentium et tur-
pitudo deleta est.

35 Historie narrant tam Grece quam Latine, nichil Iudeorum et Romanorum
gente esse auarius.

Vbi quondam erat templum et religio dei, ibi Adriani statua et Iouis
idolum collocatum est.

Millenarios Grece chiliarchos Latine tribunos uocamus, quia presunt
40 tribui. Nec mirum si apud Iudeos omnis periit dignitas bellatorum cum
militandi sub gladio et arma portandi non habeant potestatem.

Poete Greci est laudabilis illa et miranda sententia: 'Primum esse beatum
eum qui per se sapiat; secundum autem qui sapientem audiat.' Qui autem
utroque careat, hunc inutilem esse tam sibi quam omnibus. Secunda enim
45 post naufragium tabula est et consolatio miseriarum, peccata sua
abscondere.

Porphirius impie dixit quod matrone et mulieres sunt noster senatus.

Inter senes et principes hoc fuit in ueteri populo quod modo inter presbiteros et episcopos.

Periscelide sunt quibus gressus mulierum ornatur. Mutatoria uero et pallia ornamenta sunt earum, quibus humeri et pectora proteguntur. Habent acus quibus affigunt ornamenta crinium. Habent theristra pallia scilicet quo 5 obuoluta est et Rebecca et hodie Mesopotamie et Arabie operiuntur femine; fascia pectus tegit.

Aiunt Hebrei soreth esse genus uinee optime. In tribu Beniamin fuit templum et altare quod omnis populi fructus suscipiebat. Vnde dixit pater, 'Beniamin lupus rapax mane comedet predam et uespere diuidet spolia.'   10

Vsque hodie Iudei perseuerant in blasphemiis et ter per singulos dies in omnibus sinagogis sub nomine Nazarenorum anathematizant uocabulum Christianorum. Inter sapientiam et prudentiam hoc dicunt interesse Stoici, quod sapientia sit rerum humanarum diuinarumque notitia, prudentia uero mortalium.   15

Mille trecentis annis Assirii antequam Ierosolimam subuerterent, regnum Egypti et Libie possederunt.

Siloam esse fontem ad radicem montis Sion, qui non iugibus horis sed incertis diebusque ebulliat et per terrarum concaua et antra saxi durissimi cum magno sonitu ueniat dubitare non possumus, nos presertim qui in hac 20 habitamus prouincia.

Duas domos Nazarei qui ita Christum admittunt, ut ueteris legis obseruationes non amittant, duas familias interpretantur, ex quibus orti sunt Pharisei et Scribe, quorum suscepit scolam Achibas qui magister Aquile interpretis fuit et post eum Mechir, cui successit Iohannan filius Zachei, et 25 post eum Eliezer, et per ordinem Telphon et tandem Ioseph Galileus usque ad captiuitatem Ierosolimorum.

In littore Genesareth, Capharnaum et Tiberias et Corozaim et Bethsaida site sunt.

Turris edificata est in campo Sennaar in quo erant ciuitates Arech, Achad, 30 Calanne, Babilon, que a confusione linguarum nomen accepit.

Illesis uestibus tradunt Hebrei corpora Assyriorum fuisse sub Ezechia concremata et decem tantum milia remansisse.

In euangelio Nazarenorum legitur, 'Factum est cum ascendisset dominus de aqua, descendit omnis fons spiritus sancti et requieuit super illum et dix- 35 it ille, "Fili mi in omnibus prophetis expectabam te. Tu es enim requies mea. Tu es filius meus primogenitus qui regnas in sempiternum." '

Stoici qui nostro dogmati in plerisque concordant, nichil appellant bonum nisi solam honestatem atque uirtutem, nichil malum nisi turpitudinem.

Pro Babilone destructa Seleucia et cetere fortes urbes Persarum et inclite 40 fuerunt extructe. Didicimus a quodam fratre Elamita, qui de illis finibus egrediens nunc Ierosolimis uitam exigit monachorum, uenationes regias esse in Babilone et omnis generis bestias in murorum eius tantum ambitu contineri. De situ autem eius et de altitudine turris quam edificauerunt filii Adam post diluuium Babilonem fuisse potentissimam et in campestribus 45 positam quadratam ab angulo usque ad angulum muri sedecim milia tenuisse passuum, id est simul ·lxiiii· refert Herodotus et multi alii qui

Grecas historias conscripserunt. Arx autem, id est capitolium illius urbis, est turris que edificata post diluuium in altitudine tria milia dicitur tenuisse passuum, paulatim elata in angustias coarcata, ut pondus imminens facilius altioris sustentetur. Describunt ibi templa marmorea, aureas statuas,
5 plateas lapideas, auroque fulgentes et multa alia que pene uidentur incredibilia.

Tradunt Hebrei quod Nabuchodonosor uiuente per septem annos inter bestias Moradadi filius eius regnauit; postquam ille restitutus in regnum est, usque ad mortem patris cum Ioachim rege Iude in uinculis fuit. Quo mortuo
10 cum rursus in regnum succederet, et non susciperetur a principibus qui metuebant ne uiueret qui putabatur extinctus, ut fidem mortui patris faceret, aperuit sepulcrum eius et cadauer unco et funibus traxit. Omnes autem historie consentiunt quod occiso Balthasar nepote Nabuchodonosor et succedente Dario in regnum Assyriorum nullus deinceps de
15 Nabuchodonosor stirpe regnauerit.

Nulla auis reguli aspectum potest illesa transire, sed quamuis longe sit eius ore sorbetur.

In mea infantia terre motu uniuersa in toto orbe maria littora sua transgressa sunt.
20 Damascus quondam regalis ciuitas fuit et in omni Syria tenuit principatum; necdum florebant Antiochia, Laodicia et Apamia, quas urbes per Macedonas excreuisse manifestum est.

Nemo dubitat Nilum de Ethiopia in Egiptum fluere.

Crudeles fuisse Babilonios manifestum est, qui paruulis non pepercerint
25 et suis eos iaculis uulnerauerint.

Doctus lector ueteres reuoluat historias et ab Eufrate usque ad Tigrim omnem in medio regionem Assyriorum fuisse cognoscat. Quos ergo antiqui Assyrios nunc nos uocamus Syros a parte totum uendicantes.

Egyptus et Mesopotamia pari inter se pietate contendunt. He enim uel
30 maxime gentes monachorum florent examinibus.

Tradunt Hebrei Isaiam fuisse socerum Manasse filii Ezechie et Rapsacen quem misit Sennacherib Ierosolimam ad blasphemandum deum filium eiusdem prophete et quia deum abnegauerat apud Assyrios principem factum.
35 Liber Geneseos docet ex Ismahel Cedar et Agarrenos qui peruerso nomine Sarracenos se uocant, ut non ex concubina, sed ex legitima uxore uideantur editi, generatos esse. Hii per totam habitant solitudinem, que ab India usque ad Mauritaniam tenditur, et Athlanticum occeanum, qui habitant in tentoriis et qua nox compulerit sedes tenent et si quando ab hostibus premun-
40 tur dromedariis centum et amplius milia uno die fugere solent; hos Assyrii post annum Iudaice uastationis latissime persecuti sunt.

Legamus Grecorum historias et inueniemus quod post captiuitatem Ierosolimorum Nabuchodonosor omnes conterminas gentes subiugauerit et Tyrum comportatis aggeribus ceperit, ut quod postea fecit Alexander in-
45 sulam continenti socians, iste ante facere conatus sit. Est autem Tyrus colonia Sidonis. Legimus autem in historiis Assyriorum, obsessos Tyros postquam nullam spem euadendi haberent, fugisse Cartaginem conscensis

nauibus et ad insulas Ionii Egyptiique maris, nichilque opum uictores inuenisse.

Orionem dicunt gentiles ·xxii· habere stellas, ex quibus quattuor tertie
magnitudinis eius sunt, nouem quarte, alie nouem quinte. Esse autem etiam
per diem stellas in celo probat solis deliquium, quod quando umbra terre ut 5
philosophi disputant et obiecto orbe lune fuerit obscuratus, clariora in celo
astra uideantur.

Ziton est genus potionis ex aqua frugibusque confectum et uulgo in
Dalmatie Pannonieque prouinciis barbara lingua uocatur alabium.

Pastophoria uocantur thalami in quibus habitabant excubitores templi. 10

Pulcre quidam in Gigantomachia de Enchelado lusit: 'Quo fugis, En-
chelade? Quascumque accesseris horas sub deo semper eris.'

Vallis est fertilissima Gethsemam ubi traditus est dominus, super cuius
uallis uerticem templum domini situm est. Iudas qui dominum tradidit fuit
de tribu Effraim et de uico eiusdem tribus Scarioth.   15

Difficile est immo impossibile placere omnibus, nec tanta uultuum quanta sententiarum diuersitas est.

Sacra narrat historia primum Ful regem Assyriorum sub Manen rege Israel
uastasse decem tribus, secundum Teglathfalassar sub Facee filio Romelie
uenisse Samariam, tertio Salmanasar sub Osee rege totam cepisse 20
Samariam, quartum fuisse Sargon qui expugnauit Azotum, quintum Efradon
qui translato Israel Samaritanos in Samariam misit, sextum Sennacherib,
qui sub Ezechia rege Ierosolimam obsedit. Pugnasse autem Sennacherib contra Egyptios et obsedisse Pelusium, iamque urbe capienda uenisse Taracham
regem Ethiopum in auxilium, unaque nocte ·clxxxv· milia pestilentia de 25
exercitu eius corruisse, Herodotus et Herosus Caldaice scriptor historie narrant.

Multis probatur historiis reges Persarum uenisse in Greciam et subuer-
tisse atque exspoliasse templa Grecorum.

Morbum regium uolunt intelligi Hebrei habuisse Ezechiam, cui contraria 30
putantur, uel sumpta in cibo, uel apposita corpori quecumque sunt dulcia,
et iuxta artem medicorum omnis sanies siccioribus ficis atque contunsis in
cutis superficiem concitatur.

Merodach qui misit ad regem Ezechiam nuntios patrem fuisse
Nabuchodonosor Hebrei autumant.   35

Serta est genus arboris nascentis in heremo, spine albe habentis
similitudinem, unde omnia ligna in arce et tabernaculi facta sunt usum, que
appellantur sechim; quod lignum imputribile et leuissimum omnium
lignorum tam in fortitudine quam et in nitore soliditatem superat et for-
mositatem.   40

Quod dicitur in libro Iudicum Samsonem deputatum ad molam, hoc
significari uolunt Hebrei, quod pro sobole robustissimorum uirorum cum
mulieribus allophilis concumbere coactus sit.

Disputant Stoici multa turpia praua hominum consuetudine uerbis
honesta esse, ut parricidium et similia; rursus honesta nominibus uideri tur- 45
pia, ut liberis dare operam, inflationem uentris crepitu digerere.

Qui apud Iudeos Bel, apud Grecos dicitur Belus, id est Saturnus, cui ueteres non solum animalia, sed etiam liberos immolabant.

Et nostrorum et philosophorum concordat sententia: omnia que cernimus igni peritura.

Clemens uir apostolicus qui post beatissimum Petrum Romanam rexit ec-
5 clesiam, scribit ad Corinthios, 'Sceptrum dei dominus Christus non uenit in iactantia superbie cum possit omnia, sed in humilitate.' Intantum ut percutienti se ministro dixerit, 'Si male locutus sum, perhibe testimonium de malo; si autem bene, quid me cedis?'

Iaspidum multa sunt genera: alius est smaragdi habens similitudinem, qui
10 reperitur in fontibus Termodoontis fluminis quo omnia fantasmata fugari autumant. Alius uiridior mari et tinctus quasi floribus; hic in frigie montibus et in profundissimis specubus nascitur. Alius iuxta Hiberos et Hircanos et mare Caspium reperitur. Est et alius niui et spume marinorum fluctuum similis. Vehementissimis Alpium frigoribus et inaccessis solis splen-
15 dori speluncis concrescere aque dicuntur in cristallum, et uisu quidem aquam, tactu autem lapidem esse.

Certissima traditio est Hebreorum Isaiam qui serrandus esset a Manasse serra lignea de sua prophetare morte in eo quod dicit: 'Iustus periit et non est qui recogitet.'
20 Egregia disertissimi oratoris sententia est felices esse artes si de illis soli artifices iudicarent.

Madian et Epha et Cedar regiones sunt trans Arabiam fertiles camelorum, omnisque prouincia appellatur Saba, unde fuit regina que uenit ad Salomonem.
25 Fertur sapientissimi apud Grecos merito celebrata et laude digna sententia, qui omnes seculi uoluptates et pompam mundi ad luxuriam transeuntem ortos Adonidis uocat. Nichil autem fuit sacrilegii quod populus Israel pretermitteret, non solum in ortis immolans sed et habitans in sepulcris et in delubris idolorum dormiens, ubi stratis hostiarum pellibus
30 incubare soliti erant, ut somnus futura cognosceret, quod in fano Esculapii usque hodie seruatur. Est autem in cunctis urbibus et maxime in Egypto et Alexandria uetus consuetudo ut ultimo die anni ponant mensam refertam uariis epulis et poculum mulso mixtum preteriti uel futuri anni fertilitatem auspicantes.
35 Aiunt qui de animantium scripsere naturis omnium quidem bestiarum et iumentorum et pecudum auiumque ingenitum esse in filios pullosque affectum, sed maximum esse amorem aquilarum, que in excelsis et inaccessis locis nidos collocant ne coluber fetus uiolet. Ametistum quoque inter pullos lapidem reperiri, quo omnia uenena superentur.
40 Sicut nos ab Indis desideramus pipar et amomum, ita ipsi a nobis pulegium.

Sicut diaboli et omnium negatorum atque impiorum credimus eterna tormenta, sic peccatorum impiorum at tamen Christianorum, quorum opera igne probanda sunt et purganda, moderatam et mixtam clementie
45 sententiam iudicis.

Ex eodem super Ezechielem. Iosephus et Aristeus et omnis scola Iudeorum ferunt quinque tantum libros Moysi a septuaginta esse translatos.

Pessimas bestias induci super terram, que fama gladioque uastata est, presentia quoque ostendunt tempora, quando familiare animal canis in dominorum carnes rabie concitatur, et ursis ac lupis cunctisque aliis bestiarum generibus terra completur.

Vera est sententia: 'Omnia orta occidunt et aucta senescunt, et nichil est 5 opere et manu factum, quod non conficiat et consumat uetustas.'

Pitagoras et Zeno a quo Stoici, Iudorum Bragmanes, Ethiopum ginnosophiste ob uictus continentiam miraculum suis gentibus tribuunt.

Cruenta infantium corpora statim ut ex utero exeunt lauari solent, deinde sale contingi ut sicciora sint et restrictiora, deinde pannis obuolui, unde et 10 corpora barbarorum erectiora sunt quam Romanorum, quia usque ad secundum et tertium annum super pannis inuoluuntur.

Philo uir disertissimus Iudeorum iacintum aeri comparat.

Nulli dubium quod Egypto uicina sit Palestina.

Per singulos menses grauia et torpentia mulierum corpora immundi 15 sanguinis effusione mundantur; quo tempore si uir coierit cum muliere, dicuntur concepti fetus uitium seminis trahere. Ita ut elephantiosi nascantur et feda in utroque sexu corpora paruitate uel enormitate membrorum sanies corrupta degeneret.

Naturale est ut magnitudine timoris uesica laxetur et nolente homine 20 urina defluat, quod quidem et in morborum magnitudine accidere solet.

Tristata nomen est apud Hebreos secundi gradus post regiam dignitatem. 'Veruntamen,' inquit scriptura, 'ad tres non peruenit,' illos significans qui principes tributorum equitum et peditum erant, quos nos magistratus utriusque militie et prefectos annonarii tituli nominamus.   25

Aiunt Hebrei hucusque Babilonios magistros decalogum scriptum in membranulis circumdare capiti suo.

Sanir mons ipse est Hermon.

Lidos tempore Cyri primi regis Persarum fuisse potentissimos, quorum rex Cresus ab eodem captus sit Xenophon plenissime scribit.   30

Rodus est Cycladum maxima in Ionio mari quondam potentissima, naualique certamine gloriosa et propter tutissimum portum mercatorum omnium receptaculum. Abundat autem Iudea que nunc dicitur Palestina frumento, balsamo, melle et oleo et resina. Hebreorum certa traditio est campum in quo interfectus est Abel a Cain fuisse in Damasco, unde et inter- 35 pretatur Damascus sanguinem bibens.

Cambises filius Ciri Egyptum usque ad Ethiopiam uastauit, ita ut Apim interficeret et omnia simulacra deleret, quam ob causam putant eum in amentiam uersum, et proprio mucrone confossum. Plenissime narrat hanc historiam Herodotus, ubi et omnis Egyptus per uicos et castella et pagos 40 describitur, et Nili origo gentisque illius terre, et terre mensura per circuitum, usque ad desertum Ethiopie, et littora magni maris et Libie et Arabie confinia describuntur.

Iuxta litteram inclitam esse terram Iudee, et cunctis terris fertiliorem dubitare non poterit qui a Rinocorura usque ad Taurum montem et Eufraten 45 fluuium cunctam considerauerit terram, et urbium potentiam et amenitatem regionum. Pelusium urbs Egypti portum habet tutissimum et

negotiatores ibi uel maxime exercentur. Moris autem est Egyptiorum propter inundationem Nili excelsos aggeres facere ad ripas eius, qui si custodum
negligentia uel nimia aquarum abundantia rupti fuerint, nequaquam campos subiacentes irrigare solent aque sed uastare.

5 Prima, ut ait sullimis orator, queque sectanti honestum est etiam in
secundis tertiisue consistere.

Socratis est dictum: 'Scio quod nescio; pars enim est scientie scire quid
nescias.'

Ipse Salomon fabricator templi peccauit et offendit deum; licet peniten-
10 tiam egerit, scribens Prouerbia in quibus ait, 'Nouissime ego egi penitentiam et respexi ut eligerem disciplinam.'

Vestibus lineis utuntur Egyptii sacerdotes non solum intrinsecus sed et
extrinsecus. Porro religio diuina alterum habitum habet in ministerio,
alterum in usu communi.

15 Rasa habet capita superstitio gentilium. Vino autem quantum ad meam
notitiam pertinet non reor aliquem abstinere gentilium.

Nichil quod spiret et possit incedere pre amaritudine nimia in mari mortuo inueniri potest, nec cocleole quidem paruique uermiculi, uel anguille, et
cetera animantia siue serpentium genera, quorum corpuscula magis
20 possumus nosse quam nomina. Denique si Iordanis auctus imbribus lacus
pisces illuc influentes receperit, statim moriuntur, et pinguibus aquis super-
natant.

Ex eodem super Ieremiam. Vetus est sententia: Litterarum radices amare
sunt fructus dulces.

25 Arabum gens latrociniis dedita usque hodie incursat terminos Palestine,
et descendentibus de Ierosolimis in Ierico obsidet uias, cuius rei et dominus
in euangelio meminit.

Apud ueteres erat consuetudo lugentium, tondere cesariem. At nunc e
contrario comam demittere, cunctis luctus indicium est.

30 Vallis filiorum Ennon illum locum significat qui Siloeis fontibus irrigatur,
et est amenus atque nemorosus locus, hodieque hortorum prebet delicias.
Hic autem gentilitatis error omnes prouincias occupauit, ut ad capita montium lucosque amenissimos uictimas immolarent et omnis praue religionis
superstitio seruaretur.

35 Lamentatrices solent in luctu flebili uoce et lacertos manibus uerberantes
ad lacrimas populum prouocare. Hic enim mos usque hodie permanet in
Iudea, ut mulieres sparsis crinibus nudatisque pectoribus uoce modulata
omnes ad fletum conuocent.

Multarum ex quadam parte gentium masculi et maxime que Iudee
40 Palestineque confines sunt usque hodie circumciduntur, et precipue Egyptii,
Idumei, Ammanite et Moabite et Saraceni.

Vno fonte Siloe et hoc non perpetuo urbs Ierosolimorum utitur, et usque
in presentem diem sterilitas pluuiarum non solum bibendi sed et frugum inopiam facit.

45 Moris est lugentium ferre cibos et preparare conuiuia, que parentalia uocant, eo quod a parentibus iusta celebrentur.

Aiunt scriptores naturalis historie tam bestiarum quam uolucrum ar-

borum et herbarum quorum principes sunt apud Grecos Aristotiles et
Theophrastus, apud nos Plinius hanc perdicis esse naturam, ut oua alterius
perdicis furetur et eis incubet foueatque; cumque fetus produxerit et
adoleuerint, auolare ab eo et alienum parentem relinquere.

Nix de Libani summitatibus deficere non potest, nec ullo ut omnis li- 5
quescat ardore superatur, qui totus cedris consitus est.

Iudei auream atque gemmatam Ierosolimam sibi promittunt et rursum
sacrificia. Que licet non sequamur damnare non possumus, quia multi sancti et martyres ita senserunt, ut unusquisque in suo sensu abundet.

Rufinus Sexti Pitagorei hominis gentilissimi librum conuertit in Latinum, 10
et sub sancti martyris et Romane ecclesie episcopi Sixti nomine ausus est
edere et solita temeritate Anulum nominauit. Rogo itaque lectorem ut
nefarium librum abiciat uel legat, si uoluerit, ut ceteros philosophos non ut
uolumen ecclesiasticum.

In area Orne et in monte Morian Abraham filium suum obtulisse narratur. 15

Ex epistula ad Vitalem episcopum. Audiui domino teste non mentior:
quedam muliercula cum expositum nutriret infantem cubaretque cum ea
paruulus, qui usque ad decimum peruenerat annum, accidit ut mero in-
gurgitata obscenis motibus ad coitum duceret infantem. Prima ebrietas
alterius noctis et ceterarum fecit consuetudinem. Necdum duo menses 20
fuerant euoluti et uterus mulieris intumuit. Dispensatione dei factum est ut
que contra naturam simplicitate paruuli abutebatur in contemptu dei, a
nature domino proderetur.

Hec habui que de beato Ieronimo de phisicis maxime et historiis ex-
cerperem. Semel enim dixi me sententias eius quibus omnes libri eius refer- 25
ti sunt non excerpturum. Cum autem ne repeterem que ille in pluribus locis
ponit, uerbi gratia, quod flos salicis fecunditatem auferat, quod naturale sit
ut consumptis hominibus in eadem regione iumenta, uolucres, pecora,
pisces deficiant, multaque alia que ideo diuersis locis repetebat, ut sententia
quam exponendam susceperat planior fieret, quod ut cauerem prophetas non 30
ordine quo leguntur, sed quo eos exposuit aggressus sum, primo scilicet
duodecim prophetas, secundo Danielem, tertio Isaiam, quarto Ezechielem,
ad extremum Ieremiam, qui licet teste Cassiodoro uiginti libris a Ieronimo
translatus sit, nusquam inueniuntur nisi sex, preteriui etiam que alibi
legeram sicut in Iosepho de operibus Danielis apud Susas metropolim 35
Elamitarum, sicut de Pompilio qui Antiocho dicenti uelle se senatus con-
sultum ad amicorum referre consilium, facto uirga quam tenebat circulo circa regem, immo ait, 'Antequam de hoc circulo discedas, respondeto,' hoc
enim in Valerio legitur, multaque talia, hec dixi ne diligens lector me in-
curiosum estimet. Libros porro eius de locis omnino non attigi, quia 40
quecumque in eis dicuntur iocunda sunt et memorabilia.

Ex Augustino ad Victorem de origine anime. Amicus quidam meus iam inde ab adolescentia Simplicius nomine, homo excellentis mirabilisque
memorie, cum interrogatus esset a nobis quos uersus Virgilius supra
ultimos haberet in omnibus libris, continuo, celeriter, memoriterque 45
respondit. Quesiuimus etiam ut superiores diceret; dixit. Et credidimus
eum retrorsum posse recitare Virgilium. De quocumque loco uoluimus
petiuimus ut faceret; fecit. Prosam etiam de quacumque oratione Ciceronis

quam memorie commendauerat, id eum facere uoluimus; quantum
uoluimus sursum uersus secutus est. Cum miraremur testatus est deum
nescisse se hoc posse ante illud experimentum.

Ex sermone eiusdem, De uerbis apostuli. Dicam caritati uestre quid
5 fecerit homo pauperrimus nobis apud Mediolanum constitutis, pauper sed
plane Christianus. Inuenit sacculum nisi forte me numerus fallit cum
solidis ferme ducentis. Memor legis proposuit pictacium publice: 'Qui
solidos perdidit ueniat ad locum illum et querat hominem illum.' Ille qui
plangens circumquaque uagabatur, inuento et lecto pictacio, uenit ad
10 hominem, et ne forte quereret alienum, quesiuit signa: interrogauit sacculi
qualitatem, sigillum, solidorum etiam numerum. Cum ille fideliter omnia
respondisset reddidit quod inuenerat. Ille autem repletus gaudio, et querens
uicem rependere, tamquam decimas obtulit solidos uiginti; ille noluit accipere. Obtulit ut uel decem acciperet; noluit. Saltem rogauit ut uel quinque
15 acciperet; noluit. Tum stomachabundus homo proiecit sacculum. 'Nichil
perdidi,' ait. 'Si tu nichil uis accipere ego nichil perdidi.' Quale certamen,
fratres mei, quale certamen! Theatrum mundus, qualis conflictus, spectator
deus. Victus tandem ille quod offerebatur accepit. Continuo totum
pauperibus erogauit; unum solidum domi non retinuit.

20 Ex Cassiodoro, ubi dicitur in Psalmo quinquegesimo, 'Vt edificentur muri
Ierosolimorum.' O regio illa omnium patrona terrarum! O ciuitas magni
regis que celestis patrie et imaginem portas et nomen! Nam si historiam
uelimus aduertere forte significat illa tempora Theodosii minoris, quando
Eudochia religiosissima feminarum iugalis eius bene meritam ciuitatem
25 ampliore et meliore murorum circuitu muniuit.

Ex eodem De institutionibus diuinarum litterarum. Contigit uenire ad
nos quendam Eusebium qui se infantem quinque annorum sic cecatum esse
narrabat ut sinistrum eius oculum excauatum fuisse orbis profundissimus
indicaret. Dextra uero uitreo colore confusus sine uidendi usu uoluebatur.
30 Hic tantos auctores tantos libros in memoria sua condiderat ut legentes probabiliter ammoneret, in qua parte codicis quod dixerat inuenirent.
Disciplinas omnes et animo retinebat et expositione planissima lucidabat.
Quid plura? Credi fecit de Didimo quod de eo historie narrant ecclesiastice.

Ex Collationibus. Fertur beatissimus euangelista Iohannes, cum perdicem
35 suis manibus molliter demulceret, philosophum quendam ad se ritu
uenatorio uenientem conspexisse. Qui miratus quod uir tante fame ad tam
humilia se oblectamenta submitteret, 'Tune es,' inquit, 'ille Iohannes cuius
fama insignis me quoque summo desiderio tue agnitionis illexit? Cur ergo
oblectamentis tam uilibus occuparis?' Cui beatus Iohannes, 'Quid est,' in-
40 quit, 'quod manu tua gestas?' 'Arcus,' ait. Et 'Cur,' ait, 'non eum semper ten-
sum ubique circumfers?' Cui ille respondit, 'Non oportet, ne iugi curuamine
rigoris fortitudo laxata depereat, ut cum oportuerit aliquorsum spicula dirigi
rigore per continuam tensionem amisso uiolentior ictus emitti non possit.'
'Nec nostri,' inquit Iohannes, 'animi tam parua hec laxatio te offendat, o
45 iuuenis, que nisi remissione quadam interdum rigorem suum releuet, in-
remisso rigore lentescens uirtus spiritus cum necessitas poscit obsecundare
non poterit.'

Quidam phisiognomus uidens Socratem dixit, 'Oculi corruptoris

puerorum!' Cumque sectatores Socratis in phisiognomum consurgere
uellent ille compescuit eos dicens, 'Quiescite, sodales. Sum etenim, sed
contineo me.'

Diogenes cuidam pro adulterio dampnato dixit, 'Quod gratis uenditur
morte non emas.'   5

Ex libro Ambrosii secundo De penitentia. Quendam adolescentem fabule
ferunt post amores meretricios peregre profectum et abolito amore
regressum, postea ueteri occurrisse dilecte, que ubi se non interpellatam
mirata, hinc putauerit non recognitam, rursus occurrens dixerit, 'Ego sum,'
responderit ille, 'Sed non ego sum ego.'   10

Ex Collationibus. Senex quidam cum apud Alexandriam turbis infidelibus
circumfusus non solum maledictis uerum etiam grauissimis impellentium
urgeretur iniuriis, eique a subsannantibus diceretur, 'Quid miraculi
Christus uester quem colitis fecit?' Respondit, 'Vt hiis ac maioribus si in-
tuleritis non mouear iniuriis.'   15

Ex Ieronimo super epistulam ad Ephesios. Scribebat autem Paulus ad
metropolim Asie ciuitatem, in qua colebatur Diana non uenatrix que arcum
tenet et succinta est, sed illa quam Greci multimammiam uocant ut scilicet
ex ipsa quoque effigie mentirentur omnium eam uiuentium esse nutricem,
in qua ciuitate idolatria et quod eam sequitur artium magicarum prestigie 20
uiguerunt.

Non multum est si quis paratus sit animam magis quam fidem prodere,
quod nonnulli fecere philosophi, et ne illi gloriarentur meretrix Atheniensis
fecit.

Grecorum est et sermo latior et lingua felicior. *Sapientiam dicunt Stoici 25
esse diuinarum humanarumque rerum cognitionem, prudentiam tantum
mortalium.

Predestinatio est prefiguratio alicuius rei multo ante in mente eius qui
destinat, propositum uicina machinatio.

Dupplex est apud philosophos ire diffinitio uel cum iniuria lacessiti 30
naturalibus stimulis concitamur uel cum requiescente impetu mens habet
iudicium et nichilominus desiderat ultionem. Firmianus noster De ira dei
docto pariter et eloquenti sermone librum conscripsit.

Nisi quidam Cinicus extitisset qui doceret omnem titillationem carnis et
fluxum seminis ex qualicumque attritu uenientem in tempore non uitan- 35
dum et nonnulli philosophorum in hoc consensissent, numquam sanctus
apostulus fornicationi fugiendi iunxisset immunditiam. Legimus in
euangelio Hebraico dominum dixisse discipulis, 'Numquam leti sitis nisi
cum fratrem uestrum uideritis in caritate.'

Scio me audisse quendam dicentem quod locus in quo Christus crucifixus 40
est ideo Caluarie dictus est, quia ibi primi hominis esset conditum capud.
Quod utrum uerum sit nescio.

Sunt quedam barbara demonum ut sepe confessi sunt malefici, et incanta-
tiones et preces et ciborum genera, ad que assistere demones et miseros
decipere dicuntur, alii bella alii amores mouentes.   45

Philosophi aiunt non plus quam duobus milibus passuum distare nubes a
terra ex quibus funduntur pluuie. Iuxta quem sensum cataracte celi in

diliuio aperte esse leguntur.

Ex libro Ciceronis De fato. Stilphonem Megarium philosophum acutum sane hominem et probatum temporibus priscis accepimus. Hunc scribunt ipsius familiares ebriosum et mulierosum fuisse, neque hec scribunt
5 uituperantes, sed potius ad laudem. Vitiosam enim naturam sic ab eo domitam et compressam esse doctrina, ut nemo unquam illum uinolentum, nemo in eo uestigium libidinis uiderit. Quid Socratem? Nonne legimus quemadmodum notarit Zopirus phisiognomus qui se profitebatur hominum mores naturamque e corpore, oculis, uultu, fronte pernoscere? Stupidum
10 esse dixit Socratem et bardum quod iugula concaua non haberet; obstructas eas partes et obturatas esse dicebat. Addidit etiam mulierosum in quo Alcibiades cachinnum dicitur sustulisse.

Ex libro secundo De diuinatione. Cohortati sumus ad studium philosophie eo libro qui inscribitur Hortensius. Quod genus philosophie
15 maxime esset constans quattuor libris Achademicis ostendimus. Quinque libris De finibus bonorum et malorum quid a quo philosopho et quid contra quemque diceretur docuimus. Totidem secuti sunt libri Tusculanarum disputationum; primus de contempnenda morte, secundus de contempnen-do dolore, tertius de animi egritudine linienda, quartus de reliquis animi
20 perturbationibus, quintus totam philosophiam continet. Hiis libris an-numerandi sunt sex De re publica libri. Nostri quoque Oratorii libri inter hos libros referendi sunt. Ita tres erunt De oratore, quartus Brutus, quintus Orator.

Ex Seneca De beneficiis. Socrati cum multa pro suis quisque facultatibus
25 darent Escinus pauper auditor, 'Nichil,' inquit, 'dignum te quod dare tibi possim inuenio et hoc uno pauperem me esse conicio. Itaque dono tibi quod unum habeo, me ipsum; hoc munus rogo qualecumque est boni consulas, cogitesque alios cum multa tibi darent plus reliquisse.' Cui Socrates, 'Quid-ni tu,' inquit, 'magnum mihi munus dederis nisi forte te paruo estimes?
30 Habeo itaque ut te meliorem tibi reddam quam accipi.' Vicit Eschines hoc munere Alcibiadis parem diuitiis animum et omnem opulentorum iuuenum munificentiam. Vides quomodo animus inueniat libertatis materiam inter angustias.

Hec beneficii inter duos lex est: alter statim obliuisci debet dati, alter
35 memor esse accepti. Pessimum est si lacerat animum et premit meritorum commemoratio; libet exclamare quod ille triumuirali proscriptione seruatus a quodam Cesaris amico exclamauit cum eius superbiam ferre non posset: 'Redde me Cesari! Quousque dices, "Ego eripui morti"? Istud si meo arbitrio memini uita est, si tuo mors est. Nichil tibi debeo si me seruasti ut haberes
40 quod ostenderes. Quousque circumducis? Quousque obliuisci fortune mee non sinis? Semel in triumpho ductus essem.'

Fabius Verrucosus beneficium ab homine duro aspere datum panem lapidosum uocabat quem accipere esurienti necessarium sit, edere acerbum.

Omni genere quod das quo sit acceptius adornandum est. *Quedam
45 beneficia palam, quedam secreto danda sunt: palam, quod consequi gloriosum est, quod notitia sit pulcrius; tacite danda sunt que infirmitati, egestati, ignominieue succurrunt.

Non est dicendum quod tribuerimus; qui ammonet, repetit. Ne aliis quidem narrare debemus; qui dedit beneficium taceat, narret qui accepit. Si non adiuueris beneficia perdes; parum est dedisse, fouenda sunt. Si gratos uis habere quos obligas, non tantum des oportet beneficia sed ames. Non tantum ingratum, sed inuisum est beneficium superbe datum. G. Cesar 5 dedit uitam Pompeio Peno si dat qui non aufert. Deinde absoluto et agenti gratias porexit osculandum sinistrum pedem. O superbia, nichil a te accipere iuuat! Quicquid das corumpis. Vana est superbie magnitudo que in odium etiam amanda perducit.

Vesanus Alexander et qui nichil animo nisi grande conciperet cuidam 10 urbem donabat. Cum ille se mensus inuidiam muneris refugisset, dicens non conuenire fortune sue, 'Non quero,' inquit, 'quid te accipere deceat, sed quid me dare.' Tumidissimum animal, si illum accipere hoc non decet nec te dare. Cum uirtus ubique medium et modus sit, eque peccat quod excedit quam quod deficit. 15

Ab Antigono Cinicus petiit talentum; respondit plus esse quam quod Cinicus petere deberet. Repulsus petiit denarium; respondit minus esse quam quod regem dare deceret. Turpissima huius modi cauillatio. Inuenit quomodo neutrum daret. In denario regem, in talento repperit Cinicum, cum posset denarium tamquam Cinico et talentum dare tamquam rex. 20

Nulla est alienam rem accipere moderatio. Si exemplo magni animi opus est utamur Grecini Iulii uiri egregii, quem G. Cesar occidit ob hoc quod unum melior uir erat quam esse tiranno expedit. Is cum amicis conferentibus ad inpensam ludorum peccunias acciperet magnam peccuniam a Fabio Persico missam non accepit, his obiurgantibus quia obiurgant mittentes sed 25 missa non.

Qui grate beneficium accipit primam eius pensionem soluit.

Sunt quidam qui nolunt nisi secreto accipere; quod pudet ne acceperis.

Quidam furtiue gratias agunt, et in angulo et ad aurem; ingratus est qui remotis arbitris agit gratias. 30

Sunt qui pessime loquantur de optime meritis; stulte, tutius est quosdam offendere quam demeruisse.

Alius accipit fastidiose, tamquam dicat, 'Non mihi quidem opus est, sed quia tam ualde uis, faciam tibi mei potestatem.'

Alius superbe ut dubium prestanti relinquat an senserit. 35

Alius uix labra deduxit et ingratior quam si tacuisset fuit. Loquendum est pro magnitudine rei impensius, et illa adicienda: 'Pluris quam putas obligasti' — statim gratus es qui se onerat; 'nunquam tibi referre gratiam potero; illud certe non desinam ubique confiteri me referre non posse.'

Nullo magis Cesarem Augustum demeruit et ad alia impetranda facilem 40 sibi reddidit Firnius quam quod cum patri Antonianas secuto partes ueniam impetrasset inquit, 'Hanc unam Cesar habeo gratiam: effecisti ut uiuerem et morerer gratis.'

Cn. Lentulus augur diuitiarum maximum exemplum antequam illum libertini pauperassent qui quater milies sestertium suum uidit ingenii 45 sterilis fuit et tam pusilli quam animi. Cum esset auarissimus, nummos citius emittebat quam uerba: tanta illi copia sermonis inerat. Hic cum om-

nia incrementa sua diuo Augusto deberet, subinde ille solebat queri dicens
ab studiis se abductum; nichil in se tantum congestum esse, quantum per-
didisset relicta eloquentia.

Cum obsideretur Grumentum et iam ad summam desperationem uenisset
5 duos seruos ad hostem confugisse, et opere pretium fecisse. Deinde capta
urbe ad notam domum precucurrisse dominam, dominamque eduxisse
querentibus professos. Deinde eductam summa cura celasse. Deinde
satiatus miles ubi in Romanos muros rediit, illos quoque ad suos redisse et
dominam sibi dedisse. Manumisit utrumque illa e uestigio, nec indignata
10 est per seruos suos uixisse.

Vetenus pretor Marsorum ducebatur ad Romanum imperatorem. Seruus
eius gladium militi ipsi a quo trahebatur eduxit et primum dominum occidit, deinde 'Tempus est,' inquit, 'et me mihi consulere; iam dominum
manumisi.' Atque ita traiecit se uno ictu. Da mihi quemquam qui
15 magnificentius dominum seruauerit.

Corfinium Cesar obsidebat tenebaturque inclusus Domitius. Imperauit
medico, eidemque seruo suo, ut sibi uenenum daret. Cum uideret tergiuer-
santem 'Quid,' inquit, 'cunctaris, tamquam in tua potestate istud sit totum?
Mortem quero armatus.' Tum ille promisit et medicamen illi sopitorium
20 dedit. Vixit Domitius et seruatus a Cesare est; prior tamen illum seruus
seruauerat.

Bello ciuili proscriptum dominum seruus abscondit, et cum anulos eius
sibi aptasset et uestem induisset spiculatoribus occurrit nichilque se
deprecari quominus imperata peragerent dixit, et deinde ceruicem porrexit.
25 Rufus uir ordinis senatorii inter cenam optauerat ne Cesar sanus rediret ex
ea peregrinatione quam parabat et adiecerat idem omnes et tauros et uitulos
optare. Fuerunt qui illa diligenter audirent. Vt primum diluxit, seruus qui
cenanti ad pedes steterat narrat que inter cenam dixerat, et hortatur ut
Cesarem occupet, atque ipse se deferat. Vsus consilio descendenti Cesari oc-
30 currit et cum malam mentem habuisse se pridie iurasset id ut in se et in
filios suos recideret optauit et ut ignosceret sibi Cesar, secumque in gratiam
rediret rogauit. Cum dixisset Cesar se facere, 'Nemo,' inquit, 'hoc mihi
credet, nisi mihi aliquid dederis,' petiitque fastidiendam etiam a propitio
summam et impetrauit. Cesar ait, 'Mea causa dabo operam, ne unquam tibi
35 irascar.' Honeste fecit quod ignouit, quod liberalitatem clementie adiecit.

Vicit imperiosum patrem Mallius, qui cum ad tempus relegatus esset a
patre ob adolescentiam brutam et hebetem, ad tribunum plebis qui patri
diem dixerat uenit petitoque tempore quod ille dederat sperans fore pro-
ditorem parentis, credens etiam se bene meruisse de iuuene, cuius exilium
40 pro grauissimo crimine obiciebat, nactus iuuenis secretum stringit oc-
cultatum sinu ferrum et 'Nisi iuras,' inquit, 'diem te patri remissurum, hoc
te gladio transfodiam. In tua potestate est ut modo pater meus accusatorem
non habeat.' Iurauit tribunus nec fefellit et causam actionis omisse contioni
retulit. Nulli alii licuit tribunum in ordinem redigere.
45 Demens est qui fidem prestat errori. Philippus Macedonum rex habebat
militem manu fortem cuius in multis expeditionibus utilem expertus
operam uirtutis causa illi plura donauerat et hominem uenalis anime crebris

auctoramentis accendebat. Hic naufragio in possessiones cuiusdam
Macedonis expulsus est; quod ut nuntiatum est occurrit, spiritum eius
recollegit, in uillam suam transtulit, e lecto suo concessit, affectum se-
mianimemque recreauit, diebus triginta sua inpensa curauit, refecit, uiatico
instruxit subinde dicentem, 'Referam tibi gratiam, uidere mihi tantum im- 5
peratorem mani contingat.' Narrauit postea Philippo naufragium suum; auxilium tacuit et statim petiit, ut sibi cuiusdam predia donaret. Ille quidem
erat hospes eius a quo receptus erat, a quo sanatus. Multa interrim reges in
bello presertim opertis oculis donant. 'Non sufficit homo unus tot
cupiditatibus armatis; nemo potest eodem tempore et bonum uirum et 10
bonum ducem agere. Quomodo tot milia hominum insatiabilia satiabuntur?
Quid habebunt si suum quisque habebit?' Hoc Philippus sibi dixit, cum induci illum in bona que petebat iussit. Expulsus bonis suis ille non ut
rusticus tacite iniuriam tulit contentus quod non et ipse donatus esset sed
Philippo pulcre epistulam scripsit. Qua accepta, uti exarsit, ut statim 15
Pausanie mandaret ut bona priori domino restitueret, ceterum im-
probissimo militi et ingratissimo hospiti stigmata inscriberet, ingratum
hominem testantia. Dignus quidem fuit cui littere ille non modo in-
scriberentur, sed insculperentur qui hospitem suum nudum et naufrago
similem in id in quo iacuerat ipse litus expulerat.   20
   Causam dicebat apud diuum Iulium ex ueteranis paulo uehementior
aduersus uicinos. Ex causa premebatur; accusanti 'Meministi,' inquit, 'imperator, in Hispania telum extorsisse te circa Sueronem?' Cum Sesar
meminisse se dixisset, 'Meministi,' inquit, 'sub quadam arbore minimum
umbre spargente, cum uelles residere feruentissimo sole et esset asperimus 25
locus in quo e rupibus acutis unica illa arbor erumpat, quendam ex commili-
tionibus penulam substrauisse?' Cum dixisset Cesar, 'Quidni meminerim?
Equidem siti confectus quia impeditus ad fontem proximum ire non
poteram repere uolebam nisi commilito homo fortis ac strenuus aquam
mihi in galea sua attulisset,' 'Potes ergo imperator agnoscere illum 30
hominem,' inquit, 'aut illam galeam?' Cesar ait se non posse galeam,
hominem pulcre posse, et adiecit, ob hoc puto iratus quod se a cognitione
media ad ueterem fabulam abduxisset, 'Tu utique ille non es.' 'Merito,' inquit, 'Cesar non me agnoscis. Nam cum hoc factum est integer eram; postea
mihi ad Mundam in acie oculus effossus est, et in capite fracta ossa. Nec 35
galeam illam agnosceres; machera enim Hispania diuisa est.' Vetuit illi
Cesar exhiberi negotium et agros, pro quibus causa litium fuerat, militi suo
donauit.
   Argesilaus rex Socratem rogauit, ut ad se ueniret; dixisse Socratem
traditur nolle ad eum uenire a quo acciperet beneficia, cum reddere illi paria 40
non posset. Vir facetus cuius per figuras sermo procederet, derisor omnium
maxime potentium, maluit illa nasute negare quam contumaciter aut
superbe.
   Diuus Augustus filiam impudicam parum potens ire publicauerat. Deinde
cum interposito tempore loco ire subisset uerecundia, gemens quod non illa 45
silentio presisset que tamdiu nescierat donec loqui turpe esset, sepe exclamauit, 'Horum mihi nil accidisset si Agrippa aut Mecenas uixissent!'

Adeo tot habenti milia hominum duos reparare difficile est. Regalis ingenii
mos est in presentium contumeliam amissa laudare, et his uirtutem dare
uera dicendi a quibus iam audiendi periculum non est.

Demades Athenis eum qui funeribus necessaria uenditabat dampnauit
5 cum probasset magnum lucrum optasse quod contingere illi sine multorum
morte non posset.

Demetrius cum Cesar ducenta talenta donaret ridens reiecit, ne dignam
quidem summam iudicans qua non recepta gloriaretur. Ingentem ab illo rem
dici audiui, cum miraretur Cesaris dementiam quod se putasset tanti
10 mutari. 'Si temptare me,' inquit, 'constituerat, toto illi fui experiendus imperio,* qui sibi etiam queque pulcerrima afferenti dicerem,** "Quid ad me
affers populorum omnium mala, que ne daturus quidem acciperem,
quoniam multa uideo que me donare non deceat?" '

Pitagoricus quidam emerat a sculptore phecasiam rem magnam non
15 presentibus nummis. Post aliquot dies uenit ad tabernam rediturus, et cum
clausam diu pulsaret fuit qui diceret, 'Quid perdis operam tuam? Sculptor ille quem queris eiectus, conbustus est; quod nobis fortasse molestum est qui
in eternum nostros amittimus, tibi minime, qui scis futurum ut renascatur,'
iocatus in Pitagoricum. Philosophus noster denarios domum non inuita
20 manu detulit subinde concutiens. Deinde cum reprehendisset hanc suam
non reddendi tacitam uoluptatem, intelligens arrisisse sibi illud lucellum,
rediit ad eandem tabernam et ait, 'Ille tibi uiuit; redde quod debes.' Deinde
per claustrum quo se commissura laxauerat denarios in tabernam inseruit ac
misit, exigens penas a se improbe cupiditatis ne alieno assuesceret. Sic tu
25 quod debes quere cui reddas, et si nemo posset, ipse te appella.

Socrates amicis audientibus, 'Emissem,' inquit, 'pallium si nummos
haberem.' Neminem poposcit, omnis ammonuit. Non illos melius castigare
potuit. 'Emissem,' inquit, 'pallium, si nummos haberem.' Post hoc quisquis
properauit, sero dedit, postquam Socrati defuit.

30 Sarci Bruti mater Seruilia cum pretiosum ere paruo fundum abstulisset a
Cesare subiciente haste bona ciuium, non effugit dictum tale Ciceronis: 'E
qua quo melius emptum sciatis, comparauit Seruilia hunc fundum tertia
deducta.' Filia autem Seruilie erat Vinia Tertia, eademque Gaii Casii uxor,
lasciuiente dictatore tam in matrem quam in puellam. Tunc luxuriam senis
35 adulteri ciuitas subinde rumoribus iocisque carpebat ut mala non tantum
seria forent.

Plancus in iudicio forte amici cum molestum testem destruere uellet interogauit quia sutorem sciebat quo artificiose tueretur. Ille urbane respondit, 'Gallam subigo.' Sutorium hoc habetur instrumentum, quo non infacete
40 in adulterii exprobrationem ambiguitate conuertit. Nam Plancus in Meuia
Galla nupta male audiebat.

Post Mutinensem fugam querentibus quid ageret Antonius respondisse
familiaris eius ferebatur, 'Quod canis in Egypto: bibit et fugit,' quando in illis regionibus constat canes raptu cocodrillorum exterritos currere et bibere.

45 Publius Mucium in primis maliuolum cum uidisset solito tristiorem, 'Aut
Mucio,' inquit, 'nescio quid incomodi accessit, aut nescio cui aliquid boni.'

Faustus Sille filius cum soror eius eodem tempore duos mechos haberet,

Fulluium fullonis filium et Pompeium cognomine Maculam, 'Miror,' inquit, 'sororem meam habere maculam cum fullonem habeat.'

Apud Lucium Mallium qui optimus pictor Rome habebatur Seruilius
Geminus forte cenabat, cumque filios eius deformes uidisset, 'Non
similiter,' inquit, 'Malli fingis et pingis.' Et Mallius: "In tenebris enim fingo,   5
in luce pingo.'

Marcus Votacilius Pitholaus cum Gaius Seruilius uno tantum die consul
fuisset, dixit, 'Ante flamines, nunc consules diales fiunt.'

Marcus Cicero cum apud Damasippum cenaret, et ille mediocri uino
diceret posito, 'Bibite Falernum hoc, annorum quadraginta est,' 'Bene,' in- 10
quit, 'etatem fert.'

In consulatu Vatinii quem paucis diebus gessit, notabilis Ciceronis urbanitas circumferebatur. 'Magnum ostentum,' inquit, 'anno Vatinii factum
est, quod illo consule nec bruma nec uer nec estas nec autumpnus fuit.'
Querenti deinde Vatinio quod grauatus esset domum ad se [in] infirmatum 15
uenire respondit, 'Volui in consulatu tuo uenire, sed nox me comprehendit.'
Vlcisci autem se Cicero uidebatur, ut qui respondisse sibi Vatinium
meminerat, cum humeris se rei publice de exilio reportatum gloriaretur,
'Vnde ergo tibi uarices?'

Caninius quoque Reuilius qui uno die ut Seruius retulit consul fuit, rostra 20
cum ascendisset, pariter honorem iniit consulatus, et eierauit; quod Cicero
omni gaudens occasione urbanitatis increpuit, 'ΛΟΓΟΘΗΟΡΗΤΟΣ est
Caninius consul.'

Idem inde: 'Hoc consecutus est Reuilus ut quereretur quibus consulibus
consul fuerit.' Dicere preterea non destitit: 'Vigilantem habemus consulem 25
Caninium, qui in consulatu suo somnium non uidit.'

Pompeius Ciceronis facetiarum impatiens fuit. Cuius hec de eo dicta
ferebantur: 'Ego uero quem fugiam habe[r]o; quem sequar non habeo.' Sed et
cum ad Pompeium uenisset, dicentibus eum sero uenisse respondit,
'Minime sero ueni, nam nichil hoc paratum uideo.' Deinde interogati 30
Pompeio ubi gener eius Dolobella esset, respondit, 'Cum socero suo.' Et
cum donasset Pompeius transfugam ciuitate Romana, 'O hominem bellum,'
inquit, 'Gallis ciuitatem promittit alienam qui nobis nostram non potest
reddere.' Propter que, merito uidebatur dixisse Pompeius, 'Cupio ad hostes
Cicero transeat, ut nos timeat.' In Cesarem quoque mordacitas Ciceronis 35
dentes suos strinxit. Nam primum post uictoriam Cesaris interogatus cur in
electione partis errasset, respondit, 'Precinctura me decepit,' iocatus in
Cesarem qui ita toga precingebatur, ut trahendo laciniam uelut mollis incederet, adeo ut Silla tamquam prouidus dixerit Pompeio, 'Caue tibi illum
puerum male precinctum.' Deinde cum Liberius, in fine ludorum anulo 40
aureo honoratus a Cesare, e uestigio in quattuordecim gradus ad exspectan-
dum transiit uiolato ordine, et cum detractus est eques Romanus, et cum
mimus, ait Cicero pretereunti Laberio et sedile querenti, 'Recepissem te,
nisi anguste sederem,' simul et illum respuens, et in nouum senatum
iocatus cuius numerum Cesar supra fax auxerat. Nec inpune: respondit 45
enim Laberius, 'Mirum si anguste sedes, qui soles duabus sellis sedere,' ex-
probrata leuitate Ciceronis quia immerito optimus ciuis male audiebat.

Idem Cicero alias facilitatem Cesaris in adlegendo senatu irrisit palam. Nam cum ab hospiti suo Publio Mallio rogaretur ut decur[c]ionatum priuigno eius expediret asisente frequentia dixit, 'Rome siuis habebit; Pompeis difficile est.' Nec intra hec mordacitas stetit. Quippe ab Androne quodam Laodiceno 5 salutatus, cum causam aduentus requisisset comperissetque, nam ille se legatum de libertate patrie ad Cesarem uenisse respondit, ita expressit publicam seruitutem: ἐὰν ἐπιτύχῃς. Vigebat in eo excedens iocus et seria mordacitas ut hoc est ex epistula ad Gaium Cassium dictatoris uiola[n]torem: 'Vellem Idibus Martiis me ad cenam inuitasses; profecto reliquiarum nichil 10 fuisset. Nunc me reliquie uestre exercent.' Idem Cicero de Pisone genero suo et de Marco Lepido lepidissime cauillatus est. Cum enim Piso gener eius mollius incederet, filia autem concitatius, ait filie, 'Ambula[m] tanquam uir.' Et cum Marcus Lepidus in senatu dixisset patribus conscriptis, Tullius ait, 'Ego non tanti fecissem.'
15 Augustus Cesar affectauit iocos, saluo tamen maiestatis pudorisque respectu nec ut caderet in scurram. Aiacem tragediam fecerat, eandemque quod displicuisset deleuerat. Postea Lucius Gaius tragediarum scriptor interogabat eum quid ageret Aias suus; ille, 'In spongiam,' inquit, 'incubuit.'
Idem cum ab eo Pacubius Taurus congiarium peteret diceretque iam hoc 20 homines uulgo loqui non paruam sibi ab eo peccuniam datam, 'Sed tu,' inquit, 'noli credere.' Alium prefectura equitum submotum, et insuper salarium postulantem dicentemque, 'Non lucri causa dari hoc mihi rogo sed ut iudicio tuo munus uidear impetrasse, et ita officium deposuisse,' hoc dicto repercussit, 'Tu te accepisse apud omnes affirma et ego dedisse me non 25 negabo.' Vrbanitas eiusdem innotuit circa Herennium deditum uitiis iuuenem. Quem cum castris excedere iussisset, et ille suplex hac deprecatione uteretur: 'Quomodo ad patrias sedes reuertar? Quid patri meo dicam?', respondit, 'Dic me tibi displicuisse.' Saxo in expeditione percussum, ac notabili cicatrice in fronte deformem, nimium tamen sua opera iactantem, 30 sic leniter castigauit: 'At tu cum fugies,' inquit, 'numquam post te respexeris.' Galbe cuius informe gibbo erat corpus agenti apud se causam et frequenter dicenti, 'Corige in me siquid reprehenderis,' respondit, 'Ego te monere possum, corigere non possum.' Cum multi uero se Cassio accusante absoluerentur et architectus fori Augusti expectationem operis diu traheret, 35 ira iocatus est, 'Vellem Cassius et meum forum accuset.' Vettius cum monumentum patris exarasset, ait Augustus, 'Hoc est uere monumentum patris colere.'
Idem Augustus quia Mecenatem suum nouerat stilo esse remisso, molli, et dissoluto, talem se in epistulis quas ad eum scribebat sepius exhibebat, et 40 contra castigationem loquendi, quam alias ille scribendo seruabat, in epistula ad Mecenatem familiari plura in iocos effusa subtexuit: 'Vale, mel gentium Metulle, ebur ex Truria, lasar Aretinum, adamas Supernas, Tyberinum margaritum, Crelnorum smaragde, iaspi Figulorum, berille Porsenne.'
45 Exceptus est a quodam cena satis parca, et quasi cotidiana, nam pene nulli se inuitanti negabat. Post epulum igitur inops ac sine ullo apparatu discedens ualde dicenti hoc tantum insusurrauit, 'Non putabam me tibi tam

familiarem.' Cum de Tyrie purpure quam emi iusserat obscuritate
quereretur, dicente uenditore, 'Erige altius et suspice,' his usus est salibus:
'Quid? Ego ut me populus Romanus dicat bene cultum in solario ambulaturus sum?' Nomenculatori suo de cuius obliuione querebatur dicenti,
'Non quid ad forum mandas?', 'Accipi,' inquit, 'commendaticias quia illic 5
neminem nosti.' Vatinio in prima sua etate eleganter insultauit. Contusus
ille podagra, uolebat tamen uideri discussisse iam uitium et mille passus
ambulare se gloriabatur. Cui Cesar, 'Non miror,' inquit, 'dies aliquanto sunt
longiores.' Relata ad se magnitudine eris alieni quam quidam eques
Romanus dum uixit excedentem ducenties celauerat culcitam emi 10
cubicularem in eius actione sibi iussit, et preceptum mirantibus, hanc rationem reddit: 'Habenda est ad summum culcita in qua ille cum tantum
deberet dormire potuit.' Non est intermittendus sermo eius quem Catonis
honori dedit. Venit forte in domum in qua Cato habitauerat. Dein Stragone
in adulationem Cesaris male existimante de peruicacia Catonis, ait, 'Quis- 15
quis presentem statum commutari ciuitatis non uolet, et ciuis et uir bonus
est.' Satis serio et Catonem laudauit, et sibi nequis affectaret res nouas consuluit. Soleo in Augusto magis mirari quos pertulit iocos, quam ipse quos
protulit, quia maior est patientie quam facundie laus, maxime cum
equanimiter aliqua etiam iocis mordaciora pertulerit. Cuiusdam prouin- 20
cialis iocus asper innotuit. Intrauerat Romam simillimus Cesari, et in se
omnium ora conuerterat. Augustus produci hominem ad se iussit, uis[s]um-
que hoc modo interogauit: 'Dic mihi, adolescens, fuit aliquando mater tua
Rome?' Negauit ille. Nec contentus, adiecit, 'Sed pater meus sepe.' Temporibus triumuiralibus Pollio, cum Fescenninos in eum Augustus scrip- 25
sisset, ait, 'At ego taceo. Non enim est facile in eum scribere qui potest pro-
scribere.' Curtius eques Romanus deliciis defluens, cum macrum turdum
sumpsisset in conuiuio Cesaris, interogauit an mittere liceret. Responderat
princeps, 'Quidni liceat?'; ille per fenestram statim misit.

  Aes alienum Augustus cuiusdam senatorius cari sibi non rogatus ex- 30
soluerat, numerato quadragies. At ille pro gratiarum actione hoc solum ei
rescripsit, 'Michi nichil.' Solebat Licinius libertus eius inchoanti opera
patrono magnas pecunias conferre; quem morem secutus, centum promisit
per libellum, in quo uirgule superducte pars ultra peccunie defectionem pro-
tendebatur uacante infra loco. Cesar occasione usus priori alterum centies 35
sua manu iunxit, spatio diligenter expleto, et affectata littere similitudine,
geminatamque accepit summam, dissimulante liberto, qui postea cepto alio
opere leniter factum suum Cesari obiecit, libello tali dato: 'Confero tibi
domine ad noui operis impensam quod uidebitur.' Mira etiam censoris
Augusti et laudata patientia. Coripiebatur eques Romanus a principe, tam- 40
quam minuisset facultates suas. At ille se multiplicasse coram probauit.
Mox eidem obiecit quod ad contrahendum matrimonium legibus non
paruisset. Ille uxorem sibi et tres esse liberos dixit. Tum adiecit, 'Posthac
Cesar cum de honestis hominibus inquiris, honestis mandato.' Etiam
militis non libertatem tantum sed et temeritatem tulit. In quadam uilla in- 45
quietas noctes agebat, rumpente somnum eius crebro noctue cantu. Puniendam curauit noctuam miles aucupii peritus et spe ingentis premii pertulit.

Laudato imperator mille nummos dari iussit. Ille ausus est dicere, 'Malo
uiuat,' auemque dimisit. Quis non miratus est non offenso Cesare abisse
militem contumacem? Veteranus cum die sibi periclitaretur, accessit in
publico ad Cesarem, rogauitque ut sibi adesset. Ille aduocatum, quem ex
5 comitatu elegerat, sine mora dedit, commendauitque ei litigatorem. Exclamauit ingenti uoce ueteranus, 'At non ego Cesar periclitante te Actiaco
bellò uicarium quesiui, sed pro te ipse pugnaui,' detexitque impressas
cicatrices. Erubuit Cesar, uenitque in aduocationem ut qui uereretur non
superbus tantum, sed etiam ingratus uideri. Delectatus inter cenam erat
10 symphoniacis Turonii Flacci mangonis, atque eos frumento donauerat, cum
in alia acroamata fuisset nummis liberalis. Eosdemque postea Turonius
eque inter cenam querenti Cesari sic excusauit: 'Ad molas sunt.'
    Annum agebat Iulia tricesimum et octauum, tempus etatis, si mens sana
superesset, uergentis in senium, sed indulgentia tam fortune quam patris
15 abutebatur, cum alioquin litterarum amor multaque eruditio, quod in illa
domo facile erat, preterea uirtutis humanitas, minime*que* seuus animus, ingentem femine famam conciliarent, mirantibus qui uitia nascebant tantam
pariter diuersitatem. Non semel preceperat pater temperato tamen *inter* indulgentiam grauitatemque *sermone* moderaretur profusos cultus
20 perspicuosque comitatus. Idem cum ad nepotum turbam, similitudinemque
respexerat qua representabatur Agrippa, dubitare de pudicitia filie
erubescebat. Inde blandiebatur sibi Augustus letum in filia animum usque
ad speciam procacitatis, sed reatu liberum, et talem fuisse apud maiores
Claudiam credere audebat. Itaque inter amicos dixit, duas habere se filias
25 delicatas, quas necesse haberet ferre, rem publicam *et* Iuliam. Venerat ad
eum licentiore uestitu, et oculos offenderat patris tacentis. Mutauit cultus
sui postera die morem, et letum patrem affectata seueritate complexa est. At
ille qui pridie dolorem suum continuerat, gaudium continere non potuit, et
'Quantum hic,' ait, 'in filia Augusti probabilior est cultus!' Non defuit
30 patrocinio suo Iulia his uerbis: 'Hodie enim me patris oculis ornaui, heri
uiri.' Notum et illud. Auerterant in se populos, in spectaculo gladiatorum,
Luna et Iulia comitatus dissimilitudine: quippe cingentibus Lunam grauibus
uiris, hcc iuuentutis et quidem luxuriose grege circumsidebatur.
Amm[i]onuit pater scripto, uideret quantum inter duas principes feminas
35 interesset. Eleganter illa rescripsit, 'Et hi mecum senes fient.' Eadem Iulia
mature habere ceperat canos quos legere secreto solebat. Subitus interuen-
tus patris aliquando oppressit ornatrices. Dissimulauit Augustus deprehen-
sis super uestem earum canis, et aliis sermonibus tempore extracto, induxit
etatis menti[n]onem, interogauitque filiam utrum post aliquot annos cana
40 esse mallet an calua. Et cum illa responderet, 'Ego pater cana esse malo,' sic
illi mendacium obiecit: 'Quid ergo iste te caluam tam cito faciunt?' Item
cum grauem amicum audisset Iulia suadentem, melius facturam si se com-
posuisset ad exempla*r* paterne frugalitatis, ait, 'Ille obliuiscitur se Cesarem
esse, ego memini me Cesaris filiam.' Cumque conscii flagitiorum miraren-
45 tur quomodo similes Agrippe filios pareret que tam uulgo potestatem corporis sui faceret ait, 'Numquam enim nisi naui plena tollo uectorem.' Simile
dictum Populie Marci filie, que miranti cuidam quid esset quapropter alie

bestie numquam marem desiderarent, nisi cum pregnantes uellent fieri, respondit, 'Bestie enim sunt.'

Lapidatus est a populo Vatinius cum gladiatorium munus ederet; optinuerat ut ediles edicerent nequis in harenam nisi pomum misisse uellet. Forte his diebus Casscellius consultus *a* quodam an nux pinea pomum esset 5 respondit, 'Si in Vatinium missurus es, pomum est.' Mercatori deinde, quem ad modum cum socio nauem diuideret interoga*n*ti, repondisse traditur, 'Nauem si diuidis, nec *tu* nec socius habebitis.' In Galbam Orbilius gramaticus acerbius irrisit. Prodierat Orbilius in reum testis. Quem Galba ut confunderet, dissimulata professione eius interogauit, 'Quid artium 10 facis?' Respondit, 'In sol[l]e gilbos soleo fricare.' Cum iratus esse Publius Clodius Decimo Valerio diceretur quod ei minimum petenti non dedisset, 'Quid amplius,' inquit, 'mihi facturus es nisi ut Dirrachium eam et redeam?', ludens ad Ciceronis exilium.

Laberium aspere libertatis equitem Romanum Cesar quingentis milibus 15 inuitauit ut prodiret in cenam et ipse ageret mimos *quos* scriptitabat. Sed potestas non solum si inuitet sed et si suplicet cogit, unde se et Laberius a Cesare Augusto coactum in prologo testatur hiis uersibus:

> Necessitas cuius currus transuersos impetu   20
> Voluere multi effugere, pauci potuerunt,
> Quo me detrusit pene extremis sensibus?
> Quem nulla ambitio, nulla umquam largitio,
> Nullus timor, uis nulla, nulla auctoritas
> Mouere potuit in iuuenta de statu,   25
> Ecce in senecta ut facile labefecit loco
> Viri excellentis mente demente edita
> Summissa placido blandiloque*n*s oratio!
> Inde ipsi denegare cui nil potuerint,
> Hominem denegare quis posset pati?   30
> Ergo bis tricenis annis actis sine nota,
> Eques Romanus Lare egressus meo domum
> Reuertar mimus. Nimirum hoc die,
> Vno plus uixi, mihi quam uiuendum fuit.
> Fortuna immoderata in bono eque atque in malo,   35
> Si tibi erat libitum litterarum laudibus
> Floris cacumen nostre fame frangere,
> Cur cum uigebam membris preuiridantibus,
> Satis facere populo et tali cum poteram uiro,
> Non flexibilem me concuruasti ut carperes?   40
> Nunc me deicis. Quo? Quid ad cenam affero?
> Decorem forme, an dignitatem corporis,
> Animi uirtutem, an uocis iocunde sonum?
> Vt edera serpens uires arboreas necat,
> Ita me uetustas amplexu annorum necat.   45
> Sepulcris similis nichil nisi nomen retineo.

In ipsa quoque actione subinde se qua poterat ulciscebatur inducto habitu
Siri, qui uelut flagris cesus, preripientique se similis exclamabat, 'Porro
Quirites libertatem perdimus,' et paulo post adiecit, 'Necesse est multos
timeat, quem multi timent.' Quo dicto, uniuersitas populi ad solum
5 Cesarem oculos et ora conuertit, notantes impotentiam eius hac dicacitate
lapidatam. Ob hec, in Publium uertit fauorem. Is Publius, natione Sirus,
cum puer ad patronum domini esset adductus, promeruit eum non minus
salibus et ingenio quam forma. Nam forte cum ille seruum suum idropicum
iacentem in area uidisset quesissetque quid in sole faceret respondit,
10 'Aquam calefacit.' Ioculari deinde super cena exorta questione quodnam
esset molestum otium aliud alio opinante, ille 'Podagrici pedes' dixit. Ob
hec et alia manu missus et maiore cura eruditus, cum mimos componeret,
ingentique assensu in Italie opidis agere cepisset, productus Rome per
Cesaris ludos, omnes qui tunc scripta et operas suas in scenam locauerant
15 prouocauit, ut singuli secum posita inuicem materia pro tempore con-
tenderent. Nec ullo recusante, superauit omnes, in quis et Laberium. Vnde
Cesar arridens hoc modo pronuntiauit, 'Fauente tibi me, uictus es O Laberi a
Sirco.' Statimque Publio palmam et Laberio anulum aureum cum quingentis
sestertiis dedit. Tunc Publius ad Laberium recedentem ait, 'Quicum conten-
20 disti scriptor, hunc spectator subleua.' Sed et Laberius sequenti statim commissione mimo nouo interiecit hos uersus:

Non possunt primi esse omnes omni in tempore.
Summum ad gradum cum claritatis ueneris,
Consistes egre, nec citius quam descendas decidas.
25   Cecidi ego, cadet qui sequitur; laus est publica.

Publii autem sententie feruntur lepide, et ad comunem usum accom-
modatissume, ex quibus has fere memini, singulis uersibus circumscriptas:

Beneficium dando accepit, qui digno dedit.
Feras non culpes quod mutari non potest.
30   Cui plus licet quam par est plus uult quam licet.
Comes facundus in uia pro uehiculo est.
Frugalitas miseria est rumoris boni.
Heredis fletus sub persona risus est.
Furor fit lesa sepius patientia.
35   Improbe Neptunum accusat, qui iterum naufragium facit.
Nimium altercando, ueritas amittitur.
Pars beneficii est quod petitur si cito neges.
Ita amicum habeas, posse ut fieri hunc inimicum putes.
Veterem ferendo iniuriam, inuitas nouam.
40   Numquam periculum periculo uincitur.

Qui uult amoenus esse consultor, ea interogat que sunt interogato facilia
responsu et que scit illum sedula exercitatione didicisse. Gaudet enim quisquis
prouocatur ad doctrinam suam in medium ferendam, quia nemo uult latere

quod didicit maxime si scientia quam labore quesiuit cum paucis illi familiaris
et plurimis sit incognita ut de astronomia uel dialectica ceterisque similibus.
Tunc enim uidentur consequi fructum laboris, cum adipiscuntur occasionem
publicandi que didicerant sine ostentationis nota, qua caret qui non ingerit, sed
inuitatur ut proferat. Contra magne amaritudinis est si coram multis aliquem 5
interoges quod non a prima scientia quesiuit. Cogitur enim aut negare se scire
quod extremum uerecundie dampnum putant, aut respondere temere *et* for-
tuito se euentui ueri falsiue committere, unde sepe nascitur inscitie proditio,
et omne hoc infortunium pudoris sui imputat consulenti.

Nec non qui obierunt maria et terras gaudent cum de ignoto multis uel ter- 10
rarum situ uel sinu maris interogantur, libenterque respondent, et describunt
modo uerbis, modo radio loca, gloriosissimum putantes que ipsi uiderant
aliorum oculis obicere.

Quid duces uel milites? Quam fortiter a se facta semper dicturiunt, et tamen
tacent arrogantie metu. Nonne hi si ut hec referant inuitentur, mercedem sibi 15
laboris estimant persolutam, remunerationem putantes inter uolentes narrare
que fecerant? Adeo autem id genus narrationum habet quendam glorie saporem
ut, si inuidi uel emuli forte presentes sint, tale interrogationes obstupendo
discutiant, et alias inserendo fabulas prohibeant illa narrari, que solent narran*ti*
laudem creare.   20

Pericula quoque preterita uel erumpnas penitus absolutas qui euasit ut
referat gratissime prouocatur. Nam qui adhuc in ipsis uel, paulu*l*um
detinetur, horret admonissionem *et* formidat relatum.

Nec negauerim esse malorum genera, que non uult qui pertulit uel transacta meminisse, nec minus interogatus offenditur quam *cum* in ipsis malis 25
fuit, ut qui carnifices expertus est et tormenta membrorum, ut qui infaustas
pertulit orbitates uel cui nota quondam afflicta censoria. Caue interoges, ne
uidearis obicere.

Illum sepe si potes ad narrandum prouoca, qui recitando fauorabiliter exceptus est, uel qui libere et feliciter legationem peregit, uel ab imperatore 30
comiter affabiliterque susceptus est, uel siquis, tota pene classe a piratis oc-
cupata, seu ingenio seu uiribus solus euasit, quia uix implet desiderium lo-
quentis rerum talium uel longa narratio.

Iuuat siquem dicere iusseris amici sui repentinam felicitatem quam
sponte non audebat uel dicere uel tacere, modo iactantie, modo malitie 35
metu.

Qui uenatibus gaudet interogetur de silue ambitu, de ambage lustrorum,
de uenationis euentu.

Religiosus si adest da illi referendi copiam quibus obseruationibus
meruerit auxilia deorum, quantus illi cerimoniarum fructus, quia et hoc 40
genus religionis existimant numinum beneficia non tacere, adde quia uolunt
et amicos se numinibus estimari.

Si uero et senex presens est, habes occasionem qua plurimum illi contulisse uidearis se eum interroges, uel que ad illum omnino non pertinent.
Est enim huic etati loquacitas familiaris.   45

Preter 'categoriam' que 'logos' est, et preter 'anobolen' que delatio est, sunt
alia duo apud Grecos nomina, 'ledoria', et 'scoma', quibus nec uocabula

Latina reperio, nisi forte dicas ledoriam exprobrationem esse ad directam
contumeliam; scoma enim pene dixerim morsum figuratum, quia sepe
fraude uel urbanitate tegitur, ut aliud sonet, aliud intelligas. Nec tamen
semper ad amaritudinem pergit, sed non numquam his in quos iacitur et
5 dulce. Quod genus maxime uel sapiens uel alias urbanus exercet, precipue
inter mensas et pocula ubi facilis est ad iracundiam prouocatio. Nam sicut
in precipiti stantem uel leuis tactus impellit ita uino uel infusum uel asper-
sum paruus quoque dolor incitat in furorem. Ergo cautius in conuiuio
abstinendum scomate, quod tectam intra se habet iniuriam. Tanto enim
10 pressius herent dicta talia, quam directe ledorie, ut hami angulosi, quam
directi mucrones tenacius infiguntur, maxime quia dicta huius modi risum
presentibus mouent, quo uelut assensus genere confirmatur iniuria. Est
autem ledoria huius modi: 'Oblitusne es, quia salsamenta uendebas?' Scoma
autem, quod diximus sepe contumeliam esse celatam, tale est: 'Meminimus
15 quando brachio te emulgebas.' Nam cum res eadem utrobique dicta sit, illud
tamen ledoria est, quod apte obiectum exprobratumque est, hoc scoma quod
figurate.

Octauius, qui natu nobilis uidebatur, Ciceroni recitanti ait, 'Non audio
que dicis.' Ille respondit, 'Certe solebas bene foratas habere aures.' Hoc eo
20 dictum est, quia Octauius Lybis oriundus dicebatur, quibus mos est aurem
forare. In eundem Ciceronem Laberius cum ab eo in consessum non
reciperetur, dicentem, 'Reciperem te nisi anguste sederemus,' ait mimus ille
mordaciter, 'Atqui solebas duabus sellis sedere,' obiciens tanto uiro
lubricum fidei. Sed et quod Cicero dixit, 'Nisi anguste sederemus,' scomma
25 est in Gaium Cesarem, qui in senatum passim tam multos admittebat, ut
eos quatuordecim gradus capere non possent. Tali ergo genere quod fetum
contumelie est abstinendum sapienti semper in conuiuio est.

Sunt alia scomata minus aspera, quasi edentate belue morsus, ut Tullius
in consulem qui uno tantum die consulatum peregit, 'Solent,' inquit, 'esse
30 flamines diales, modo consules diales habemus.' Et in eundem: 'Vigilan-
tissimus est consul noster qui in consulatu suo summum non uidit.' Eidemque exprobranti sibi quod ad eum consulem non uenisset, 'Veniebam,' inquit, 'sed nox me comprehendit.' Hec et talia sunt que plus urbanitatis
minus amaritudinis habent ut sunt et illa de non nullis corporis uitiis, aut
35 parum aut nichil gignentia doloris, ut si in caluitium cuiusquam dicas, uel
in nasum, seu curuam erectionem, seu Socraticam depressionem. Hec enim
quanto minoris infortunii sunt tanto leuioris doloris.

Contra oculorum orbitas non sine excitatione commotionis obicitur.
Quippe Antigonus rex Teocritum Chium, de quo iurauerat quod ei parsurus
40 esset, occidit propter scoma[m] ab eodem de se dictum. Cum enim quasi pu-
niendus ad Antigonum raperetur, solantibus eum amicis ac spem pollicen-
tibus quod omni modo clementiam regis experturus esset, cum ad oculos
eius uenisset, respondit, 'Ergo impossibilem mihi dicitis spem salutis.' Erat
autem Antigonus uno orbatus oculo, et importuna urbanitas male dicacem
45 luce priuauit.

Nec negauerim philosophos quoque incurrisse non numquam per indignationem hoc genus scomatis. Nam cum regis libertus ad nouas diuitias nuper

erectus philosophos ad conuiuium congregasset, *et* irridendo eorum
minutulas questiones scire se uelle dixisset, cur et ex nigra et ex alba faba
pulmentum unius coloris edat*ur*, Aridices philosophus indigne ferens, 'Tu
nobis,' inquit, 'absolue, cur et de albis et de nigris loris similes macule
gignantur.'   5
     Sunt scommata que in superficie habent speciem contumelie, sed inter-
dum non tangunt audientes cum eadem si obnoxia dicantur exagitant, ut
contra sunt que speciem laudis habent et persona audientis efficit contumelie plenam. De priore prius dicam. Lucius Quintus pretor de prouincia
nuper reuerterat, obseruata quod mireris Domitiani temporis preture max- 10
ima castitate. Is cum eger assidenti amico diceret frigidas se habere manus,
renidens ille ait, 'Atqui eas de prouincia calidas paulo ante reuocasti.' Risit
Quintus delectatusque est, quippe alienissimus a suspicione furtorum. Contra si hoc diceretur male sibi conscio et sua furta recolenti exacerbasset
auditum. Critobolum famose pulcritudinis adolescentem Socrates *cum* ad 15
comparationem forme prouocaret, iocabatur, non irridebat. Certe si dicas
consummatarum diuitiarum uiro, 'Tibi excito creditores tuos,' aut si nimis
casto, 'Grate tibi sunt meretrices, quia continua eas largitate ditasti,' uterque delectabuntur, scientes his dictis suam conscientiam non grauari. Sicut
contra sunt que sub specie laudis exagitant, sicut paulo ante diuisi. Nam si 20
timidissimo dixero, 'Achilli uel Herculi comparandus es,' aut famose iniquitatis uiro, 'Ego te Aristidi in equitate prepono,' sine dubio uerba laudem
sonantia ad notam uituperationis sue uterque tracturus est. Eadem scommata eos*dem* modo iuuare modo mordere possunt pro diuersitate presentium personarum. Sunt enim que si coram amicis obiciantur nobis, libenter 25
audire possimus, [et] uxore uero seu parentibus magistrisue presentibus dici
in nos aliquod scomma nolimus, nisi forte tale sit quod illorum censura
libenter accipiat, ut siquis adolescentem coram parentibus uel magistris irrideat, quod insanire possit continuis uigiliis lectionibusque nocturnis, aut
uxore presente quod stulte faciat uxorium se prebendo, nec ullam elegan- 30
tiam eligendo formarum. Hec enim et in quos dicuntur et presentes
hilaritate perfundunt. Comendat scomma et condicio dicentis, si in eadem
causa sit, ut si alium de paupertate *pauper* irrideat si obscure natum natus
obscure.
     Nam Tharseus Amphias cum ex ortulano potens esset et in amicum quasi 35
degenerem non nulla dixisset, mox subiecit, 'Sed et nos de hisdem
seminibus sumus,' et omnes pariter letos fecit. Illa uero scommata directa
letitia eum in quem dicuntur infundunt, si uirum fortem uituperes quasi
salutis sue prodigum, et pro aliis mori uolentem, aut si obieceris liberali
quod res suas profundat, minus sibi quam aliis consulendo. Sic et Diogenes 40
Antistenen Cynicum magistrum suum solebat ueluti uituperando laudare.
'Ipse me,' aiebat, 'mendicum fecit ex diuite, et pro ampla domo, in dolio
fecit habitare.' Melius autem ista dicebat, quam si diceret, 'Gratus illi sum
quia ipse me philosophum et consummate uirtutis uirum fecit.' Ergo cum
unum nomen scommatis sit, diuersi in eo continentur effectus. Ideo apud 45
Lacedemonios, inter cetera exacte uite instituta, hoc quoque exerc*it*ii genus
a Ligurgo est intitutum, ut adolescentes et scommata sine morsu dicere, et

ab aliis in se dicta perpeti discerent, ac siquis eorum in indignationem ob
tale dictum prolapsus fuisset, ulterius ei in alterum dicere non licebat. Cum
ergo uideas mi Auiene—instituenda est adolescentia tua que ita docilis est
ut dicenda precipiat—cum uideas inquam anceps omne esse scommatum
5 genus suadeo in conuiuiis in quibus letitie insidiatur ira ab huius modi dictis facessas, et magis questiones conuiuiales uel proponas, uel ipse
dissoluas. Quod genus ueteres ita ludicrum non putarunt ut et Aristotiles de
ipsis aliqua conscripserit, et Plutarcus et uester Appuleius, nec contemnendum sit quod tot philosophantium curam meruit.
10   Primum miraculum est stangnum Lummonui quia in eo sunt insule sexaginta et ibi habitant homines et sexaginta rupibus ambitur, et nidus aquile
in unaquaque rupe est et flumina fluunt sexaginta et non uadit ex eo ad mare
nisi flumen quod uocatur Lenin.
      Secundum miraculum ostium Trahannoni fluminis, quia in una unda in-
15 star montis ad sisam tegit littora, et recedit ut cetera maria iterum.
      Tertium miraculum stangnum calidum quod est in regione Huicciorum,
et muro ambitur ex latere et lapido facto et in eo uadunt homines per omne
tempus ad lauandum et unicuique sicut placuerit illi lauachrum sic fit sibi
secundum uoluntatem suam: si uoluerit esse balneum frigidum, erit, si
20 calidum, erit.
      Quartum miraculum est fontes de solo a quibus fontibus sal decoquitur
aqua extracta unde omnia cyberia salliuntur, et prope sunt mari, sed de terra
emergunt.
      Aliud miraculum est 'de urithabren' id est duos reges Sabrone. Quando in-
25 undatur mare ad sissam in hostium Sabrine, duo cumili spumarum con-
gregantur separatim et bellum faciunt inter se ad inuicem, et iterum secedit
alter ab altero, iterumque procedunt, in unaquaque scissa. Hoc ab initio
mundi faciunt usque in presentem diem.
      Aliud miraculum est stagni Luiane, quod est 'Aper Lin Luian'. Ostium
30 fluminis illius fluit in Sabryna et quando inundatur Sabrina ad sissam istud
litus non tegitur et quando recedit mare et Sabrina, tunc stagnum Luiane
eructat omne quod deuorauit de mare, et litus istud tegitur et instar montis
in una unda eructat et rumpit. Et si fuerit exercitus totius regionis in qua est
et duxerit faciem contra undam, et exercitum trahit unda per uim humore
35 repletis uestibus, et equi similiter trahuntur. Si [hoc] exercitus terga uersus
fuerit contra eam non nocet ei unda. Et quando recesserit mare totum, tunc
litus quod unda tegit retro denudatur et mare recedit ab ipso.
      Est aliud mirabile in regione Cinlopiauc. Est ibi fons nomine Fontaun
guor Helic. Non fluit riuus ex eo neque in eo. Vadunt homines piscari ad
40 fontem: alii uadunt in fonte ad partem orientis, et deducunt pisces ex ea
parte, alii ad dexteram, aliiad sinistram, ad occidentemque, et trahuntur
pisces ab unaquaque parte, et aliud genus piscium trahitur ex omnibus partibus. Magnum mirabile pisces inueniri in fonte dum non flumen fluit in eo
neque ex eo. Et in eo inueniuntur quattuor genera piscium. Et non est de
45 magnitudine neque de profunditate: profunditas illius usque ad genua,
uiginti pedes in longitudine et latitudine, ripas altas in omni parte.
      Iuxta flumen quod uocatur Guoy poma inueniuntur super fraxinum in

procliuio saltus qui est prope ostio fluminis.

Est aliud mirabile in regione que dicitur Guent et ibi *fouea* a qua uentus flat per omne tempus sine intermissione, et quando non flat uentus in tempore estatis de illa fouea incessanter *flat*, ita ut nemo possit sustinere, neque ante foueam *pro* profunditate, et uocatum est nomen eius Huit Guint Britannico sermone, Latine autem flatio uentis. Magnum et mirabile est 5 uentum de terra flare.

Est aliud mirabile in Guhir, altare quod est in loco qui dicitur Loingarth quod nutu dei fulcitur. Fabula*m* istius altaris melius mihi uidetur narrare quam reticere. Factum est autem dum sanctus Eltutus orabat in spelunca que est iuxta mare quod alluit terram supradicti loci—os autem spelunce ad 10 mare est—et ecce nauis nauigabat ad se de mare et duo uires remigantes eam, et corpus cuiusdam sancti hominis erat cum illis in naue et altare super faciem eius quod nutu dei fulciebatur. Et processit homo dei in obuiam illorum et corpus sancti Iohannis de naue et altare inseparabiliter supra faciem sancti corporis stabat. Et dixerunt ad sanctum Eltu*t*um, 'Iste 15 homo precepit nobis ut deduceremus eum ad te, et sepeliremus illum tecum, et nomen eius non reueles ullo homini, ut non iurent per se homines.' Et sepelierunt eum, et post sepulturam, illi duo uiri reuersi sunt ad nauim et nauigauerunt. At ille sanctus Eltutus ecclesiam fundauit circa corpus sancti Iohannis et circa altare et manet usque in hodiernum diem 20 altare potestate dei fulc[a]tum. Venit quidam regulus ut probaret portans uirgam in manu sua, curuauitque eam circa altare et tenuit ambabus manibus uirgam ex utraque parte et traxit, et sic ueritatem huius rei probauit, sed ille postea mense*m* integrum non uixit. Alter autem sub altare aspexit, et aciem oculorum eius amisit et ante mensem integrum uitam 25 finiuit.

Est autem aliud mirabile in supradicta regione, id est Guent. Est ibi fons iuxta uallum putei Mouric, et lignum in medio fontis. Et lauant homines manus sua*s* cum faciebus suis et lignum sub pedibus habent quando lauant, nam et ego uidi et probaui. Quando mare inundatur ad malinam extenditur 30 Sabrina super omnem maritimam et tegit et usque ad fontem deducitur, et impletur fons de sissa Sabrine et trahit lig*n*um secum usque ad mare magnum, et per spatium trium dierum in mare inuertitur et in quarto die in supradicto fonte inuenitur. Factum est autem ut unus de rusticis sepeliret eum in terram ad probandum et in quarto die inuentus est in fonte et ille 35 rusticus qui eum abscondit et sepeliuit statim[que] defunctus est.

Est aliud mirabile in regione que dicitur Buelt. Est ibi cumilus lapidum et unus superpositus super congestum cum uestigio canis in eo. Quando uenatus est porcus Troit, impressit Cabalus qui erat canis Arthuri militis uestigium in lapide et Arthur postea *congregauit* congestum lapidum sub 40 lapide in quo erat ues*t*igium canis sui et uocabatur Carn Cabal. Et ueniunt homines et tollunt lapidem in manibus suis per spatium diei et noctis, et in crastino inuenitur super *congestum* suum.

Est aliud miraculum in regione Hercing. Habetur sepulchrum eius iuxta qui cognominatur Oculus Amr et uiri nomen qui sepultus est in tumilo sic 45 uocaba*t*ur Amr. Filius Arthuri militis erat et ipse occidit eum et sepeliuit. Et

ueniunt homines ad mensurandum tumulum in longitudine aliquando
septem pedes, aliquando quindecim, aliquando nouem; in qua mensura
metieris eum in ista uice, iterum non inuenies eum in una mensura, et ego
ipse probaui.

5   Primum miraculum est litus sine mare. Secundum miraculum est ibi
mons qui giratur tribus uicibus in anno. Tertium est uadum ibi; quando inundatur mare et ipse inundatur et quando decressit mare et ipse minuitur.
Quartum miraculum est lapis qui ambulat in nocturnis temporibus super
uallem Cihenin et proiectum est olim in uoragine Cereuus pelagi quod
10 uocatur Manei et crastino supra ripam supradicte uallis inuentus est sine
dubio.

Est ibi stagnum quod uocatur Luchlem. Quattuor circulis ambitur. Primo
circulo gronita stagni id est stain ambitur. Secundo circulo gronna id est
mum plumbi ambitur. Tertio circulo gronna ferri ambitur. Quarto circulo
15 gronna eris ambitur. Et in eo stagno margarite inueniuntur que ponunt reges
in auribus suis.

Est aliud stagnum qui facit ligna arescere, in lapides durescere. Homines
autem fingunt ligna et postquam formauerint proiciunt in stagno et manet
in eo usque ad capud anni et in capite anni lapis reperitur Luch Echac.

20   Est aliud mirabile in regione que uocatur Ceretiaun. Est ibi mons qui
cognominatur Cruc Marc, et est sepulcrum in cacumine montis et omnis
homo quicumque uenerit ad sepulchrum et extenderit se iuxta illud
quamuis breuis fuerit in una longitudine inuenitur sepulchrum et homo, et
si fuerit homo breuis et paruus similiter et longitudinem sepulcri iuxta
25 staturam hominis inuenitur. Et si fuerit longus atque procerus, etiam si
fuisset in longitudine quattuor cubitorum, iuxta staturam uniuscuiusque
hominis sic tumilus inuenitur. Et omnis peregrinus tediosus qui tres flec-
tiones flectauerit iuxta illud, non erit tedium super se usque ad diem mortis
sue, et non grauabitur iterum ullo tedio quamuis habitasset in extremis
30 finibus cosmi.

Arbor Arabica illa ueluti truncus quidam in modum altitudinis stature
humani corporis cressit, de cuius summitate densissime come capillorum
instar humani capitis terr[e]a tenus dependent. Oriente autem sole ualde
mane cultores ueniunt, et balsamum per totam noctem sudans in ipsis
35 capillis colligunt. Redeuntes autem mox feruentis solis flagrantiam sufferre
non ualentes iterum post solis occubitum redeunt, ac mox arbor illa
cultorum sui aduentum sentiens omnes capillos suos conuertit huc illucque
eos mouens et aliquando terram uersus demittens extentos, aliquando circa
summitatem capitis inuolutos concrispans, uidetur enim gaudere, dum ac-
40 cedunt cultores qui capillos eius harene plenos uentorum flatu agitate lauant
ac tergunt.

Sunt pisciculi parui †impar† in mari, qui circumcisi ex omni parte emit-
tunt lacrimas purpurei coloris, inde tinguitur lana ex qua conficitur purpura.

Bissus genus est lini mollissimi et candidissimi.

Sigla

C Cod. Cant. S. Joh. Coll. D.22 (97) fol. 168r–221r, s. 14
H Cod. BL Harl. 3969 fol. 3r–40v, s. 14
H^C Codicis H scriptura correcta

Other witnesses to the Gellius florilegium φ (above, p. 22)
   K Bodl. Libr. MS Rawl. G.139 fol. 152v–154, s. 12
   L Bodl. Libr. MS Lat. class. d.39 (olim Lond. Sion. Coll.
      Arc. L.40.2/L.21) fol. 153–159, s. 12
   Ioan. Saris. Policraticus Ioannis Sarisberiensis ed. Webb

Attribution of a reading to the author from whose work a
selection is drawn (e.g., Cic., Pliny) indicates a generally
undisputed reading of the modern text of that author.

Abbreviations in the *testimonia* are essentially those of *The
Oxford Classical Dictionary* and Lewis and Short's *Latin
Dictionary*.

In the text, italic print is used to indicate an editorial
addition. Brackets indicate an editorial deletion.

Testimonia

37: 3 Aug. *Ciu. dei* 8.23, *Aduersus quinque haereses* 3   30 Cic. *Inu.* 2.1–3
38: 24 Cic. *Nat. d.* 1.101   29 Cic. *Nat. d.* 2.6–7   45 Cic. *Nat. d.* 2.124–27
39: 23 Cic. *Nat. d.* 2.129–30   28 Cic. *Nat. d.* 3.42   37 Cic. *Nat. d.* 3.53–60
40: 4 Will.   7 Cic. *Nat. d.* 3.81–84   31 Cic. *Nat. d.* 3.89   39 Cic. *Diu.* 1.32
45 Cic. *Diu.* 2.135   **41:** 6 Cic. *Diu.* 1.46–57   **43:** 6 Cic. *Diu.* 1.74–75   11 Cic.
Diu. 1.78   16 Cic. *Diu.* 1.100–101   29 Cic. *Diu.* 1. 111–12   37 Cic. *Diu.* 1.119
39 Cic. *Diu.* 2.23   44 Cic. *Diu.* 1.122–24   **44:** 15 Cic. *Diu.* 2.52–53   22 Cic.
Diu. 2.99   25 Cic. *Diu.* 2.96   27 Will.   32 Cic. *Acad.* 2.1–4   **45:** 27 Will.
32 Plin. 2.24   35 Plin. 2.31   38 Plin. 2.37   40 Plin. 2.53   47 Plin. 2.95   **46:** 3
Plin. 2.97–98   7 Plin. 2.92–94   16 Plin. 2.98–101   24 Plin. 2.136–37   28 Plin.
2.140   30 Plin. 2.146–49   43 Plin. 2.153   45 Plin. 2.162   47 Plin. 2.167–70
47: 12 Plin. 2.187   14 Plin. 2.180   19 Plin. 2.194–95   21 Plin. 2.197   24 Plin.
2.199   30 Plin. 2.217   32 Plin. 2.224   *32 Plin. 2.247   35 Will.   43 Plin. 7.20
46 Plin. 7.34–36   **48:** 11 Plin. 7.39   13 Plin. 7.46   15 Plin. 7.57–60   23 Plin.
7.65   24 Plin. 7.68–69   29 Plin. 7.72–73   *30 Plin. 7.75–76   35 Plin. 7.78–80
41 Plin. 7.82–83   47 Plin. 7.89   **49:** 3 Plin. 7.93–94   6 Plin. 7.97–99   14 Plin.
7.95   15 Will.   18 Plin. 7.107–8   21 Cic. *Arch.* 24   22 Plin. 7.109   25 Plin.
6.60   28 Plin. 7.110   31 Plin. 7.119   35 Plin. 7.84   37 Plin. 7.123–24   44 Plin.
7.126   46 Plin. 7.139–44   **50:** 11 Plin. 7.166   16 Plin. 7.168   18 Plin.
7.172–73   24 Plin. 7.175–80   *42 Plin. 7.122   *43 Plin. 7.44   44 Plin. 7.182
*47 Plin. 7.184–85   **51:** 4 Plin. 7.187   7 Will.   12 Plin. 8.3–6   18 Plin.
8.11–22   41 Plin. 8.44   *46 Will.   **52:** 1 Plin. 8.53–54   5 Plin. 8.47–48
10 Plin. 8.55–61   30 Plin. 8.64–65   *33 Plin. 8.69–71   38 Plin. 8.96   40 Plin.
8.104   42 Plin. 8.222   43 Plin. 8.104   45 Plin. 8.117   47 Plin. 8.142–44
53: 6 Plin. 8.156   7 Plin. 8.158   10 Plin. 8.167   11 Plin. 8.175   12 Plin. 8.183
14 Plin. 8.210   17 Plin. 9.9–11   27 Plin. 9.14–15   32 Plin. 9.29–32   39 Plin.
9.69   42 Plin. 9.77   44 Plin. 9.122–23   **54:** 1 Plin. 9.136–37   5 Plin.
9.167–74   25 Plin. 10.15–16   27 Plin. 10.18   29 Plin. 10.23   33 Plin. 10.33
36 Plin. 10.35   38 Plin. 10.41   41 Plin. 10.45   43 Plin. 10.49–50   **55:** 1 Plin.
10.60   3 Plin. 10.82   *3 ?   4 Plin. 10.70–71   9 Plin. 10.103   *9 Plin. 10.106
11 Plin. 10.110   14 Plin. 10.120   15 Plin. 10.124   *17 ?   18 Plin. 10.121–22
26 Plin. 10.52   30 Plin. 10.139   32 Plin. 10.172   35 Plin. 10.208   39 Plin.
11.19   41 Plin. 11.76   43 Plin. 11.104–6   47 Plin. 11.113–14   **56:** 3 Plin.
11.143–44   7 Plin. 11.167   9 Plin. 11.186–87   13 Plin. 11.189   16 Plin. 11.197
17 Plin. 11.190   20 Plin. 11.238   22 Plin. 11.242   24 Plin. 11.262
27 Plin. 11.274   31 Plin. 12.6–11   39 Plin. 12.20   41 Plin. 12.55–57   45 Plin.
12.62   **57:** 1 Plin. 12.68   *2 Plin. 12.80   3 Plin. 12.94   8 Plin.

12.111   *8 Plin. 12.113   9 Plin. 12.117   12 Plin. 13.3   14 Plin. 13.24–25
17 Plin. 13.84–86   24 Plin. 13.88   26 Plin. 14.9   30 Plin. 14.88   31 Plin.
14.95–97   40 Plin. 14.143–48   **58:** 5 Plin. 15.1–3   12 Plin. 15.74–75   18 Plin.
15.83   19 Plin. 15.102   21 Plin. 15.119   22 Plin. 15.121   24 Plin. 15.125–26
31 Plin. 16.9   32 Plin. 16.11   34 Plin. 16.7–8   *36 Plin. 16.13–14   39 Plin.
16.108   41 Plin. 16.115   43 Plin. 16.132–33   **59:** 1 Plin. 16.136–38   3 Plin.
16.192   5 Plin. 16.199–203   14 Plin. 16.213–17   20 Plin. 16.234   21 Plin.
16.236–40   35 Plin. 17.7   38 Plin. 17.242–43   41 Will.   44 Plin. 18.18   46 Plin.
18.37   **60:** 2 Plin. 18.94   5 Plin. 18.307   7 Plin. 19.22–24   15 Plin. 19.64
*15 Plin. 19.110   18 Plin. 19.128   20 Plin. 21.6   *20 Plin. 21.8   22 Plin. 21.10
26 Plin. 22.114   30 Plin. 22.120   33 Plin. 19.108   34 Will.   36 Plin. 23.56
38 Plin. 23.58   *39 ?   41 Plin. 23.149   44 Plin. 24.43   46 Plin. 25.5–7
61: 3 ?   4 Plin. 28.53   6 Plin. 26.1–9   13 Plin. 29.12   14 ?   18 Plin. 29.65
20 Plin. 30.3–10   24 Plin. 32.3–4   27 Plin. 32.142   28 Will.   33 Aug. *Ciu. dei*
9.4   **62:** 11 Will.   12 ?   21 Gell. 9.3   33 Gell. 9.11   **63:** 9 Gell. 9.13
33 Gell. 3.7   **64:** 18 Gell. 1.14   29 Gell. 3.8   40 Gell. 16.11   45 Will.
65: 2 (Gell. 6.19)   3 (Gell. 5.9)   *3 (Gell. 12.7)   4 (Gell. 2.11)   5 (Gell. 9.4)
6 (Gell. 16.11)   *6 (Gell. 1.23)   7 (Macr. 1.6.20–25)   9 Gell. 5.10   34 Gell.
9.16   43 Gell. 1.17   **66:** 6 Gell. 3.6   11 Plin. 30.18   13 Plin. 30.14   15 Will.
16 Gell. 1.8   25 Gell. 11.9   27 Gell. 13.8   31 Gell. 1.26   **67:** 1 Gell. 2.2
21 Gell. 10.8   26 Gell. 10.10   32 Gell. 10.27   41 Gell. 12.12   **68:** 7 Gell.
1.13   23 Gell. 15.16   32 Gell. 15.31   46 Gell. 1.19   **69:** 10 ?   12 Gell.
10.18   24 Gell. 5.2   37 Gell. 3.9   **70:** 6 Gell. 5.14   43 Will.   46 *De sept.*
mir.   **71**   23 (Val. Max. 4.6)   26 Will.   30 Vitr. 2, *Praef.* 1–4   46 Vitr.
2.8.10–15   **72:** 21 Vitr. 2.9.15–16   29 Vitr. 3, *Praef.* 1   33 Vitr. 6, *Praef.* 1–3
45 Vitr. 4.1.4,9–10   **73:** 12 Vitr. 7, *Praef.* 4–9   38 Vitr. 7, *Praef.* 14–15,17
47 Vitr. 9, *Praef.* 1   **74:** 5 Vitr. 10.2.15   12 Vitr. 10.16.3–10   38 Will.   39 (Vitr.
9.8.4)   40 (Vitr. 10.9.1.)   41 (Vitr. 9, *Praef.* 10)   **75:** 1 Will.   3 Tert. *Apol.* 2
11 Tert. *Apol.* 4   18 Tert. *Apol.* 5   **76:** 2 Tert. *Apol.* 9   5 Tert. *Apol.* 6   9 Tert.
Apol. 10   14 Tert. *Apol.* 11   20 Tert. *Apol.* 25   26 Tert. *Apol.* 16   41 Tert. *Apol.*
18   **77:** *1 Tert. *Apol.* 19   5 Tert. *Apol.* 9   10 Tert. *Apol.* 33   14 Tert. *Apol.*
39   17 Tert. *Apol.* 12   18 Tert. *Apol.* 14–15   27 Tert. *Apol.* 46   **78:** 4 Tert.
Apol. 50   7 Will.   9 Cypr. *De idolorum uanitate* 2–4   31 Cypr. *De mortal.* 19
39 Will.   42 Ambros. *Off.* II.150–51   **79:** 9 Ambros. *Off.* III.46–49   23 Will.
26 Ambros. *Hexaem.* VI.21   38 Ambros. *Hexaem.* VI.24   **80:** 7 Ambros. *De*
uirginibus II.22–33   27 Ambros. *De uirginibus* III.33–36   45 Ambros. *Ep.*
37.34–35   **81:** 8 Paulinus *Vita S. Ambrosii* 45   12 Will.   18 Hier. *Adu. Iouinian.*
I.41–42   **82:** 8 Hier. *Adu. Iouinian.* I.44–46   33 Hier. *Adu. Iouinian.* I.48
83: 8 Hier. *Adu. Iouinian.* II.9   18 Hier. *Adu. Iouinian.* II.13–14   **84:** 16 Hier. *Ep.*
LII.8   31 Hier. *Ep.* LII.11   34 Hier. *Ep.* LII.15   37 Hier. *Ep.* LVIII.3   40 Hier. *Ep.*
LVIII.10   45 Hier. *Ep.* LIII.1   **85:** 13 Hier. *Ep.* LIII.11   16 Hier. *Ep.* LVII. 3
19 Hier. *Ep.* LVII.5   31 Hier. *Ep.* LVII.6   35 Hier. *Ep.* LVII.12   38 Will.
*38 Hier. *Ep.* LXIX. 8   40 Hier. *Ep.* CXLVI.2   42 Hier. *Ep.* LXXI.5   45 Hier. *Ep.*
LXI.4   **86:** 1 Hier. *Aduersus Vigilantium* 5   4 Hier. *Ep.* LXX.2–3,5   17 Hier. *Ep.*
LXVIII.2   24 Hier. *Ep.* VI.1   26 Hier. *Ep.* VIII   28 Hier. *Ep.* CXXV.13   37 Hier.
Ep. X.3   39 Hier. *Ep.* VII.2   42 Hier. *Ep.* CXIX.1   45 Hier. *Ep.* XLIX.1
87: 1 Hier. *Ep.* L.1   4 Hier. *Ep.* XXII.30   17 Will. 18 (Pelagi *Ep. ad Demetriadem*)
23 (Aug. *Ep.* CLXXXVIII.4–5)   *27 (Hier. *Ep.* CXXX.1)   30 Hier. *Ep.* CXXX.11
33 Hier. *Ep.* CXXX.16   34 Hier. *Ep.* CVII.2   37 Hier. *Ep.* CVII.4   43 Hier. *Ep.*
CVII.8   44 Hier. *Ep.* CVII.5   **88:** 5 ?   7 Hier. *Ep.* CXXIII.9   15 Hier. *Ep.*
VII.5   19 Hier. *Ep.* CXXXI.10   22 Hier. *Ep.* XLIII.1   28 Hier. *Ep.* XXIX.7   31 Hier.

Off. I.39–40   42 Cic. *Off.* I.74–76   **115:** 5 Cic. *Off.* I.84   12 Cic. *Off.* I.90
15 Cic. *Off.* I.99   17 Cic. *Off.* I.108–9   32 Cic. *Off.* I.112   35 Cic. *Off.* I.144
39 Cic. *Off.* II.25–27   **116:** 10 Cic. *Off.* II.43   12 Cic. *Off.* II.48   15 Cic. *Off.*
II.53   17 Cic. *Off.* II.71   20 Cic. *Off.* II.75–77   31 Cic. *Off.* II.81–82
117: 6 Cic. *Off.* III.1   9 Cic. *Off.* III.10   14 Cic. *Off.* III.38   22 Cic. *Off.* III.45
28 Cic. *Off.* III.67   34 Cic. *Off.* III.77   40 Cic. *Off.* III.82   44 Cic. *Off.* III.109
118: 6 Cic. *Off.* III.58–59   25 ?   26 Will. (Cic. *Off.* III.49,73,86,114; 79; 112)
36 Aug. *De beata uita* 10   43 Hier. *Comm. in ep. ad Galatas* 381   **119:** 1 Hier.
Ep. ad Galatas 387   5 Hier. *Ep. ad Galatas* 416–17   13 Hier. *Ep. ad Galatas* 422
15 Hier. *Ep. ad Galatas* 425–30   **120:** 1 Hier. *Ep. ad Galatas* 450   3 Hier. *Ep. ad
Galatas* 460   5 Hier. *Ep. ad Galatas* 471   10 Hier. *Ep. ad Galatas* 508–13   22 Hier.
Ep. ad Galatas 515   *22 Hier. *Ep. ad Galatas* 517   25 Hier. *Ep. ad Galatas* 528–29
32 Hier. *Ep. ad Galatas* 528   37 Hier. *Contra Rufinum* I.1   44 Hier. *Contra
Rufinum* I.30   46 Hier. *Contra Rufinum* III.27–28   **121:** 3 Hier. *Contra Rufinum*
III.31   6 Hier. *Contra Rufinum* III.39–40   26 Hier. *Ep.* LXXVIII.17   29 Hier. *Ep.*
CXXXIII.4   36 Hier. *Cont. Pelag.*Prol. 1   39 Hier. *Cont. Pelag.* I.21   41 Hier.
Cont. Pelag. II.6   43 Hier. *Cont. Pelag.* II.16   48 Hier. *Cont. Pelag.* III.2
122: 3 Hier. *Cont. Pelag.* III.17   6 Hier. *In Osee* 6–8   14 Hier. *In Osee* 20
18 Hier. *In Osee* 24   35 Hier. *In Osee* 41   40 Hier. *In Osee* 44   44 Hier. *In Osee*
51   **123:** 1 Hier. *In Osee* 53–54   8 Hier. *In Osee* 94   11 Hier. *In Osee* 108
17 Hier. *In Osee* 110–11   19 Hier. *In Osee* 123   23 Hier. *In Osee* 131–32   30 Hier.
In Osee 148   32 Hier. *In Ioelem* 195–96   38 Hier. *In Amos* 225–26   45 Hier. *In
Amos* 233   47 Hier. *In Amos* 272   **124:** 3 Hier. *In Amos* 283   8 Hier. *In Amos*
305   10 Hier. *In Amos* 310–11   12 Hier. *In Amos* 314   15 Hier. *In Amos*
328–29   21 Hier. *In Abdiam* 368   24 Hier. *In Abdiam* 370   27 Hier. *In Abdiam*
377   29 Hier. *In Abdiam* 379   31 Hier. *In Ionam* 389–90   36 Hier. *In Ionam* 394
40 Hier. *In Ionam* 425–26   46 Hier. *In Michaeam* 438   **125:** 2 Hier. *In Michaeam*
520   4 Hier. *In Michaeam* 528   6 Hier. *In Naum* 544   8 Hier. *In Michaeam* 517
9 Hier. *In Naum* 570–71   13 Hier. *In Naum* 576   17 Hier. *In Abacuc* 595   19 Hier.
In Abacuc 617   22 Hier. *In Abacuc* 660   28 Hier. *In Sophoniam* 692   42 Hier. *In
Sophoniam* 730   45 Hier. *In Sophoniam* 732   46 Hier. *In Abacuc* 623–24
126: 5 Hier. *In Aggaeum* 736–37   10 Hier. *In Aggaeum* 771   14 Hier. *In Zachariam*
778   17 Hier. *In Zachariam* 792   18 Hier. *In Zachariam* 812   21 Hier. *In
Zachariam* 819–20   28 Hier. *In Zachariam* 828   31 Hier. *In Zachariam* 852
35 Hier. *In Zachariam* 881   38 Hier. *In Zachariam* 885   43 Hier. *In Zachariam*
896   **127:** 7 Hier. *In Zachariam* 906   10 Hier. *In Zachariam* 909   12 Hier. *In
Zachariam* 913–14   18 Hier. *In Zachariam* 926   23 Hier. *In Zachariam* 932
26 Hier. *In Danielem* 617–18   29 Hier. *In Danielem* 624–27   45 Hier. *In Danielem*
634   **128:** 1 Hier. *In Danielem* 641   4 Hier. *In Danielem* 647   6 Hier. *In
Danielem* 663–67   26 Hier. *In Danielem* 669   28 Hier. *In Danielem* 678   31 Hier.
In Danielem 697   33 Hier. *In Danielem* 704   43 Hier. *In Danielem* 711   46 Hier.
In Danielem 713–15   **129:** 3 Hier. *In Danielem* 717–19   12 Hier. *In Danielem*
723   13 Hier. *In Danielem* 729–30   16 Hier. *In Isaiam* 3   18 Hier. *In Isaiam* 9
22 Hier. *In Isaiam* 15   25 Hier. *In Isaiam* 24   27 Hier. *In Isaiam* 35–37   39 Hier.
In Isaiam 49–50   44 Hier. *In Isaiam* 56–58   **130:** 3 Hier. *In Isaiam* 61–63
8 Hier. *In Isaiam* 69   11 Hier. *In Isaiam* 81   13 Hier. *In Isaiam* 83   16 Hier. *In
Isaiam* 114   18 Hier. *In Isaiam* 119   22 Hier. *In Isaiam* 122–23   28 Hier. *In Isaiam*
129   30 Hier. *In Isaiam* 143   32 Hier. *In Isaiam* 147   34 Hier. *In Isaiam* 156
38 Hier. *In Isaiam* 159   40 Hier. *In Isaiam* 174–75   44 Hier. *In Isaiam* 180
131: 7 Hier. *In Isaiam* 178–80   16 Hier. *In Isaiam* 182   18 Hier. *In Isaiam* 185
20 Hier. *In Isaiam* 192   23 Hier. *In Isaiam* 198   24 Hier. *In Isaiam* 203   26 Hier.

Apparatus Criticus

38: 14 ei *Cic.*: eis *C*   16 qua *Cic.*: quam *C*   24 Ibes *Cic.*: Ibices *C*   26 ex *Cic.*: et *C*   29 Apud *Cic.*: pre *C* Postumus *C*: Postumius *Cic.*   31 uisi *Cic.*: nisi *C* 32 Reatina *Cic.*: Reticinam *C*   37 Sigram *C*: Sagram *Cic.*   40 iussit *Cic.*: iusit *C* 47 relinquunt *Cic.*: relinquiunt *C*

39: 3 piscemque *Cic.*: pissemque *C*   16 adiuuatur *Cic.*: aduuatur *C*   17 reponunt *Cic.*: reponter *C*   20 Capre *ex Ciceronis capras*: Cape *C*   23 Testudines *Cic.*: Testitudines *C*   24 oua *Cic.*: eua *C*   34 Lotone *C*: Latonae *Cic.*   35 ferunt *Cic.*: fertur *C*   42 Dioscoride *C*: Διόσχουροι *Cic.*   47 Etheithe Noeone Edeardhe *C*:Thelxinoe *A*oede Arche *Cic.*

40: 4 Culpidines *C*: Cup−*Cic.* mortes: in ortes *C*   13 et *Cic.*: *om. C*   14 detraxit *Cic.*: dexter *C*   24 stultitiam *Cic.*: stultiam *C*   25 precaremur *Cic.*: peccaremur *C*   29 per *Cic.*: *om. C*   32 nonne *Cic.*: in me *C*   34 naufragia *Cic.*: aufragiam *C* perierunt *Cic.*: perire *C*   35 tempestate *Cic.*: tempestatem *C* uectores *Cic.*: uictores *C*   42 cogitasse *Cic.*: cogitasset *C*

41: 1 radiculam *Cic.*: rediculam *C* nasceretur *Cic.*: nascentur *C*   7 Falaris: falaridis *C*   8 patera *Cic.*: patam *C*   9 terram *Cic.*: terra *C*   10 somnium *Cic.*: somnum *C*   12 Dionisius phisicus scribit *C*: ex Dinonis Persicis proferam *Cic.*   14 magos *Cic.*: magnos *C*   18 ardentem *Cic.*: ardentum *C*   28 perterebrauisse *Cic.*: perterebrauisset *C*   39 cupiditate *Cic.*: cupiditatem *C*   40 uisam *Cic.*: uisum *C*

42: 5 premeretur *Cic.*: primeretur *C* somniauit: somniam *C*   9 concupisceret *Cic.*: concupiceret *C*   20 ubi: unum *C*   9 uenire *Cic.*: uiuere *C*   31 idem *Cic.*: eundem *C*   33 lecticula *Cic.*: letifica *C* curiam *Cic.*: curia *C*

43: 2 adesset *Cic.*: adesse *C*   6 obsiderentur: considerentur *C*   10 pugnarent: pugnare *C*   11 grana *Cic.*: *om.C*   13 cunis *Cic.*: cuius *C*   15 in *Cic.*: *om. C* 19 perniciosum *Cic.*: pernisiosum *C*   22 misissent *Cic.*: misisset *C*   28 post *Cic.*: primo *C*   39 iecore *Cic.*: lecore *C*   43 quidem *Cic.*: quedem *C*   44 dinonion *C*: δαιμόνιον *Cic.*

44: 6 Duellium *C*: Delium *Cic.*   7 noluit *Cic.*: uoluit *C*   10 philosophi *Cic.*: phisiologi *C*   11 dixit *Cic.*: duxit *C*   15 Pruas *C*: Prusias *Cic.*   18 Quod *Cic.*: quid *C*   23 aliter: fere *C*   27 quos Herenius *fortasse interpolatum ab lectore qui librum notissimum Ad Herennium sciuit esse unum librorum Ciceronis quos Willelmus hic non excerpsisset.*   38 prefuit *Cic.*: perfuit *C* absens *Cic.*: absenus *C* 40 ammirarentur *Cic.*: ammirentur *C* Mitridicum *C*: Mithridaticum *Cic.*

45: 7 discere *Cic.*: dicere *C*   9 adiunxerat *Cic.*: *om. C*   12 maiorem ducem *Cic.*: mororem ducere *C*   15 institutis *Cic.*: institutus *C*   16 tanta *Cic.*: tantam *C* 36 in eo *Plin.*: meo *C*   39 cxlii *Plin.*: cuius ·xlii· *C*   41 tribunus *Plin.*: Rp *C* 45 urbis *Plin.*: urbs *C*   46 sexcentos *Plin.*: de *C*

46: 1 laudatus *Plin.*: laudatis *C*   6 prima iuuenta *Plin.*: primam uenta *C*   10 ludis *Plin.*: leudis *C*   20 Anneo *C*: Cnaeo *Plin.*   23 perniciosum: pernisiosum *C* 26 liquatur *Plin.*: loquatur *C*   33 Carifanum *C*: Compsanum *Plin.*   34 Titus Manlius *C*: T. Annius Milo *Plin.* occisus *Plin.*: occisisus *C*   37 spectata *Plin.*: spetata *C*   43–44 cernatur *Plin.*: sernatur *C*   46 Prelium *C*: Pelium *Plin.* milibus ·ccl· *C*: MCCL *Plin.*   47 passuum *Plin.*: passium *C*

47: 11 tempestatibus *Plin.*: tepestatibus *C*   12 Thalethis *C*: Anaximandri *Plin.* 14 Arabiam *C*: Arbilam *Plin.*   16 Vibiano *C*: Vipstano *Plin.*   17 septimam et *Plin.*: om. *C* Armenia *Plin.*: arnia *C*   28 prata *ex Plinii* pratis: pra *C*   28–29 contrarias *Plin.*: contraias *C*   30 Octogenis *Plin.*: octingentes *C*   39 primo: prino *C* 46 Hermafroditi: Hermafrodite *C*

48: 8 duxisse *Plin.*: dixisse *C*   9 Carnificium *C*: Consitium *Plin.*   11 Dicii *C*: Gliti *Plin.*   16 Agrippina *Plin.*: Agrippinam *C*   22 neptibus *Plin.*: nepotibus *C* 26 temporibus *Plin.*: teporibus *C*   27 Sessapam *C*: Suessam Pometiam *Plin.* 35 eques *ex Plinii* equitemque: esse *C*   47 Carneades *C*: Charmadas *Plin.*

49: 4 epistularum *Plin.*: epistulare *C*   7 confecto *Plin.*: amfecto *C*   9 Meotide *C*: Maeotis *Plin.*   11 Perflagonia *C*: Paphlagonia *Plin.*   13 in *alterum Plin.*: et *C* 18 pretioso *Ex Plinii* pretiosum: presioso *C*   20 pretiosissimum *Plin.*: preosissimum *C*   28 Atheniensis *Plin.*: atheninsis *C*   31 Lacedemonii *Plin.*: lacedemoii *C* 33 miseriam *Plin.*: miseria *C*   37 diuinas *Plin.*: diuina *C*

50: 3 filiis *Plin.*: filius *C*   4 duobus *Plin.*: duorum *C*   5 nemo: nemus *C* 6 Catino *C*: C. Atinio *Plin.* senatu *Plin.*: sanatu *C*   9 Emiliani Scipionis *C*: Africani sequentis *Plin.*   10 ciuis *Plin.*: siuis *C*   12 Phalareus *C*: Pheraeus *Plin.* 13 pectoris *ex Plinii* pectore: pictoris *C*   14 Auernos *C*: Aru— *Plin.*   20 supremo *Plin.*: sumpmo *C*   22 Celius *C*: C. Ael— *Plin.*   29 funeris *Plin.*: fueris *C* 41 subita: subicti *C* Obiere *Plin.*: obire *C* gaudio *Plin.*: gaudeo *C*   46 ammiratione *Plin.*: ammiraratione *C*   47 Vetritus *C*: T. Hetereius *Plin.*

51: 2–3 accubantium *Plin.*: accubentium *C*   15 saltitauerunt: salteruuere *C* 19 Sutrum *C*: Surum *Plin.*   20–21 Aiaxlio *C*: Aiax alioqui *Plin.*   23 exercitu *Plin.*: extercitu *C*   25 non *Plin.*: no *C*   35 Getulis *Plin.*: getulit *C*

52: 3 obiecisset *ex Plinii* obiecto: loniecisset *C*   7 absterrerentur *Plin.*: absternerentur *C*   11 mima *Plin.*: mina *C*   12 tractauit *ex Plinii* tractare: tratauit *C*   30 G. N. Naufidus *C*: Cn. Aufidius *Plin.*   38 cornus *Plin.*: cornu *C*   43 Minclas *C*: Amynclas *Plin.*   44 Cinamulcas *C*: Cynamolgos *Plin.*   46 persuasit: persuauit *C*

53: 2 plaustris *Plin.*: palustris *C* Carcellium *C*: Cascellium *Plin.*   6 Equus: equis *C* cum *Plin.*: om. *C*   7 Equus: equis *C*   8 apium *Plin.*: apum *C*   11 Atheniensium *Plin.*: atiniensium *C*   20 Augusto *Plin.*: Augustus *C*   33 piscatores: piscatore *C* 39 lacus *Plin.*: locus *C* Rarius *C*: Larius *Plin.*

54: 4 uenibat *Plin.*: ueniebat *C*   6 expirasse *Plin.*: expirasce *C*   11 etate *Plin.*: etatem *C*   12 piscium *Plin.*: picium *C*   14 Chirrius *C*: C. Hirrius *Plin.*   16 uilla sub modica: uillis ubi modicum *C*   17 Contentius *C*: Hortentius *Plin.*   20 Lupinus *C*: Lippinus *Plin.*   25 exanimari: exminari *C*   29 iniecisse *Plin.*: iniesisse *C* 29–30 accipitres *Plin.*: accipites *C*   30 excitant *Plin.*: excitat *C*   43 Habent *Plin.*: haben *C*

55: 7 Liguribus *C*: Ligustinis *Plin.*   8 obsessis: absessis *C*   9 traditur: tradidit *C* 14 sturnos *ex Plinii* sturnum: sternos *C*   19 in *Plin.*: et *C*   20 in *Plin.*: et *C* 24 fecerunt: fecerit *C*   35 Plautarcus *C*: Phylarch— *Plin.*   40 scripsit: scriptis *C*

56: 1 Alcimanus *C*: Alcman *Plin.*   4 obducentibus *Plin.*: oducentibus *C* 5 quamobrem: quamoberem *C*   7 Zodeno *C*: Zocl— *Plin.*   7–8 prodidit *Plin.*: prodiit *C*   9 in *Plin.*: me *C*   20 Pompeio *C*: Poppaea *Plin.*   24 reperiuntur: reperuntur *C* 28 colorem *Plin.*: calorem *C*   28–29 incuruos *Plin.*: et curuos *C*   32 Maroni *C*:

Morin—*Plin.* 33 transtulit *Plin.*: transierent *C* 39 Hebenus: Heenus *C*
43 Sardibus *Plin.*: Sardis *C*

57: 2 annuatim: annuatum *C* 3 Inuenimus *Plin.*: Inuemimus *C* 5 Radicem
Plin.: Radice *C* 6 coniunx *Plin.*: coniunix *C* Liuia *C*: Augusta *Plin.* 17 annalium
Plin.: animalium *C* 21 uinctum *Plin.*: uictum *C* 26 Popolania *C*: Populonio
Plin. 28 uitigineis *Plin.*: intigineis *C* 29–30 uino libabat ob inopiam: in modo
labat •v• inopia *C* 31 agro *Plin.*: agros *C* urbis *Plin.*: urbs *C* 38 tertio *Plin.*: terio
C 42 Torquatus *Plin.*: torquatur *C* 43 urbis *Plin.*: urb *C* 45 continuasset *Plin.*:
contumiasset *C* Torquato *Plin.*: De quarto *C*

58: 1 sciphum *Plin.*: ciphum *C* 3 intelligeretur: interlligeretur *C* 6 passuum
Plin.: passul *C* 7 Africa *Plin.*: Affrico *C* 8 urbis *Plin.*: urbs *C* 9 Scaurus *C*: Seius
Plin. 10 tertio *Plin.*: cepties *C* 11 misit *ex Plinii* misisse: *om. C* 13 senatum:
cenatum *C* 19 Titi *C*: Tiberii *Plin.* 24 Positius *C*: Postumius *Plin.* 26 ouantium
Plin.: ouantum *C* 30 utebatur *Plin.*: utebaur *C* 37 uacat: uocat *C*

59: 3 a: ac *C* 16 Iouis *C*: Veiouis *Plin.* 19 Elide *C*: Aulide *Plin.* 20 Veliterno
C: Liternino *Plin.* 21–22 constituit *Plin.*: *om. C* 28 Olimpie: Olimppe *C*
29 aduerso *Plin.*: auerso *C* Iliensium *Plin.*: Iliensis *C* urbis *Plin.*: urbs *C* 30 Ilium
Plin.: illum *C* 31 tumulo *Plin.*: tunulo *C* 33 iurgia *Plin.*: uirga *C* 35 •xvii•:
•xvi• *CH* Frondicio *C*: frondiceo *H* 38 Xersis *H*: excersis *C* 39 Aristandri *H*:
aristandi *C* Cepii *C*: scepii *H*: C. Epidii *Plin.* 41 Plinii *H*: pieii *C* 42 speciatim *H*:
spatiatim *C* 44 intelligi *C*: intellige *H*

60: 2 Bizantino *CH*: Byzacio *Plin.* 3 •ccclx• *C*: •cccx• *H* 5 Ambracie *H*:
Ambricie *C* 7 tingui *CH*: tingi *H*^{C} 9 eademque *H*: eandemque *C* 11 cliuum *H*:
diuum *C* in *H*: *om. C* 16 denariorum *C*: *om. H* 26 Romilus *C*: Romulus *H*:
Romilius *Plin.* 31 frumentis *C*: frumenti *H* 34 aliud *H*: alius *C* statis *Plin.*: e
statis *post* causa *C*: totis estatis *post* causa *H* 38 Agrippa *H*: Egrippa *C* suis annis
Plin.: suis suis *C*: suis *H* 42 ueneno *H*: ueno *C* 46 Mitridates *H*: itridates *C*

61: 2 Asclepiades *H*: asclipiades *C* 4 itemque *H*: item *C* 7 a *H*: et *C* Perisio *C*:
Persyo *H*: Perusino *Plin.* 8 colum *Plin.*: columpti *C* 9 irrepsit *H*: erepsit *C*
12 ante *C*: apud *H* 14 ei *H*: *om. C* 15 Teutones *C*: Theutones *H* 17 ignotos *H*:
os *C* 22 Arasistratus *C*: Erasistratus *H*: Osthanes *Plin.* 23 Hypocrates *H*:
hipocrates *C* 24 nauem *H*: *om. C* Actiaco *H*^{C}: atiaco *C*: *om. H* 24–25 *ex* bello
usque ad nauem *CH*^{C}: *om. H* 31 De Agellio Noctium Atticarum *C*: *om. H*
34 Agellius *CH*: A. Gellius *Aug. et sic passim* uir *C*: *om. H* elegantissimi eloquii *H*:
eloquentissimi *C* 42 mansisset *H*: mansisse *C* 44 ab homine simili *H*: *om. C*
47 Agellius *H*: angellius *C*

62: 3 Stoicis *H*: stoici *C* 6–7 consentiri *C*: consentiet *H* 8 stultus eisdem *C*:
eisdem stultus *H* accomodat *H*: accommoda *C* 10 que *H*: *om. C* 12 ingens *H*:
indigens *C* 13 erea *H*: ex ea *C* 14 ouumque *H*: ouiumque *C* 15 posset *H*: posse
C qui *H*: quo *C* 17 Arthurus *H*: Arthur *C* 19 ferrum *H*: cesum *C* tingatur *C*:
tinguatur *H* etiam *C*: et *H* 20 gladium *C*: gladio *H* Arthuri *H*^{C}: archiui *H*: artur *C*
dicunt *H*: dicitur *C* 23 abfuit *H*: fuit *C* Feruntur *H*: feretur *C* adeo *H*: ab eo *C*
24 prudentie plenarum *H*: plenare prudentie *C* 26 librorum ornamentum *CH*:
librorum disciplinas ornamentum *L*: liberorum disciplinas hortamentum *Gell.*
27 commonendos *C*: commouendos *H* 27–28 igitur est *H*: est ergo *C*
28 sententiam *H*: sententia *C* michi *CH*^{C}: meum *H* 29 habeo *H*: ab eo *C* 30 Spero
H: spere *C* 31 educatus *H*: educaturus *C* 33–34 propugnationemque *H*:
propugnationem *C* 37 Promptinum *C*: Promtinum *H*: Pomptinum *Gell.*
42 congredi *C*: egredi *H* 43 auderet *H*: audiret *C* 44 ambiguis *H*: ambiguit *C*
45 permitterent *H*: permitteretur *C*

63: 9 Gallus *H*: gallius *C* 12 utrisque *H*: usque *C* 12–13 adquiescerent *H*:

adquiescent *C*   13 Extemplo *Gell.*: Extimplo *H*: exemplo *C*   15 inhumanitatem *H*:
humanitatem *C*   16 Manlio *C*: Mallio *H*   20 spectante *H*: expectante *C*
21 constiterunt *C*: constituerunt *H*   23 constituere *CH*^{C}: *om. H*   24 percutit *C*:
percussit *H* Eo *H*: Ego *C*   25 Hispanico *H*: hispanio *C*   27 eum *H*: enim *C*
28 collum *H*: collo *CL*   29 Ab *H*: Ad *C*   34 Cecilio *CH*: Caedicio *Gell.*
37 Romani *H*: Romam *C*   43 occursandum *H*: concursandum *C* pugnandumque *H*:
pugnandum *C*

64: 3 laudesque *H*: ludesque *C*   5 apparuit *C*: apparuerit *H*   10 missilibus *H*:
missibus *C* operti *H*: operati *C*   16 post *H*: primo *C*   18 Iulius *H*: Iulius *C* Higinus
C: iginus *H*   20 fecisset *H*: fecisse *C*   23 paratumque *HL*: paratum *C*   26 que *C*:
om. H   27 se pecuniam *H*: pecuniam se *C*   28 non *C*: nec *H*   32 inimicitiis *H*:
inimicis *C*   34 esset *H*: esse *C*   36 ob *H*: ab *C*   40 *post* conterminos *add. H*
fuisse   41 Nasamonibus *H*: Nasomonibus *C*   44 cumulis *H*: cumulus *C*

65: 3 Dolabella *H*: dolobella *C*   6 Marsorum *H*: massorum *C*   10 Pitagore *CIoan.*
Saris. V.12: Pytagore *H*: Protagorae *Gell. et sic passim*   12 disceret *H*: diceret *C*
17 est *H*: *om. C*   20 ego *H*: eo *C* iudicatum *H*: iudicum *C*   20–21 pro te erit *H*: erit
pro te *C*   22 Euatlus *H*: euadus *C* tam *C*: iam *H*   26 siue *C*: sum *H*
31 inexplicabileque *C*: inexpugnabileque *H* utrimque *H*: utrumque *C*   32 utram *H*:
utrum *C*   34 Vir *H*: uis *C*   35 cuius *H*: est *C*   37 sibi reddi *C*: reddi sibi *H*   41 a
H: ei *C*   45 maritum *H*: marium *C*

66: 1 ut ceterorum quoque *H*: quo *C*   5 facit *H*: fecit *C*   6 Herculem *H*:
herculum *C* Problematorum *H*: problematorem *C*   7 inquiunt *H*: *om. C*   10 ut *H*:
om. C cedat *H*: cadat *C*   13 Idem *H*: *om. C* magiam *CH*: magicam *H*^{C} 18 qui *H*:
que *C*   21 clanculum *H*: cantulum *C*   30 et *H*: *om. C*   32 detrahi *CH*^{C}: detradi
H   33–34 obloquebatur *H*: loquebatur *C*   37 turpe *H*: tempore *C*   38 περὶ ἀοργησιας
Gell.: ΠΝΡΑΟCΝΙΑC *CH*   41 uerbero *C*: uerbo *HL*   44 neque *H*: nec *C*   45 gestio
ira *H*: gestiora *C*   46 irarum *H*: iratum *C*

67: 1 eius *C*: *om. H*   2 eiusdem *C*: *om. H*   6 resedit *H*: recedit *C*   11 assedisset
H: assedisse *C*   16 in *alterum H*: et *C*   19 dissertamus *HIoan. Saris. IV.7*:
decertamus *L*: desertamus *C*: disceptamus *Gell.*   23 factum *H*: factor *C*   26 in *H*:
et *C*   27 accepimus *HL*: accipimus *CGell.*   27–28 Egiptiacis Appio *H*: appio
egiptiacis *C*   28 anatomos *C*: anathemo *H*   32–33 acritudo amplitudoque *H*:
critudoque *C*   34 autem *C*: aut *H*   36 Fabius *C*: Fabianus *H*   41 nequeas *C*: queas
H   47 obprobratione *Gell.*: obprobatione *CH* et *H*: *om. C*

68: 1 empturum *H*: emptum *C*   7 Sempronio et Asellione *CH*: Sempronio
Asellione *Gell.*   10 optineret *HIoan. Saris. VI.12*: obstineret *C*   12 faceret *H*: *om.*
C   13 magistratum *H*: magistrum *C*   22 responderit *CLIoan. Saris. VI.12*: respondit
H   26 solus *HL*: solis *C*   27 media parte *H*: parte mediam *C* an *C*: ante *H*
28 arboris *H*: arboribus *C* digitis *H*: *om. C*   34 pueritia *H*^{C}*L*: puritia *C*: *om. H*:
peritia *Gell.*   35 Πολιορχητής *Gell.*: ΠολιορCΗΤΗC polioreetes *H*: ΠολιορCΝΤΝC *C*
36 quasdam *H*: quadam *C*   37–38 *post* imago *add. H* id est uitri   41 et *H*: in *C*

69: 3 illa *C*: illo *H*   10–11 sed . . . combusti sunt *CH*: *om. L*   13 Arthemisia *C*:
artemesia *HL*   24 Equus *H*: equis *C* nomine et capite *H*: capte nomine *C*   32 tamen
C: *om. H*   35 Bucefalonio *H*: Bucefalio *C*   38 tradunt *H*: traditur *C* dignam *C*:
digna *H* ammiratione *CH*^{C}: ammiratio *H* G. Neuium *CH*: Gnaeum *Gell.*
39 quempiam *H*: quo incipiam *C*   42 puniceo *H*: pumiceo *C* iubanti coma *CHK*:
comanti iuba *Gell.*   43 et *H*: in *C* ut *H*: *om. C*

70: 3 Dolabellam *C*: dolobellam *H*   4 hominibus *H*: omnibus *C*   9 immanitas *H*:
et manitas *C*   11 conuerterat *H*: conuerterant *C* Introductus *H*: Introdictus *C*
12–13 Andronicus *CH*: Androclus *Gell. et sic passim*   13 Hunc *C*: Hec *H*
20 accersitumque *H*: accersitum quia *C*   24 quoquo *H*: quo *C*   25 flagranti *H*:

fragranti *C*   26 cruento *C*: cruentato *H*   33 pertesus *H*: protesus *C*
37 Andromachum *C*: andromacum *H*: Androclum *Gell. et sic infra*
38 circumlataque tabula *H*: circumlato *C*   39 leonemque *H*: leonem *C*   40 uinctum
H: uectum *C*   43 ceterum quia *H*: Ceterumque *C*   44 mundi *H*: *om. C*   46 De
septem mirabilibus mundi *H*: *om. C*

71: 1 cuius *H*: *om. C*   5 cancros uitreos *H*: uitreos cancros ụịtṛeọṣ *C*
10 Bellorofontis *H*: bellore fontis *C*   11 magnete *H*: magne te *C*   13 Eraclea *H*:
araclea *C*   14 et *primum H*: *om. C*   17 Apollonia *H*: appollina *C*   18 Apollomanus
H: appollomanus *C*: Apollo*nius* Tyaneus *De septem miraculis mundi ab hominibus
factis* (ed. Omont, *Bibliothèque de l'Ecole des chartes* 1882)   21–22 •lxiiii• *H*:
•xliiii• *C bis*   24 ergo *H*: *om. C* tanti *H*: tanta *C*   26 De Victruuio *C*: *om. H*
29 subiecimus *H*: subicimus *C*   30 cogitationibus *C*: cogitatione *H*   39 Dinocrates
H: Denocrates *C*   44 Nili *H*: rali *C* utilitates *H*: utilitate *C*

72: 1 de *H*: *om. C*   4 eam *H*: eum *C*   4–5 *ex* armata *ad* occupare *CH^C*: *om. H*
6 reliqui *H*: aliqui *C*   7 aduenientibusque *H*: aduenientibus *C* plausu *H*: *om. C*
oppidum *H*: *om. C*   8 Illis *H*: Illi *C*   9 maiorem *H*: maiore *C* Rodiorum *H*:
radiorum *C et sic passim* non *H*: *om. C*   12 uasta *H*: uaste *C*   14 Ouidio *C*: Quidio
H et etiam *H*: etiam *C*   15 ita *H*: *om. C*   16 crebris *H*: cerebris *C*   21 prestarent
H: prestaret *C*   24 lignum *H*: dignum *C*   27 oppidani *H*: oppidam *C*   30 pectora
H: pictora *C* uti *C*: ut *H*   32 uitiả *H*: uita *C*   37 ad uictum sufficerent *C*:
sufficerent ad uictum *H*   45 Delphici *H*: delplici *C*

73: 2 in *H*: et *C* Mianta *CH*: Myunta *Vitr.*   4 nubilis *C*: nobilis *H*   5 et *H*: *om.*
C   8 angulis *H*: angelis *C*   9 marmoree *C*: marmore *H*   10 peritus *H*: *om. C*
12 Atthalici *C*: Athalici *H* philologie *C*: philosophie *H*   14 minoribus *H*: moribus
C   17–18 litteratos *H*: litteras *C*   18 ab *C* ex *H*   19 nossent *H*: noscent *C*   20 ex
ordine legeret *H*: legeret ex ordine *C*   21 Aristophanes *C*: aristophanis *H* citatus *C*:
scitatus *H* sedit *H*: dedit *C*   28 hiis *H*: *om. C*   33 uexari *H*: uersari *C*
36–37 scientiam *C*: sententiam *H*   39 Septimius *H*: Septimus *C*   40 Calles *CH*:
Callaeschros *Vitr.*   44 institutis *H*: constitutis *C*   47 Nobilibus *H*: Mobilibus *C*
athletis *C*: athenis *H*

74: 3 inuehantur *H*: inuehatur *C*   6 copiam *H*: in copiam *C*   9 disiluit *C*: dissiliit
H   11 Pixodaro *H*: pixodoro *C*   12 Diogenes *CH*: Diognetus *Vitr. et sic passim*
17 uenit *H*: *om. C*   19 transueheret *H*: transfueret *C*   23 egereretur *H^C*: egeretur *H*:
agerretur *C*   25 discessit et *H*: discessit *C* gloriam et palmam *H*: palmam et gloria
C   27 lapides *H*: lapidis *C*   31 obsessos *H^C*: obsesso *H*: obsessus *C*   32 oppidani
H: oppidam *C* intimauerunt *H*: intimarunt *C*   33 intra *H*: *om. C*   41 peregeris *H*:
peregrinis *C* Archimedes *H*: archimades *C*   42 argentum *H*: artum *C*

75: 1 Liber Secundus *H^C*: *om. CH*   6 Traianum *C*: troianum *H*   8 cetus *H*: *om.*
C   9 scelera *H*: celera *C*   13 Ligurgi *CH*: Lycurgi *Tert.*   15 que *H*: qui *C*
16 constantissimus *C*: constantinus *H* principum *C*: principium *H* et *H*: in *C*
19 seculum *H*: secundum *C*   28–29 adiecta *H*: abiecta *C*   31 Adrianus *CH*:
Hadrianus *Tert.* Vespasianus *C*: uaspasianus *H*

76: 2 immolabantur *H*: immolabant *C*   6 urbe *H*: in urbe *C*   7 cinocephalo *C*:
scinocephalo *H*   14 Saturnus *CH*: Saturnius *Tert.*   16 Themistoclem *H*:
temistodem *C*   18 Catone *H*: catene *C*   19 Crasso *H*: crassor *C*   20 Cybele *H*:
cibele *C*   21 Sirmium *H*: smirmium *C*   23 quo *H*: que *C*   26 asininum *H*: asinum
C   29 Egypto *C*: egipto *H*   30 egentissimis *H*: agentissimis *C*   31 usos *H*: uscis
C   33 initiari *CH^C*: initiati *H*   35 proptereaque *H*: propterea *C*   37 uel editio *H*:
om. C   39 Onochorsitis *CH*: Onokoites is *Tert.*   40 librum *H*: *om. C*
41 Ptolomeorum *C*: Ptholomeorum *H*

77: 6 Heseas *CH*: Ctesias *Tert.* et *H*: in *C*   8 Μιχρὸν ἁμάρτημα: Μιχρον αμαρτεθον
CH   8–9 id est paruum peccatum *H*: *om. C*   10 quod *H*: quos *C*   15 Megarenses

C: magarenses *H*   20 deridebat *H*: deridebant *C* olim et *H*: oliniri *C*   21 afflixerint
H: affixerint *C*   22 Socrati testimonium *H*: testimonium Socrati *C*   28 Apollinis *H*:
appolinis *C*   32 partem *Tert.*: patrem *CH* in *Tert.*: *om. CH*   34 Phirnen *CH*:
Phrynen *Tert.*   35 perisse *C*: peperisse *H*   39 Diogenes *H*: diogenis *C* plantis *H*:
plantis uel pedibus *C*   40 thoros *H*: thoros et *C* proculcat *C*: conculcat *H*: uel pro *H*ᶜ
in marg.   41 Pytagoras *H*: pitagoras *C* Tyrios *H*: tirios *C*: Thurios *Tert.*
42 affectant *C*: affectans *H*   44 Anaxagoras *C*: anaxagaras *H*
     78: 1 Hermam *CH*: Hermian *Tert.*   2 Idem *H*: Item *C*   5 aiebat *H*: agebat *C*
Anaxarchum *H*: Anaxarcum *C*   7 materia et *H*: materia *C*   11 Apollo *H*: appollo
C   15 susceperat *H*: receperat *C*   23 inoluerit *H*: inoliuerit *C*   24 Proculo *Cypr.*:
periculo *CH*   25 et Tyberinus *H*: tiberinus *C*   28 Mars *H*: marus *C*   29 Iuno *H*:
uno *C* Argiua *H*: regnia *C*   30 Egyptia *C*: egiptia *H*   39 Ex Ambrosio *C*: *om. H*
40 memorabilibus *H*: memoralibus *C* reperiuntur: repperiuntur *CH*   46 non tenebant
contendebant: *Alii MSS Ambrosii* non tenebant *legunt, alii* contendebant, *sed
Willelmus ambobus utitur.*   46 auctoritatem *Ambros.*: auctoritate *CH*
     79: 1 obuiari *H*: obiurari *C*   4 obsidet *H*: absidet *C*   5-6 cirographo *C*: cyrographo
H(*bis*)   6 iterum *H*: *om. C*   8 rationem imperator *C*: imperator rationem *H*
9 Pulcre *H*: Dulcre *C* laboraret *C*: laborabat *H*   10 urbe *H*: urbem *C*   12 tam *H*:
tunc *C*   13 ab homine *H*: *om. C*   17 collatione *C*: collationem *H*   18 coacta *C*:
coaucta *H*   20 glorie *H*: gloriem *C*   21 urbe amplissima *C*: amplissima urbe *H*
23 minus *H*: mimus *C*   25 tygride *H*: tigride *C et passim*   30 tecnam *C*: tegnam
H   36 lactatura *H*: lectature *C* decepta *H*: deceptam *C*   40 exstiterat *Ambros.*:
extiterat *CH*   41 inhumatum *H*: inhumanum *C* spectantium *C*: spectatum *H*
42 domini *Ambros.*: dominum *CH*   43 uersutia *H*: uersutiam *C*
     80: 2 lacrimas *H*: lacrimis *C*   4 aut *alterum Ambros.*: *om. CH* iniurie *C*: *om. H*
alicuius *H*: alienus *C*   7 uirginibus: uirginitate *CH* uirgo quedam *C*: quedam uirgo
H   9 cupiditates *H*: cupiditatis *C*   10 integritatem *C*: integritate *H*   11 enim
persecutio *H*: persecutio enim *C*   19 persecutoris *H*: persecutores *C*   21 uictori *H*:
uictoris *C*   24 respondit: responderet *CH* elegi *H*: eligi *C*   29 circumsederi *H*:
circumsideri *C* fertur *H*: *om. C*   32 uolatu *C*: euolatu *H*   41 timere *H*: gaudere
timere *C*   43 adhuc *Ambros.*: ab huc *C*: *om. H* et *H*: *om. C*
     81: 3 transferes *H*: transferres *C*   5 ligna *H*: lingua *C*   12 Ex Ieronimo *C*: *om. H*
Ieronimum *C*: Iheronimum *H*   15 Iouinianum *H*: ioui inanianum *C*
18 Iouinianum *H*: iouinanum *C* Atheniensium *H*: athenensium *C*   20 scortorum
Hier.: scottorum *H*: scotorum *C* patris *C*: *om. H*   21 temulentos *C*: tremulentos
H   24 Leosthinis *H*: leo stenis *C*   28 tantum *H*: tamen *C* ut *H*: *om. C*   29-30 *ex*
mitterent *ad* uirgines *om. C*   37 Lacedemoniis *H*: lacedemonis *C*   40 uiderent *H*:
uideret *C* iudicum *H*: uindicum *C*
     82: 5 Clearchus *Hier.*: helearcus *H*: elearchusus *C* Anaxilides *C*: anaxelides *H*
6 fantasmate Apollinis *H*: appolinis phantismate *C*   8 Teuta *C*: Theuta *H* uiris *H*:
iuris *C*   10 Lysandro *H*: lisandro *C*   12 ablatum *H*: oblatum *C*   15 Sinodis *Hier.*:
sydonis *H*: sidonis *C*   18 Xenophon *C*: xenofon *H* Cyri *H*: ciri *C*   21 primus *H*:
primo *C*   25 omnibus *H*: communibus *C*   33 Hirtio *H*: hirtico *C* Terentie *C*:
therentie *H*   36 postea Messale *C*: Messale postea *H*   47 Olympie *H*: olimpie *C*
Melanthius *H*: melantius *C*
     83: 3 iurgiis *H*: uirginis *C*   7 scit *H*: sic *C* premat *H*: preorat *C*   12 Academiam
C: achademiam *H*   16 pessum *H*: pensum *C*   18 Cyri *H*: cira *C* Xenophon *C*:
xenofon *H*   20 Egypti *C*: egipti *H*   24 erat *H*: erant *C*   25 humores *H*: humoris
C   26 Eubolus *C*: Cubolus *H*   29 Bardesanes *H*: Dardesanes *C*   30 ut *H*: aut *C*
34 Triptolemi *C*: triptholemi *H* Athenienses *H*: atthenienses *C*   45 Satirus *C*:
satyrus *H*   46 sit *H*: *om. C*
     84: 1 in *H*: *om. C*   5 Diogenis *C*: dyogenis *H*   16 Nepotianum *C*: neopotianum

H   17 Nazanzenus *H*: nanzanzenus *C*   23 Demosthenes *C*: Demostenes *H* Tulli *H*:
tullii *C*   24 fauore *H*: fouere *C*   34 adiurat *H*: iurat *C*   40 creber *H*: crebre *C*
Cyprianus *H*: Ciprianus *C*   46 captus *H*: captis *C*

85: 3 Apollonius *H*: Appolinius *C*   4 Pythagorei *H*: pitagorei *C*   7 Bracmanas *H*:
bracimanas *C*   10 Chaldeos *C*: caldeos *H* Assyrios *H*: asserios *C* Syros *H*: siros *C*
Phenices *H*: fenices *C*   11 Ethiopiam *C*: ethyopiam *H*   15 quam quod *H*: quam *C*
19 Demosthenis *C*: demostenis *H*   20 Putaui *H*: Putam *C*   22 Demosthenis *H*:
demostenis *C*   25 seruaui *H*: seruauit *C*   27 spero *H*: ego spero *C*   30 essent *H*:
esset *C*   31 et in *C*: et *H*   35 me *H*: *om. C*   40 Euangelum *H*: euangelium *C*
rarum *H*: ratum *C*   43 quia *H*: que *C*   46 ὄνῳ λύρα *Hier.*: ONOCΛIΡα *et in marg.*
onoslira *H*: ·iii· TOc αιρα *et in marg.* pos aira *C*

86: 7 Athenienses *H*: atthenienses *C*   10 Parthica *H*: partica *C*   12 repercutiam
H: percutiam *C*   13 Apologeticus *C*: Apollogeticus *H* seculi cunctam *H*: cuctam
seculi *C*   15 numero *H*: uterio *C* libello *C*: bello *H*   16 quem *H*: quod *C* possit *H*:
posset *C*   18 Alexandriam *H*: alexandrinam *C*   28 Egypti *C*: egipti *H*   31 iurgiis *H*:
uirgiis *C*   37 Doctissimi *H*: doctissimus *C*   38 ait *H*: aut *C*   39 laudes *H*: ludes *C*
Ptolomeus *C*: Ptholomeus *H*   41 pergamenarum *C*: pergamenorum *H*   43 est *H*:
om. C   44 ferunt *H*: est *C*

87: 1 Domnionem *H*: domionem *C* qui *C*: quia *H* commentarios *H*: commertarios
est *C*   5 Ierosolimam *C*: iherosolimam *H*   11 cedi me *H*: me cedi *C*   18 Ieronimi
C: iheronimi *H*   20 Pelagiani *H*: pelagiam *C*   21 libro *C*: *om. H*   25 Augustinus
H: augustius *C*   26 secure *H*: secura *C*   28 deerit *H*: dederit *C*   33 et *H*: *om. C*
34 Aletam *CH*: Laetam *Hier.* Gracchus *H*: grachus *C*   37–38 Graccorum *H*:
grecorum *C*   43 sinas *H*: suas *C*

88: 1 arescent *H*: arescens *C*   5 Ennium *H*: emmium *C*   6 stercore *H*: stercorem
C   7 Agerruchiam *H*: agerugiam *C*: Geruchiam *Hier.*   9 duo paria *C*: paria duorum
H   13 quis quem *H*: quisque *C*   15 Cromatium *H*: cronatium *C*   17 Lucilius *H*:
lucinius *C*   18 labra *H*: libra *C*   20 fedo *H*: *om. C*   21 potuerint *H*: potuerunt *C*
probent *H*: prohibent *C*   26 et *H*: in *C*   29–30 Esopianam *C*: esoppianam *H*
31 disertissimum *H*: desertissimum *C*   32 qui et *H*: qui *C*   34 Hebrei *Hier.*: heberi
H: ebrei *C*   36 in *H*: *om. C* Origenis *H*: originis *C*   40 Crantorem *Hier.*: catonem
H: cratonem *C*

89: 6 Laterani *H*: literani *C* Cesariano *H*: sesariano *C*   14 effecit *H*: efficit *C*
15 me *H*: ne *C*   19 τὸ πρέπον *Hier.*: τοπρετyAN *H*: TOΠΡETIOn *C*   28 Ex Augustino
C: *om. H*   30 Tagastensis *H*: tagatensis *C*   31 homo *C*: *om. H*   37 indulgentiam
H: et indulgentiam *C*   39 prefectus *H*: *om. C* quemdam *H*: quondam *C*

90: 4 adulterium *C*: adulterum *H*   5 etiam *H*: *om. C* illius *H*: huius *C*   9 qua *H*:
que *C*   11 dicens *H*: *om. C*   19 illa ita *C*: ita illa *H*   21 quarto: ·iii· *CH*
26 Aristotelica *C*: aristotilica *H*   30 tradente *H*: tardente *C* intellexi *C*: intelligi *H*
40 menti: mentis *CH*   42 etiam *C*: et *H*   43 dissertare *H*: dissertasse *C*

91: 2 cum *H*: *om. C*   3 peruenire uellemus *H*: uellemus peruenire *C*   4–5 Quod
enim ille pauculis *H*: *om. C*   9 tunc erat *H*: erat tunc *C*   11 Alipii *H*: olipii *C*
16 Alipio *H*: alpio *C* inde sanando *H*: insanando *C*   19 iam olim *C*: olim iam *H*
20 cuius *H*: cuius est *C*   29 me *H*: me iam *C*   30 nisi *H*: non *C* uidero *C*: uidere
H   42 rapiebant *H*: rapiebat *C* amando et gaudendo *H*: gaudendo et amando *C*
46 unumque *H*: unum quemque *C*   46–47 et alios duos isse itidem seorsum *H*: *om.*
C

92: 1 Antonii *C*: beati antonii *H*   8 noli *C*: nolo *H*   9–10 Pontianus *CH*:
Ponticianus *Aug.*   10 ammonuerunt *H*: anuntiauerunt *C*   11 placitum *H*: platum
C   14 Ponticianus *H*: poticianus *C*   23 diuinitus *H*: olim meritus *C*   27 huiusce
C: huius *H*   32 deprecarentur *H*: te precarentur *C*   33 legeretur *H*: legerentur *C* Sed

H: si *C*   38 timens *H*: times *C* nec adolescentie *H*: adoloscentie *C*   40 Ioculariter
93: 10 concupiebat *H*: cupiebat *C*   11 Carthaginis *H*: cartaginis *C*   12 esset *H*:
esse *C* luscum *H*: *om. C*   24 nullo *H*: ullo *C*   30 non *C*: nec *H*   32 Donatistarum
H: donastitarum *C*   44 iussurum *H*: iussurumque *C*
94: 1 pater quid deberet *H*: quid deberet pater *C*   2 esset *C*: es sed *H*
4 reddiderat *H*: redderat *C*   5 in ea *H*: mea *C* discipulus *H*: discipulis *C*
10 constituto *H*: constituo *C*   11 Curina *H*: curma *C et sic passim*   12 manu
naribus *H*: naribus manu *C*   16 beatorum, et baptizare ab Augustino episcopo.'
Cumque *H*: *om. C*   18 ista in *H*: in ista *C* conualuit *H*: cum aluit *C*   34 eam hac
C: hac *H*   43 Quadam *H*: Qua *C*
95: 3 auersus *H*: aduersus *C*   8 compilatorium *H*: compilarium *C*   9 ceterum *H*:
ceteri *C*   10 facetia *C*: facestia *H*   15 Tharentine *H*: tirentine *C*   17 Quesiuit *H*:
Que sunt *C*   18 Relinquamus *H*: reliquamur *C*   18–19 deos iratos *C*: iratos deos
H   25–26 peruectum *C*: prouectum *H*   27 in *H*: primo *C*   28 quam *H*: quod *C*
33–34 ut quod uellet comedia nominatim de quo uellet *H*: *om. C*   34 quem *H*:
quam *C*   38 cum *C*: *om. H*   39 uersibus *H*: usibus *C*   42 hiis *H*: *om. C*   46 nisi
H: nec *C*   47 Carthaginem *H*: cartaginem *C*
96: 1 secundi *H*: seculi *C*   10 Philus *C*: philosophus *H*   13 conflictione *H*:
conflectatione *C*   14 Philus *C*: philosophus *H*   15 iniustitia *H*: iustitia *C* ne *H*: nec
C   16 Lelius *H*: lilius *C*   18 esse *H*: *om. C*   19 siue ab *H*: sum ab *C*   20 siue
alterum H: sum *C*   21 factiosi *H*: fastidiosi *C*   24 res stat *H*: restat *C*
29 memoriam *CH^c*: *om. H*   31 cum *H*: *om. C* accepisset *C*: *om. H* egregiam *H*:
egregia *C*   32 coloribus iisdem *C*: hiisdem coloribus *H*   33 renouare *H*: remouere
C   35 rem *H*: *om. C*   39 enim uitiis *H*: uitiis enim *C*   42 et *H*: *om. C*
45 secundis *H*: seculis *C* Carthaginis *H*: cartaginis *C* maxime *C*: *om. H*
97: 2 et modesto *H*: modesto *C*   2–3 iure agitatum. Dein seruuli imperio patres
plebem exercere (*Aug.*: excercere *H*), et *H*: uicere *C*   4 et *H*: a *C*   5 simul *H*:
similis *C*   7 utrimque *H*: utrique *C*   9 merito *H*: a marito *C*   12 Magno *H*: mago
C   17–18 accenduntur *C*: acceduntur *H*   18 ad *H*: a *C*   20 Theodosio *H*: theodosso
C   21 O nimium *H*: omnium *C* coniurati *H*: concurati *C*   25 fulminari *H*:
fulminare *C*   29 rerum tantum iste *C*: tantum iste rerum *H*   31 Achademicis *H*:
archademicis *C*   32 M. Varrone *H*: amaiarrone *C* facile *C*: *om. H*   37 dedicant *H*:
deducant *C*   38 mixto *Aug*: mixta *CH*   40 ego *H*: *om. C*   41 Platonem *H*: platone
C   42 Peripateticum *C*: peripatheticum *H*   46 quorum *H*: quoque *C*   47 morbus
C: moribus *H*
98: 1 uiriles *H*: uirides *C*   3 perturbate *H*: proturbate *C*   4 quem ad modum ne
quidem *H*: ne quidem quem ad modum *C* Teterrime *H*: Deterrime *C*   8 intueri
uacet *C*: uacet intueri *H*   9 inueniet *H*: ueniet *C* honestis *H*: honestatis *C*
10 furere *H*: fuere *C*   11 furerent *H*: furerem *C*   13 pudebit *H*: putebit *C* dementie
C: clementie *H*   16 ac *H*: et *C*   21 artificum *H*: artificium *C*   22 desidet *C*:
dissidet *H* etiamsi *H*: *om. C*   23 a *H*: *om. C*   24 si *H*: se *C* uelis *C*: uel *H*
25 tamquam *C*: tamen *H*   26 et *primum H*: in *C*   27 Marti *H*: mariti *C*
28 Salaciam *H*: solaciam *C* Quosdam *H*: quedam *C*   30 Rumina *H*: rumna *C*
34 Sacramenta *C*: Sacram *H*   40–41 Olimpo *C*: olimpho *H*   41 subsequuntur *H*:
subsecuntur *C*   43 Pytagora *H*: pithagora *C*   44 ferunt *C*: fertur *H*   45 Thales *H*:
tales *C*
99: 2 Anaximenes *H*: anaximanes *C*   7 primus *H*: primum *C*   9 mortisque *H*:
mortis *C*   10 et *H*: *om. C*   13 non *H*: *om. C*   13–14 quem (*H*: que *C*) facit in suis
uoluminibus disputantem (et *C*: *om. H*) *C*: in suis uoluminibus disputantem quem
fecit *H*   15 affectat *H*: affectas *C*   16 perspici *H*: prospici *C*   19 presedit *H*:

precedit *C*   21 ·xiiii· *H*: ·iiii· *C*   24 uel etiam *C*: etiam *H*   25 obnitendo *H*: ob
intendo *C*   32 Et *H*: Ex *C*   34 improbos *C*: improbas *H*   39 quodam *H*: quo *C*
43 Ex *H*: E *C*   44 imbutas *H*: *om*. *C*   45 in iumenta *H*: inuenta *C*   47 Apuleius *H*:
epuleius *C*

100: 1 Prestantius *C*: prestantissimus *H*   2 sua *H*: *om*. *C*   6 Carthaginem *H*:
cartaginem *C*   9 offendit *CH*^{C}: ledit *H*   11 raptum *H*: raptu *C*   13-14 sed
extrinsecus adherentium *H*: herentium *C*   21-22 dicuntur *H*: dicitur *C*   22 fingendi
procliuis *C*: procliuis fingendi *H*   24 etatem minus *C*: minus etatem *H*   28 uix *C*:
om. *H* etiam *H*: et *C*   37 quodam *H*: quo *C*   43 faceret *H*: facere *C*   44 Ypocratem
H: ipocratem *C*   45 factum audisset *H*: audisset factum *C*   46 ille *H*: illa *C*

101: 3 Iponiensis *H*: iponensis *C*   5 eum *C*: eam *H*   20-22 *ex* Quocirca *usque ad*
ponam *H*: *om*. *C*   22 illa *H*: *om*. *C*   23 laudabat *H*: laudat *C*   29 Carthaginem *H*:
cartaginem *C* quem *H*: que *C* erga *H*: gratia *C*   38 somnium *H*: somnum *C*   41 nec
H: neque *C*

102: 4 Tunc *H*: Tum *C*   5 isti *H*: illi *C* quibus *H*: qui *C*   11 quo *H*: *om*. *C*
13 quem *H*: que *C*   15 pronuntiatum *H*: pronuntiarum *C*   21 Isidoro *C*: ysidoro
H   22 Padus *CH*: palus *Isid*. amnis *C*: annis *H*   23 in *C*: ut *H*   25 nitri *Isid*.: nitrie
CH per litus *C*: perlictus *H*   32-33 *ex* quam *usque ad* fialam *C*: *om*. *H*   34 sinu *H*:
sine *C*   35 condituram *H*: conditura *C*   42 fuerat *H*: erat *C* Hinc *C*: Hic *H*   45 res
Romanas *H*: romanas res *C*   46 linguam *H*: lignam *C*

103: 4 et *H*: *om*. *C*   9 effudit *H*: effundit *C*   21 iussisset *H*: uicisset *C*   24 dare
C: prebere *H* in Iudea *H*: inuidia *C*   28 Augustus semel *H*: semel Augustus *C*
30 Secuto *H*: Scuto *C*   35 peruenisset *H*: prouenisset *C*   36 Antoni *H*: antonii *C*
38 respondit *C*: dixit *H*   39 salutatorum *H*: saluatorum *C*   41 tanti *H*: tanta *C*
nullam *H*: nullum *C*   44 enim *H*: *om*. *C*   47 principes *H*: principis *C*

104: 3 ingenti *H*: neganti *C* fratrem *H*: fratre *C*   7 sederem *C*: sederemus *H*
iocatus *C*: Locatus *H*   8 mimus *H*: minus *C*   11 compositus *H*: composita *C*
omnium *H*: omnia *C*   17 Capuane *CH*: Campaniae *Firm*.   20 salutari *C*: salubri
H   23 hec *C*: hoc *H*   24 primum frigido *C*: frigido primum *H* torpore *H*: corpore
C   37 famem *H*: famam *C* deesset *H*: *om*. *C*   38 quod *H*: quos *C*   44 habebo *C*:
habeo *H*   45 duratura *H*: duratam *C*

105: 3 promitterent fugam *C*: fugam promitterent *H*   6 ut *H*: *om*. *C* modo *tertium*
H: *om*. *C*   12 ea *H*: medio *C*   15 te *H*: *om*. *C*   19 reponat *H*: *om*. *C*   22 Etherii
H: Etherei *C*   25 tuleris *C*: contuleris *H* eloquentia *H*: *om*. *C*   32 Calestius *H*:
calestibus *C*   34 uidere *H*: uidere Incredibilem desiit uidere *C*   38 Vna *CH*: Vina
H^C soluerunt *H*: soluere *C*   41 Veliterni *CH*: Literni *Sen*.   42 rem publicam *H*: R.
est P. *C* G. Marius *C*: Cimarius *H* Pompeius *H*: ·p· *C* Cesar *H*: sesar *C*   42 summis
C: in summis *H*   45 scis *H*: scies *C*

106: 6 quod *H*: quid *C*   8 habebatur *H*: habebat *C*   11 At ille latere sciebat non
uiuere *H*: *om*. *C*   12 an *H*: aut *C* ignaua *H*: ignauia *C*   13 situs *H*: scitus *C*
15 latitudo *C*: fortitudo *H*   16 detraxerant *C*: detraxerat *H* tamen *H*: tantum *C* et
C: *om*. *H*   17 modus *C*: motius *H*   19 quod *H*: *om*. *C*   21 rati *C*: rationis *H* quia
H: quia cum *C*   24 quidem *H*: quid *C*   25 inbecilla *C*: inbecillia *H*:   26 diu ire *H*:
diuide *C*   27 crus *Sen*.: crux *CH*   28 absistere *H*: subsistere *C*   29 hominem esse
H: esse hominem *C*   31 tempus est *C*: est tempus *H*   32 Hec *H*: hic *C*   39 Quia
non *H*: Qui ante *C*   40 incerta *H*: incerte *C*   41 unquam *H*: nunquam *C*
47 colluctantem *H*: colluctante *C*

107: 3 et *H*: *om*. *C*   7 fedari *H*: fedare *C*   12 accidere *H*: accedere *C*
14 fortunatissimo *H*: fortissimo *C* exulcerati *H*: ulcerati *C*   17 Stoicus *H*: *om*. *C*
18-19 *ex* Occidor *usque ad* Dulce est *H*: *om*. *C*   23 et inedia *C*: *om*. *H*   29 Drusilli
boni *CH*: Drusi Libonis *Sen*.   37 reuocauit *H*: euocauit *C*   38 a *H*: et *C*   39 ne *H*:
nec *C* (*bis*)   41 contempnat *C*: contemptat *H*   43 ne *H*: nec *C*   44 Marcellinus *H*:
marcellius *C*   46 quia *H*: *om*. *C*

108: 1 noster C: uester H 3 deliberes CH^C: delibes H 5 diu iam H: iam diu C
9 illis H: illi C indicauit H: medicauit C 11 quam H: quod C 12 reliquie H:
relique C 15 flentibus seruis C: seruis flentibus H eos H: eo C 18 aiebat H: agebat
C 19 solebat H: solet C 24 nisi H: non C 26 Epicurum C: epycurum H
29 nouissime CH^C: nouisse H 30 et H: in C 32 est *primum* C: *om.* H et H: *om.*
C 33 periturus H: peritus C 34 exonerandum H: onerandum C 47 hanc rem H:
hac re C

109: 4 diuus *Sen.*: diuuus C: diues H 8-9 oppressus H: appressus C 17 hostibus
H: hostilibus C 19 ac H: nec C 28 argumentum H: augmentum C 29 qua H:
quam C 30 secessit H: successit C 31 Scipio libertati C: libertati scipio H
32 imputaturus H: temptaturus C 32-33 Hannibalis H: hamnibalis C
35 uehebatur H: mouebatur C 37 Didimus H: Dedimus C 46 selibram *Sen.*:
selibrem CH

110: 5 quam H: *om.* C 6-7 exterritus H: exeritus C 13 in patres H: et patres
C 15 mouerent H: moueretur C 20 parens C: pater H dominator poli H: poli
dominator C 28 ergo michi H: *om.* C 30 cibi H: cibis C 34 credidimus H:
credimus C proiecta H: periecta C 35 abstinentiam H: abstinentia C
37 temperantur H: temperanter C 38 facilis erat michi C: michi facilis erat H
39 sed H: sed et C Queris H: Querit C 40 iuuente H: uiuente C

111: 6 Arruntius H: aruntius C *et sic passim*   9 rara C: rata H 12 alio H: alia C
uellet H: uelle C 17 *post* Regulo *add.* H *in marg.* propter lamentabilem sanguinis
cruorem   20 absumus H: abfuimus C 23 amoris H: moris C 27 Fabricius H:
febricius C 29 Pyrrum H: pirrum C 30 Cocles H: concles C

112: 4 Seriphio C: seriphyo H 5 sua, sed H: suasset C 9 mutauerat H:
mutauerant C 10 Hannibalem H: hanibalem C 11 Salinatori H: salinatorum C
17 acte H: acto C etatis H: extatis C 19 Isocratis C: ysocratis H librum C: librorum
H *post* dicitur H^C *del. ex* H et mortuus esse   21 in C: *om.* H 22 quereretur H:
queretur C 24 enim C: enni H 28 inclinaret C: inclamaret H Pyrro H: pirro C
32 desipiens H: decipiens C 34 desipientis H: decipientis C

113: 1 addiscentem H: addicentem C 4 fidibus H: fidelibus C 5 Crotoniate H:
crotonitate C 8 sustineret H: sustinent C 10 Cyrus H: Cirus C Xenofontem H:
xnophontem C 12 natus H: *om.* C 13 iter H: inter C imbre H: umbre C
14 esset H: esse C 16 Platonem H: Platone C Emilio Paulo H: ennio paulo C:
Camillo *Cic.*   18 Pyrrum H: pirrum C regem legatus H: *om.* C 18-19 quendam
Athenis C: athenis quemdam H 19 se H: sese C 21 Pyrro H: pirro C 23 a H: ad
C 25 affecto H: effecto C 26 frueretur H: ferueretur C 29 habere H: haberi C
uideri dixit H: dixit uideri C 31 Quintio H: quentio C 36 humanus H: humanis
C 39 subactam C: subauctam H 40 Tum H: tunc C 41 *post* omnia *add.* C
sum   43 Persicum *Cic.*: per secum H: presicum C 46 Idem H: Item C Lisander H:
lasander C

114: 1 ciuibus H: cibus C 3 consederant H: considerant C 6 Pytagoras H:
pitagoras C 8 uacare H: uocare C carum H: caro C 9 Ennius H: emnius C funera
H: funam C 10 censet *Cic.*: cesset CH quam H: quoniam C 11 Pisistrato H:
Pistrato C 19 probandus H: probandum C Fabium H: *om.* C 20 seu H: se C
21 Neapolitanis C: neapolitatis H 28 pugnandi C: militandi H 39 Hannibalis H:
hamnibalis C 40 e H: a C 41 e H: est C 43 Temistocles H: temisthel C
46 ciuitati H: cunctati C

115: 1 Lacedemoniis H: lacedemonis C 2 *post* uir *om.* C et   4 Tiberium
Graccum H: Tiber graechum C 5 sed H: *om.* C 9 Arginussis H: arginissis C
Atheniensibus H: atthheniensibus C 10 Lacedemonios C: lacedemoios H suo C: ullo
H 22 Periclem C: peridem H 25 quo H: *om.* C Temistoclem H: temistoden C
26 tutior H: timor C 30 Gracchum C: graccum H 31 Xenocratem H: soencratem
C 37 Sophocle H: sophoclem C 41 Phereum C: fereum H 44 iubebat H: uidebat

C premittebatque *H*: prebebatque *C* arculas *H*: articulas *C*

116: 3 Sensim *H*: Sensi *corr. ex* Sensus *C* iam *C*: *om. H*   7 etiam *H*: et *C*
13 Philippum *H*: philippi *C*   17 minus *H*: mimus *C*   20 Pontius *H*: potius *C*
21 Romani *H*: romam *C*   23 Macedonum *H*: macedunum *C*   25 intulit *C*: retulit *H*
(uel in *H*^{C})   26 Africanus *C*: affricanus *H* nichilo *H*: nichil *C*   28 Apollo *H*: appollo
C Pithius *H*: phicius *C*   29 perituram *H*: peritura *C* etiam omnibus *H*: omnibus
etiam *C*   31 a *H*: *om. C*   32 Argis *H*: artis *C*   32 potitus *H*: potius *C*
35 possessionibus *H*: passionibus *C*   36 eos *H*: eo *C*   47 in *H*: *om. C*

117: 2–3 *ex* pecuniam *usque ad* ut *om. C*   6 Africanus *C*: affricanus *H*
9 Rutilium *C*: tutilium *H*   10 Apelles *H*: appelles *C*   11 reliquisset *H*: reliquis, sed
C absolueret *H*: absoluent *C*   19 regine *H*: regione *C*   22 Pithiam *CH*: Phintiam
Cic.   23 destinauisset *H*: destinasset *C*   29 paucis *C*: pacis *H*   30 Cratidianum *H*:
cotidianum *C*   31 Crassus *C*: crassum *H* uitium *H*: initium *C*   34 puer *CH*^{C}: *om.*
H   41 Phenissis *H*: phemissis *C*   45 legionibus nostris *C*: nostris legionibus *H*
47 Numicius *C*: minucius *H* Emilius *CH*: Maelius *Cic.*

118: 3 dedebatur *C*: debebatur *H*   6 episcopus *H*: ēns *C*: eques *Cic.*   8 se *C*: *om.*
H   10 ortos *C*: hortor *H*   12 promisisset *H*: permisisset *C*   16 pisces *Cic.*: pedes
CH   17 Pithi *C*: phiti *C*   22 suos *H*: suas *C*   23 ferie *H*: ferire *C*   25 Ita illusus
Canius est *H*: Itaque canius est illusus *C*   27 Temistocles *H*: timistocles *C*
28 Pyrri qui *H*: pirrique *C*   36–42 *Hoc totum caput excerptum ab Augustino om. C*

119: 1 reprehenderunt *H*: reprehendunt *C*   3 proferre *H*: preferre *C*   5 Cretenses
H: Cretentes *C*   6 dictos *H*: doctos *C*   9 immanium *H*: in manum *C*   21 illi *H*:
om. C   22 Focei *C*: socei *H*   23 Roda *C*: rodam *H*   25 Africa *C* affrica *H* Thebestis
C: thebistis *H*   26 Iacincto *CH*: Zacyntho *Hier.*   27 euenit *H*: *om. C*   31 genitus
H: gemitus *C*   43 Ophitas *H*: ofitas *C*   46 Treueri *H*: teucri *C*

120: 6 et *primum H*: *om. C*   8 conscripsit *C*: scripsit *H*   9 bonos mores *C*: mores
bonos *H* mala *C*: parua uel mala *H* trimeter iambicus *H*: trimetriambitus *C*
10 quidam *H*: quedam *C* Iustius *H*: Tuscius *C*   11 auctorem *H*: auctoritatem *C*
12 animum *H*: uirum *C*   13 orator *H*: ornator *C*   32 ultionem *H*: ultione *C*
Ierosolimam *C*: iherosolimam *H*   36 condempnationem *H*: condempnatione *C*
37 Ieronimo *C*: Iheronimo *H*   41 grauius *C*: gratius *H*   42 gratiam *H*: gratia *C*

121: 3 Barchobas *H*: barcobas *C*: Bar–Chochabas *Hier.*   4 Salmoneus *H*:
solomoneus *C*   7 Grecia *H*: gratia *C*   9 χρυσᾶ παραγγέλματα *Hier.*: χριCα παρατημata
CH (*add. H*^{C} aurea monita) Pytagore *H*: pitagore *C*   10 commentatus *C*:
commendatus *H*   12 Adisidem *CH*: Lysidem *Hier.*   13 Adisides *CH*: Lysides
Hier.   14 Pytagoras *H*: pithagoras *C*   17 Pyrrum *H*: pirrum *C* Pytagoram *H*:
pitagoram *C*   18 in *H*: et *C*   20 suis *H*: *om. C*   21 Fedrone *CH*: Phaedone *Hier.*
22 multum *H*: et multum *C*   25 libros *C*: libro *C*   29 Tesiphontem *H*: te
sispontem *C*   30 Nicolaus *H*: Nicholaus *C*   32 Philophemen *C*: philosophemen *C*:
Philumenem *Hier.*   39 ait *C*: *om. H*   42 non *H*^{C}: *om. CH*   44 discipulis
incredulitatem *H*: discipulorum incredulitate *C*   45 seculo *H*: secundo *C*

122: 2–3 peccaui ut *H*: peccauit *C*   6 Palestina *H*: palestia *C*   7 Isaias *C*: ysaias
H   8 caricarum *H*: caricare *C*   9 compungunt *H*: pungunt *C*   10 Iezrahel *H*:
Iezrachel *C* fuit *H*: *om. C*   11 Herode *H*: herede *C*   12 in *H*: *om. C*   15 est *H*: *om.*
C masculino *H*: feminino *C*   17 feminino *H*: masculino *C*   18 regnasse Ninum *H*:
om. C   19 Assyrios *H*: assirios *C*   20 uxor *H*: uxoris *C*   22 Hic *H*: *om. C*
23 Zoroastrem *C*: zozoastren *C* certamine *H*: contamine *C*   24 Belum *H*: bellum
C   26 Sydonii *H*: sidonii *C* appellant *H*: uocant *C* Sydonia *H*: sidonia *C*
31 Trachias *H*: tractias *C* omnem *H*: omen est *C*   37 sacerdotes *H*: sacerdotio *C*: uel
sacerdotio *H*^{C} manciparint *H*: manciparit *C*   40 Videtur *H*: Videt *C*   41 coleret *H*:
colet *C ex* Hieroboam 'H' *eras. C*   42 Meneuium *H*: me uenereum *C*: μνεῦιν *Hier.*
43 superstitione *H*: insuperstitione *C*   44 rege Facee *C*: facee rege *H*: rege Phasee

Hier. Teglathphallassar *H*: cegalthphallasar *C* Assyriorum *H*: assiriorum *C*   45 prime *H*: preme *C* Olimpiadis *C*: olimpyadis *H*   46 quem *H*: que *C*

123: 3 fecerint *H*: fecerunt *C*   6 Bucina *H*: Ducina *C*   9 No *C*: nomen *H* urbis *H*: urbe *C*   13 si non *C*: sum *H*   14 facit *H*: fecit *C*   21 Israele *H*: israelele *C*   25 ex Egypto *C*: de egipto *H*   26 Pharaonis *C*: phraonis *H*   28 Egyptum *C*: egiptum *H*   32 texisse *C*: rexisse *H*   40 Acho *H*: aco *C* Helias *C*: helyas *H*   43 areis *H*: aeris *C* confringat *H*: constringat *C*   45 Tyro *H*: tiro *C*   47 fine *C*: finem *H* Iunii *C*: Iulii *H*

124: 2 messis *H*: mensis *C*   6 est *H*: *om. C*   10 Thesiphon *H*;tesifon *C* Antiochia *C*: anthiochia *H*   11 minor *H*: minor et *C*   12 diuisit *H*: dimisit *C*   15 lapidum naturis *H*: naturis lapidum *C*   18 aliquem *H*: alique *C*   27 Assyrios *H*: assirios *C* Asiam *C*: asyam *H*   29 Eos *C*: Cos *H*   32 quem *Hier.*: quam *H*: que *C* Helias *C*: helyas *H*   33 Hebreas *H*: ebreas *C*   34 Niniuen *H*: neniuen *C* regnante *H*: regnantem *C* Hebreos *H*: ebreos *C* Astiaca *C*: astiacha *H*: Astyage *Hier.*   36 quem *H*: que *C*   37 Ierosolimam *H*: (h *eras.*)israheli et *C*   40 Ciceia *H*: Cicera *C*   43 ieceris *H*: iaceris *C*   45 suspicis *H*: suscipis *C*

125: 6 similis *H*: simul *C*   7 serpere *H*: sepere *C*   8 Theophrastus *C*: Teophrastus *H*   9 scripserunt *H*: scripsere *C* tradiderunt *H*: tradiderit *C*   10 No *C*: non *H* Egypti *C*: egipti *H*   11 Egyptum *C*: Egiptum *H* autem *H*: ante *C* Africam *C*: affricam *H*   16 penne *H*: *om. C*   17 diurna *C*: diuturna *H*   21 parietesque *H*: parientesque *C*   23 uictimarum *H*: uictimare *C*   26 nichil *H*: *om. C*   30 Bethoron *H*: bethozon *C*   33 eis liceat *C*: liceat eis *H*   37 Congregatur *H*: congregata *C*   38 anastasi *H*: anastaci *C*   39-40 esse miserabilem *C*: miserabilem esse *H*   40 liuida *H*: lunam *C*   42 Verbum *H*: Verum *C*   43 Hebreo *H*: ebreo *C*   46 Lidde *H*: liade *C*   47 Nabuchodonosor *C*: nabugodonosor *H*(*et sic passim*) Reblatha *C*: reblata *H*

126: 5 Aggeum *H*: ageum *C* Iesus *C*: ihesus *H*   18 Stanum (*corr. ex* Stagnum) *H*: stagnum *C* inter *C*: in *H*   19 stanno (*corr. ex* stangno) *H*: stagno *C*   22 aliud *H*: alium *C*   27 fimi *H*: fini *C*   28 Misaelem *H*;misahelem *C*   30 Danielem *H*: danihelem *C*   32 urbs *H*: urbis *C*   34 Tito Annio *CH*: Turannio *Hier.*   39 Abrahe *H*: abrae *C*   41 et *H*: *om. C*   42 Egyptum *C*: egiptum *H*   43 Moris *H*: Mors *C* 45 soleant *C*: solere *H*

127: 1 speram *H*: mineruam *C*   2 pro *H*: *om. C*   3 uix *C*: non *H*   5 ex *H*: *om. C*   5-6 quis cui *H*: cui quis *C*   10 prophetarum *H*: prophetare *C*   14 sit *H*: sis *C* 20-21 computruerint *Hier.*: cum putruerint *C*: computruerunt *H*   21 contabuerint *C*: contabuerunt *H* in *C*: et *H*   27 Apollinaris *H*: appollinaris *C*   29-30 dei reperias *H*: reperias dei *C*   33 Misaelem *H*: misahelem *C*   43 philosophantur *H*: philosophatur *C*   44 Caldei *H*: cladei *C*   46 et *H*: om *C* ciuilibus *H*: ciuibus *C* 47 barbararum *H*: barbarum *C*

128: 1 naphta *Hier.*: nepta *H*: neurpta *C* fomitis *H*: fomitus *C*   3 naphtam *H*: naptam *C*   4 Assyriorum *H*: assiriorum *C*   5 tenuerunt *H*: tenuere *C*   7 in *alterum C*: *om. H*   12 Cyri *H*: ciri *C*   13 quem *H*: que *C*   19 tradiderunt *H*: tradunt *C*   20 quando *H*: quanto *C* est *C*: *om. H*   21 orbem *H*: urbem *C* 23 Africe *C*: affrice *H* Ethiopie *C*: ethyopie *H*   23-24 submittent *H*: summitteret *C*   25 habitaturus *H*: habitaturas *C*   27 singulis presunt: singulis presint *C*: presunt singulis *H* cruciatibus *H*: ciuitatibus *C*   28 ante *H*: an *C*   32 utantur *H*: utuntur *C*   33 Egypti *C*: egipti *H* Ptolomeus *H*: ptholomeus *C* Philadelphus *C*: phyladelphus *H*   34 uerterunt *H*: uertere *C*   35 orator *H*: *om. C*   36 Ptolomeum *H*: ptholomeum *C*   39 alias *C*: Quingentas alias *H*   40 grande *C*: graue *H* Egypto *C*: egipto *H* milia *H*: *om. C*   41 argenti *H*: *om. C*   43 Epiphanes *C*: epyphanes *H* ducibus suis *C*: suis ducibus *H*   46 Nullus *H*: Nullis *C*

129: 1 Egypti *C*: egipti *H*   3 Antoninus *H*: Antonius *C*   5 Publius *CH*: Polybius *Hier.*   5-6 Antiochum *C*: antiocum *H*   6 etiam *H*: in *C*   8-9 in tantum *H*: interim *C*   9 scortis *H*: sortes *C*   10 mimis *H*: nimis *C*   16 Isaiam *C*: ysaiam *H*

17 Isaie *C*: ysaie *H*   19 Italia *C*: ytalia *H*   23 etiam *H*: in *C*   25 Sion *C*: Syon *H*
que *H*: qui *C*   27 'P' *H*: per *C* pro ea *H*: postea *C*   32 steterint *C*: steterunt *H*
33 infidelitas *C*: uniuersitas *H*   37 Adriani *H*: ariani *C*   40 mirum *H*: miros *C*
42 Poete *H*: Poeti *C* miranda *H*: mirandi *C* sententia *H*: scientia *C*   43 secundum
autem qui sapientem *H*: *om. C*

130: 3 ornatur *H*: ornatus *C*   4 pectora *H*: pictora *C*   6 et *primum H*: *om. C*
Mesopotamie *H*: mesopotanie *C*   8 Beniamin *H*: beniamen *C*   10 uespere: u. *H*: ne
C   14 diuinarumque *C*: et diuinarum *H*   18 Sion *C*: syon *H*   20 in *H*: *om. C*
24 quorum *H*: Quo re *C*   26 Telphon *H*: thelphon *C*   28 Corozaim *H*: corozam *C*
31 Calanne *H*: calanna *C*   32 Assyriorum *H*: assiriorum *C*   43 in *alterum H*: et *C*

131: 1 autem *H*: ante *C*   7 Nabuchodonosor *Hier.*: nabuchodanasor *C*:
nabugodonosor *H* inter *H*: *om. C*   8 Moradadi *H*: memordandi *C*: Euilmarodach
Hier. eius *H*: *om. C* regnauit *C*: regnauerit *H*   9 Ioachim *H*: ioachin *C*   12 funibus
H: finibus *C*   13 Balthasar *H*: baltasar *C* Nabuchodonosor *C*: nabugodonosor *H et sic
passim*   14 Assyriorum *H*: assiriorum *C et sic passim* nullus *H*: nullis *C*   16 reguli
aspectum potest *C*: potest reguli aspectum *H*   20 Syria *H*: siria *C*   21 Antiochia *H*:
anthiocia *C* Laodicia *H*: leodicia *C*   28 Syros *H*: siros *C*   29 Egyptus *C*: Egiptus *H*
Mesopotamia *H*: mesopotania *C* pari inter *H*: pariter *C* He *C*: Hec *H*   31 Hebrei *H*:
hbrei *C* Isaiam *C*: ysaiam *H*   32 quem *H*: que *C*   35 Ismahel *C*: ysmahel *H*
36 concubina *C*: contubernia *H*   37 que *H*: qui *C*   43 Nabuchodonosor:
nabuchodonesor *C*: nabugodonosor *H*   44 Tyrum *H*: tirum *C* Alexander *H*:
alexandrum *C*   45 socians *H*: socias *C* Tyrus *H*: tirus *C*   46 Sidonis *C*: sydonis *H*
obsessos *H*: absessos *C* Tyros *H*: tirios *C*

132: 1 Egyptiique *C*: egiptiique *H*   8 aqua *H*: qua *C*   11 Gigantomachia *H*: giganto-
machica *C*   12 horas *H*: orans *C*   19 Teglathfalassar *H*: teglatfallasar *C*   20–21 *ex
tertio usque ad* Samariam *om. C*   21 Efradon *CH*: Asarradon *Hier.*   22 in *H*: et *C*
24 Egyptios *C*: egiptios *H*   25 milia *H*: *om. C*   26 Herosus *CH*: Berosus *Hier.*
32 ficis *H*: facis *C*   34 Merodach *H*: Meredach *C*   36 Serta *H*: Sexta *C*: Setta *Hier.*
habentis *H*: albentis *C*   37 tabernaculi *H*: tabernacula *C*   38 appellantur *H*: appellatur *C* lignum *H*: *om. C*   41 Samsonem *H*: Sansonem *C*   44 consuetudine *H*: consuetudinem *C*   45 nominibus *C*: hominibus *H*   46 liberis *H*: libris *C* dare *C*: dari *H*

133: 4 Romanam *H*: Romam *C*   6 superbie *H*: superbia *C*   7 perhibe testimonium
H: testimonium perhibe *C*   8 bene *H*: male *C* cedis *H*: sedis *C*   10 Termodoontis
H: termodoountis *C*   11–12 montibus *H*: motibus *C*   15 uisu *H*: uisum *C*
16 autem *C*: aut *H*   17 Isaiam *C*: ysaiam *H* serrandus *H*: serrandum *C*   18 Iustus
H: lustus *C* periit *C*: perit *H*   25 celebrata *Hier.*: celebrat *CH*   28 in ortis *C*: mortis
H et habitans *C*: inhabitans *H*   31 Egypto *C*: egipto *H*   32 ponant *C*: ponam *H*
35 bestiarum *Hier.*: bestiare *C*: bestia—(*margine abscisa*) *H*   43 at *H*: aut *C*
47 quinque *C*: *om. H* Moysi *H*: moisi *C*

134: 1 induci *H*: indici *C*   11 sunt *H*: *om. C*   14 Egypto *C*: egipto *H*   18 sexu *H*:
sensu *C*   29 Cyri *H*: ciri *C*   30 Xenophon *C*: xenephon *H*   31 Cycladum *Hier.*:
cycladarum *H*: cicladarum *C*   37 Egyptum *C*: egiptum *H* ut *H*: *om. C*   40 Egyptus
C: egiptus *H*   42 et Libie *C*: libie *H*   46 cunctam *H*: certam *C*

135: Moris *H*: mors *C* Egyptiorum *C*: egiptiorum *H*   7 scientie *H*: *om. C*
12 Egyptii *C*: egiptii *H*   15 Rasa *H*: Rosa *C*   16 aliquem *H*: alique *C*   17 et possit
incedere *H*: incedere et possit *C*   26 Ierico *C*: hierico *H*   28 ueteres *H*: ueteros *C*
31 hortorum *Hier.*: ortor *H*: oratorum *C*   32 autem *C*: ante *H*   35–36 uerberantes
ad lacrimas *H*: *om. C*   37 pectoribus *H*: pictoribus *C*   39 parte *H*: partem *C*
41 Idumei *H*: idunei *C* Saraceni *H*: sarceni *C*   44 facit *H*: fecit *C*   45 Moris *H*:
Mors *C* conuiuia *H*: conuiua *C*   46 a parentibus *C*: apparentibus *H*

136: 2 Theophrastus *H*: theofrastus *C*   6 totus *H*: tot *C*   9 ut *H*: *om. C*   10 Rufinus *CH*: Grunnius *Hier.*   20 duo *H*: *om. C*   24 historiis *C*: historicis *H*   25 eius

H: *om*. *C*   26 Cum *H*: Cui *C*   29 deficiant *H*: edificant *C*   30 exponendam *H*: *om*.
C   32 Isaiam *C*: ysaiam *H*   35 Danielis *H*: danihelis *C*   36 Pompilio *C*: populo *H*
    137: 2 miraremur *H*: miramur *C*   3 se hoc *C*: hoc se *H*   11 fideliter omnia *H*:
omnia feliciter *C*   14 uel decem *H*: ·lx· *C*   14–15 *ex* Saltem *usque ad* noluit *om*.
C   15 homo *H*: *om*. *C*   17 conflictus *H*: confluctus *C*   18 offerebatur *C*: offerebat
H   22 patrie *H*: patre *C*   23 Theodosii *H*: theodisii *C*   25 murorum *H*: *om*. *C*
31 dixerat *C*: dixerant *H*   32 et *primum H*: in *C*   34 beatissimus *H*: beatissimis
C   36 uenatorio *H*: *om*. *C*   37 cuius *H*: cum *C*   43 per *H*: *om*. *C*   45 que *H*: qui
C   releuet *H*: reuelet *C*
    138: 6–15 *Hec duo capita, excerptata ex Ambrosio et Cassiano, om*. *C; in hoc loco
habet C sententias Hieronimi (uide infra 16–139.1)*.   16–**139**:1 *Hoc totum caput ex
Hieronimo om*. *H*   18 scilicet *Hier*.: scilis *C*   19 mentirentur *Hier*.: mertirentur
C   20 artium *Hier*.: archium *C* prestigie *Hier*.: pristrigie *C*   22 magis quam fidem
prodere *Hier*.: quam fidere *C*   25 Grecorum *Hier*.: Crecorum *C*   26 humanarumque
Hier.: humanarum *C*   37 iunxisset *Hier*.: iunxisse *C* Legimus *Hier*.: legiur *C* in
Hier.: *om*. *C*   40 quod: que *C*   41 quia: qui *C*
    139: 2 *Hic rursus conueniunt C et H* Stilphonem *C*: Sulphonem *H*   8 Zopirus *C*:
Zophirus *H*   9–23 *ex* e corpore *ad* Orator *om*. *C; in hoc loco habet C Senecae De
beneficiis (uide infra 24)*   19 dolore *H*: id est corporis add. *H*^c *in marg*.   23 *Hic
excipit H*   24 *Hic repetitur C*   25 pauper *Sen*.: pauperius *C*   26 pauperem *Sen*.:
paupere *C*   29 inquit *Sen*.: inquid *C*   45 quedam *Sen*.: quidam *C*   46 pulcrius
Sen.: pulcri *C*
    140: 4 *alterum Sen*.: in *C*   16 quod *Sen*.: qualis *C*   17 Cinicus *ex Sen*. Cyn–:
cunctus *C*   24 acciperet *Sen*.: accipere *C*   38 gratiam *Sen*.: gratia *C*
    141: 11 Romanum *Sen*.: romani *C*
    142: 1 possessiones *Sen*.: possitione *C*   23 Sueronem *C*: Sucronem *Sen*. Sesar *C*:
Caesar *Sen*.   25 residere *Sen*.: cum sidere *C*   29 poteram *Sen*.: potuerunt *C*
commilito: cum milito *C*   42 quam *Sen*.: qua *C*
    143: 2 dare *Sen*.: clare *C*   6 *morte Sen*.: *om*. *C*   12 acciperem *Sen*.: accipere *C*
16 Sculptor: Scultor *C*: sutor *Sen*.   19 inuita *Sen*.: muta *C*   30 Sarci *C*: M. *Macr*.
33 Vinia *C*: Iunia *Macr*. eademque *Macr*.: eamque *C*   35 adulteri *Macr*.: adultis *C*
38 sutorem *Macr*.: sutor est *C*   39 non *Macr*.: dum *C*   41 audiebat *Macr*.:
audiebatur *C*   43 Quod *Macr*.: qualis *C*
    144: 12 In consulatu *Macr*.: Insulatu *C*   14 quod *Macr*.: qui *C*   15 Querenti
Macr.: Querent *C* quod *Macr*.: qui *C*   21 honorem *Macr*.: honor est *C* quod *Macr*.:
contra *C*   22 occasione *Macr*.: occasionem *C*   25 preterea *Macr*.: poteram *C*
27 facetiarum *Macr*.: facetiare *C*   29 uenisset *Macr*.: ueneris *C*   30 nichil *Macr*.:
uidit *C*   35 Cesarem *ex Macr*. Caesarem: cesare *C*   37 iocatus *Macr*.: locatus *C*
40 Deinde cum *Macr*.: de in nunc *C* Liberius *C*: Laberius *Macr*.   43 pretereunti
Macr.: pretereuntem *C*   47 audiebat *Macr*.: audiebatur *C*
    145: 1 adlegendo senatu *Macr*.: alegendos senatum *C*   3 Pompeis *Macr*.:
pompeiuus *C*   4 *post* Laodiceno *add*. *C* stetit. Quippe ab androne quodam
laodiceno   7 seruitutem *Macr*.: seruitutu *C* ἐὰν ἐπιτύχῃς *Macr*.: εαΗ ΗΠΙΤΙ *C*
9 Vellem *Macr*.: Velino *C*   10 fuisset *Macr*.: fueris *C*   12 Piso *Macr*.: ipso *C* autem
Macr.: aut est *C*   14 conscriptis *Macr*.: que scriptis *C*   16 eandemque *Macr*.:
eundemque *C*   17 tragediarum *Macr*.: tragediare *C*   27 Quid *Macr*.: qui *C*
31 gibbo *Macr*.: gilbo *C* causam *Macr*.: causa *C*   32 dicenti *Macr*.: dicentem *C*
siquid *Macr*.: siqui *C*   33 Cum *Macr*.: C *C*   41 iocos *Macr*.: ictos *C* Vale *Macr*.:
Valde *C*   47 insusurrauit *Macr*.: susurranum *C* Non *Macr*.: hec *C*
    146: 1 Cum *Macr*.: C *C*   2 altius *Macr*.: aliius *C* salibus *Macr*.: solibus *C*
3–4 ambulaturus *Macr*.: ambulatus *C*   4 Nomenculatori *Macr*.: Nomen ioculatori
C   6 Contusus *Macr*.: Cuius fusus *C*   7 passus *Macr*.: pansus *C*   8 Non miror

Macr.: enim minor *C*   9 longiores *Macr.*: longior est *C*   13 quem *Macr.*: que *C*
16 ciuis *Macr.*: cuius *C*   17–18 consuluit *Macr.*: consuliuit *C*   19 protulit *Macr.*:
pertulit *C*   23 tua *Macr.*: tue *C*   28 liceret *Macr.*: licent *C*   30 *Aes Macr.*: om. *C*
post rogatus *repetiit C* cuiusdam senatorius cari sibi non rogatus   38 obiecit *Macr.*:
obiesse *C*   39 quod *Macr.*: qui *C*   42 *quod ad Macr.*: om. *C*   45 *et temeritatem*
Macr.: om. *C*   46 cantu *Macr.*: cantiem *C*   46–47 Puniendam: pundendam *C*

147: 3 militem *Macr.*: milite *C*   4 rogauitque *Macr.*: rogatumque *C* quem *Macr.*:
que *C*   5 litigatorem *Macr.*: litigator est *C*   6 ueteranus *Macr.*: uetannus *C*   7 pro
te *Macr.*: parte *C*   11 nummis *Macr.*: nummus *C*   12 excusauit *Macr.*: cusauit *C*
15 abutebatur *Macr.*: abutabatur *C* litterarum *Macr.*: litterare *C* quod *Macr.*: qui *C*
16 minime*que Macr.*: minime *C*   18 *inter Macr.*: om. *C*   19 *sermone Macr.*: om.
C   25–26 et Iuliam. Venerat ad eum *Macr.*: iulia uenerata dominum *C*   28 continere *Macr.*: continem *C*   31 Auerterant *Macr.*: auerterater *C*   32 Luna *C*: Liuia
Macr. Lunam *C*: Liuiam *Macr.*   33 uiris *Macr.*: uirius *C* quidem *Macr.*: qui *C* grege
Macr.: grece *C*   35 Eleganter *Macr.*: fleganter *C* Et hi *Macr.*: Ihi *C*   40 Et cum *Macr.*:
Tunc *C*   41 faciunt *Macr.*: faciuntur *C*   42 Iulia suadentem *Macr.*: iulias uadeum
est *C*   46 uectorem *Macr.*: uector est *C*   47 que *Macr.*: Q *C* quid *Macr.*: qui *C*

148: 4 harenam *Macr.*: herenam *C*   5 *a Macr.*: om. *C*   8 tu' *Macr.*: om. *C*   10 confunderet *Macr.*: infunderet *C* quid *Macr.*: qui *C*   12 quod *Macr.*: qui *C*   16 inuitauit *Macr.*: inuiatum *C quos Macr.*: om. *C*   17 unde *Macr.*: Non *C*   25 senecta
Macr.: senerca *C*   35 erat *Macr.*: erant *C*   41 Decorem *Macr.*: Decor est *C*

149: 4 quem *Macr.*: quod *C*   8 idropicum: indepicum *C*: hydropicum *Macr.*
9 faceret *Macr.*: facent *C*   10 cena *Macr.*: cenam *C*   11 otium *Macr.*: octium *C*
14 qui tunc *Macr.*: quiten *C*   15 materia *Macr.*: matina *C*   20 hunc *Macr.*: homo *C*
subleua *Macr.*: subleue *C*   20–21 commissione *Macr.*: commissionem *C*   21 mimo
Macr.: munio *C*   22 possunt *Macr.*: posset *C*   26 lepide *Macr.*: lapide *C*
35 ite*rum Macr.*: item *C*   42 exercitatione *Macr.*: exercitationem *C* didicisse *Macr.*:
dedicisse *C* quisquis *Macr.*: quisque *C*

150: 1 quod *Macr.*: quid *C*   7 *et Macr.*: om. *C*   10 obierunt *Macr.*: obiere *C*
18 sint *Macr.*: sicut *C*   19 prohibeant *Macr.*: prohibe ante *C* narran*t Macr.*: narrant
C   23 *et Macr.*: om. *C* relatum *Macr.*: relatuos *C*   25 *cum Macr.*: om. *C*
26 carnifices *Macr.*: carmifices *C*   32 implet *Macr.*: implex *C*   41 numinum *Macr.*:
mimimum *C*   46 logos *C*: Ψόγος *Macr.* anobolen *C*: διαβολὴν *Macr.*

151: 7 stantem *Macr.*: stante *C*   8 furorem *Macr.*: furor est *C*   37 infortunii sunt
Macr.: infortuniis *C*

152: 1 *et Macr.*: om. *C*   3 edatur *Macr.*: edat *C*   4 inquit *Macr.*: inquid *C*
10 Domitiani *Macr.*: domitiam *C*   13 furtorum *Macr.*: surtorum *C*   15 *cum Macr.*:
om. *C*   24 eosdem *Macr.*: eodem *C*   26 magistrisue *Macr.*: magistri seie *C*
29 lectionibusque *Macr.*: lectionibus *C*   33 *pauper Macr.*: om. *C*   34 *obscure*
Macr.: om. *C*   40 quod *Macr.*: quos *C*

153: 1 perpeti *Macr.*: perpetet *C*   2 prolapsus *Macr.*: prolagus *C*   7 putarunt
Macr.: putarent *C*   8–9 contemnendum *Macr.*: condempnendus *C*   24 de urithabren
C: Duo rig Habren *Nennius* reges *Nennius*: regere *C*   26 inuicem *Nennius*: uicem
C   28 usque *Nennius*: enim *C*   30 istud *Nennius*: istum *C*   34 exercitum
Nennius: exercititus *C*   37 denudatur *Nennius*: denudatus *C*

154: 1 ostio *Nennius*: ostid *C*   2 *fouea Nennius*: om. *C*   4 *flat Nennius*: om. *C*
5 *pro Nennius*: om. *C*   23 ambabus *Nennius*: ambis *C*   31 inundatur *Nennius*:
inindatur *C*   34 per spatium *Nennius*: pro spatia *C*   41 *congregauit Nennius*: om. *C*

155: 3 metieris *Nennius*: meneris *C*   9 uoragine *Nennius*: uarogine *C*
17 stagnum *Nennius*: stagna *C*   21 cognominatur *Nennius*: cognominatus *C*
24 longitudinem *Nennius*: longitudine *C*   26 cubitorum *Nennius*: cobitorum *C*
34 cultores: cultoris *C*

William of Malmesbury's **Polyhistor** is a twelfth-century collection
of excerpts and adaptations from Latin literature. Helen Ouellette's
critical edition makes the *Polyhistor* available for the first time to
students of medieval intellectual history.

Malmesbury Abbey in the twelfth century was a major center of
learning, but no medieval catalogue of its library remains. The
Polyhistor provides some basic evidence for determining the family
of manuscripts, or sometimes even the very codices, that were
accessible to the Malmesbury monks. Though studies of this sort
have been made on the texts of Gellius, Vitruvius, and Tertullian,
much work remains. Professor Ouellette's edition should greatly aid
future research in the field.

The introduction describes the work and the sources and methods
for the present edition and discusses William's work as author,
compiler, and book collector. The *Polyhistor* sheds light on his
intellectual biography, both as a historian and as a representative
twelfth-century humanist. Through what it reveals of his thought
and personality, it offers valuable insights into the ideas, aspirations,
and methods of the post-Conquest Renaissance.

Helen T. Ouellette is Associate Professor of Classics at Union
College and has published "*Folium Monacense* and the Spirensian
Tradition of the Third Decade of Livy" in *Euphrosyne* (1975-76).

MRTS

medieval & renaissance texts & studies
is the publishing program of the
Center for Medieval and Early Renaissance Studies
at the State University of New York at Binghamton.

MRTS aims to provide the highest quality scholarship
in attractive and durable format at modest cost.